U0682024

第四届中国科普作家协会优秀科普作品奖
金奖图书

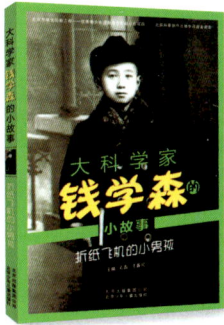

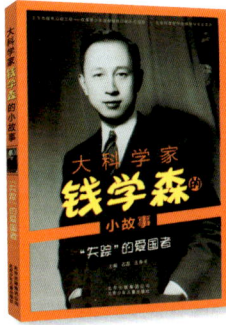

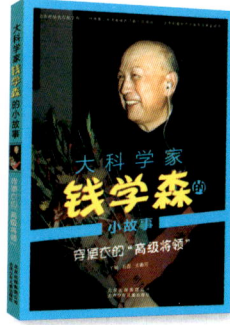

大科学家钱学森的小故事 折纸飞机的小男孩

大科学家钱学森的小故事 "失踪"的爱国者

大科学家钱学森的小故事 穿睡衣的"高级将领"

十万个为什么

酷客岛学校 无敌新同学上堂

了不起的风

数学绘本 给3~7岁孩子的数学启蒙书

轮流上岗的北极星

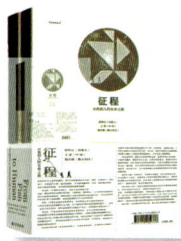

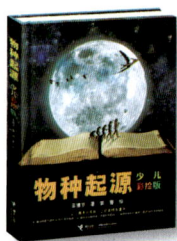

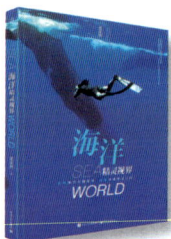

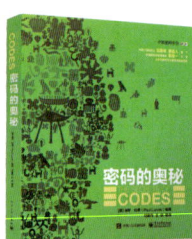

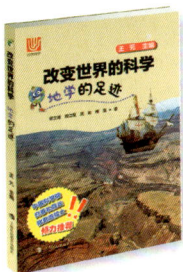
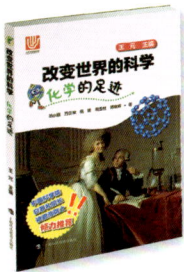

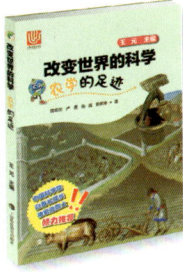

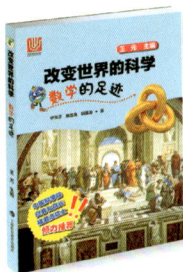
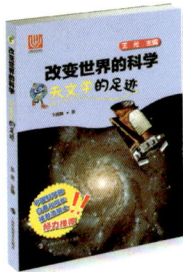
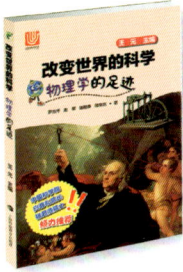
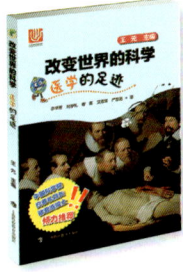
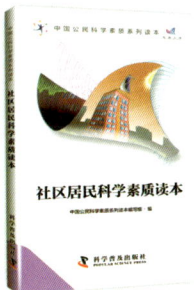

第四届中国科普作家协会优秀科普作品奖
银奖图书

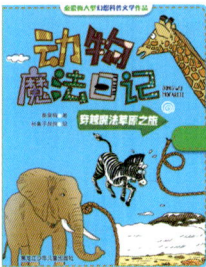

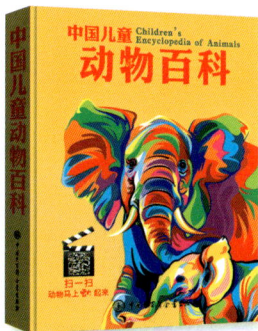

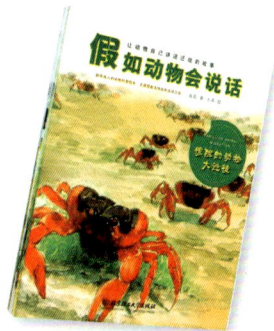

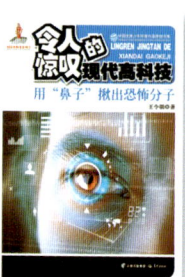
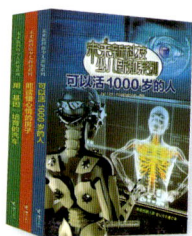

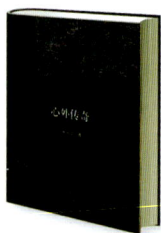

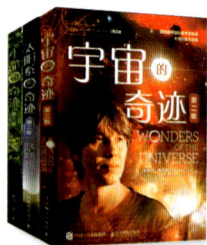

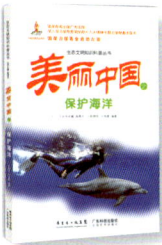

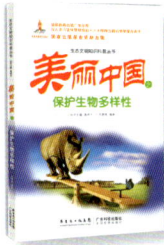

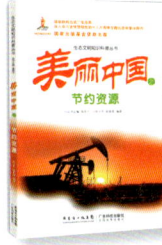

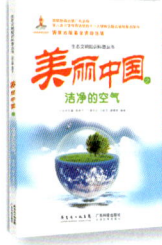

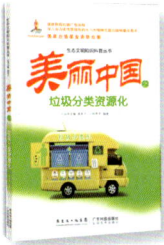

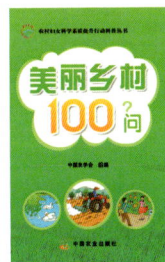

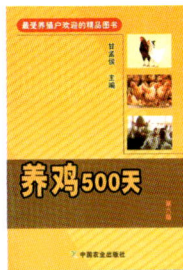

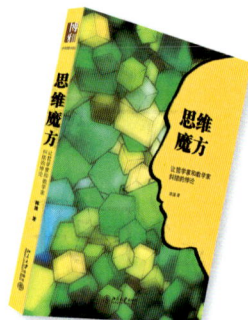

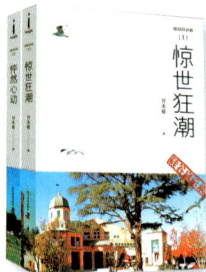

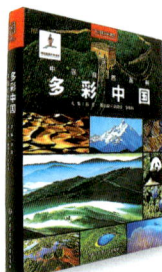

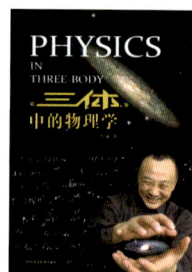

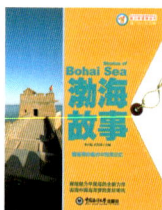

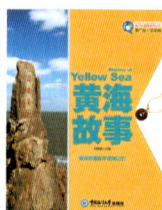

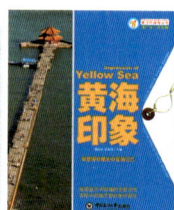

中国科普作家协会优秀科普作品奖
获奖优秀科普作品评介丛书

科普创作与编辑

——第四届获奖科普作品佳作评介

张志敏　陈玲　主编

图书在版编目（CIP）数据

科普创作与编辑：第四届获奖科普作品佳作评介 /
张志敏，陈玲主编 . — 北京：中国科学技术出版社，
2020.9

ISBN 978-7-5046-8769-2

Ⅰ.①科… Ⅱ.①张… ②陈… Ⅲ.①科学普及—著
作—介绍—中国 ②书评—选集 Ⅳ.① Z835 ② G236

中国版本图书馆 CIP 数据核字（2020）第 165658 号

策划编辑	王晓义
责任编辑	王　琳
封面设计	孙雪骊
正文设计	中文天地
责任校对	邓雪梅
责任印制	徐　飞

出　　版	中国科学技术出版社
发　　行	中国科学技术出版社有限公司发行部
地　　址	北京市海淀区中关村南大街 16 号
邮　　编	100081
发行电话	010-62173865
传　　真	010-62173081
网　　址	http://www.cspbooks.com.cn

开　　本	720mm×1000mm　1/16
字　　数	255 千字
印　　张	18
彩　　插	4
版　　次	2020 年 9 月第 1 版
印　　次	2020 年 9 月第 1 次印刷
印　　刷	北京长宁印刷有限公司
书　　号	ISBN 978-7-5046-8769-2 / Z·344
定　　价	56.00 元

（凡购买本社图书，如有缺页、倒页、脱页者，本社发行部负责调换）

专家指导委员会

主 任　王　挺

副主任　王玉平

委　员　（按姓氏笔画排序）

毛红强　尹传红　石顺科　石　磊　陈芳烈　杨虚杰

范春萍　金　涛　颜　实

编　委　会

主　编　张志敏　陈　玲

编　委　姚利芬　黄倩红　邹　贞　谢丹杨　齐　钰　李姗姗

王　玥　包永红

前　言

　　科学普及对于提升公民科学素质、夯实创新型国家建设的人才基础具有重要作用。在科普事业的发展链条上，科普创作处于源头环节，优秀的科普作品能回应人民的关切，具有很高的文化价值和教育价值，是宝贵的精神食粮。在当前和今后的科普工作中，繁荣科普创作都是需要常抓不懈的一项基础性工作。

　　科普创作的繁荣发展首先需要优秀的创作队伍。这有赖于良好的社会环境，也离不开正确的评论引导。进入 21 世纪以来，为了鼓励广大科普创作者多出作品、出好作品，我国政府和相关社会组织设立、完善了多种奖励项目，使科普图书、科普影视等多种类型的科普创作得到了全社会的高度认可，有效地提升了广大科普创作者干事创业的积极性和自信心。特别是 2005 年以来，国家科技进步奖二等奖将科学普及纳入奖励范围，更是起到了显著的示范和带动作用。目前，已有北京市、上海市、江苏省、浙江省、山西省和陕西省等多个省、直辖市的政府科技奖奖励科学普及成果，并且以科普创作相关成果为主。

　　在社会组织设奖方面，中国科普作家协会优秀科普作品奖是目前我国科普创作领域的最高专业奖项，自 2008 年经国家科学技术奖励工作办公室批准设立以来，已经连续评选五届，推出了一批又一批公众喜闻乐见的优秀科普作品，其中，有 17 部获奖作品先后荣获国家科技进步奖二等奖，得到社会各界广泛认可。除了科普精品佳作，在这个奖励项目平台上同时成长起来的还有数量可观的科普创作者和编辑人员。他们的智慧和经验无疑是推动科普创作繁荣发展的宝贵资源，值得深入研究、挖掘与推广。

　　2011 年开始，中国科普研究所启动了中国科普作家协会优秀科普作品奖获奖作品的评介工作。2011 年、2017 年和 2020 年，先后出版了《首届获奖优秀科普作品评介》《第二届获奖优秀科普作品评介》和《科普创作与编辑——第三届获奖科普作品佳作评介》，通过创作者、编辑出版者和阅读者视角的讲述、诠释和评论，总结传播科普创作、编辑与评论之道，同时也积累了有益的工作经验。

《科普创作与编辑——第四届获奖科普作品佳作评介》是一项延续性研究。考虑到科普图书仍是当前科普作品的主要形式和载体，本次评介专门针对获奖的科普图书佳作开展。编写组在广泛征求专家意见基础上，于第四届获奖的 73 种图书作品中选取 27 种，继续从创作、编辑、阅读三个角度进行全方位评介。

应该说，对获奖佳作的评介既是图书作品的再传播，也是对科普创作的时代思潮、发展动态、产业水平、译介传播等领域的一次深度挖掘和思考。一方面，来自创编一线的优秀作者和编辑，基于获奖图书创编工作的回顾和思考、总结与升华，形成独特的创编思想，能够为广大同行提供好经验、好做法和好思路。而对于普通读者来说，这些智慧的结晶也不失为一种特别的对话，更能让人体会到图书深层次的意蕴和价值。另一方面，本书还包括几位读者对图书作品的品鉴，该角度反映的是带有研究倾向的阅读者对作品的直观感受、理性思考和客观评价。

为了进一步升华科普创作与编辑的理念和思想，本书还特别邀请我国科普创作与编辑领域的资深专家对获奖图书佳作的创编手记以点评形式进行再思考和再创作，他们是科普科幻作家、科学普及出版社原社长兼总编辑金涛，科普作家、编辑家、人民邮电出版社原总编辑陈芳烈，中国少年儿童新闻出版总社编审、《我们爱科学》杂志社原主编毛红强，科普作家、中国航天报社原总编辑石磊，北京理工大学人文与社会科学学院编审、教授范春萍，科普作家、《科普时报》原总编辑尹传红。这也是本书的创新之处。希望这几个角度的评介相互支撑，能够立体地呈现出科普图书创编的理念、方法和技巧，为更多的人学习、借鉴和应用，从而推动科普创作、编辑与评论的繁荣发展。希望本书对于广大科普创作者、科普编辑而言，能够起到指导工作的实际意义。

中国科普作家协会优秀科普作品奖获奖优秀科普作品评介丛书的编撰工作也

引发了我们更多的思考：该如何有针对性地把中国的优秀科普、科幻作品向世界推介？在坚定文化自信、推动社会主义文化繁荣兴盛的当下，这显得极为必要和有意义，也是我们继续努力的方向。

本书的编撰得到中国科普作家协会的大力支持，得到第四届获奖图书的多位作者、编辑的积极响应和参与，也得到很多专家、学者的热心指导，在此表示衷心的感谢。由于编写水平有限，书中不足之处在所难免，恳请各位读者不吝指正。

本书编写组

2020 年 5 月

第四届中国科普作家协会优秀科普作品奖
评奖工作始末

中国科普作家协会优秀科普作品奖由中国科普作家协会于 2008 年 5 月正式设立并报送国家科学技术奖励工作办公室备案，是行业内的专业奖项，也是科普创作领域的最高专业奖项，其前身是全国优秀科普作品奖。目前，该奖项设立了科普图书、科普影视动画和科普短篇类（第五届增设）三个板块的评奖，奖励对象为作者和出版机构。截至目前，已先后有 17 部图书和影视动画作品同步荣获国家科技进步奖二等奖。

第四届中国科普作家协会优秀科普作品奖评奖工作从 2015 年 1 月正式启动。2015 年 5 月至 7 月，评奖办公室在前期调研基础上，对评奖条例、评奖标准进行了修订和完善。8 月，协会召开六届六次常务理事会，审议通过《中国科普作家协会优秀科普作品奖评奖条例》和《中国科普作家协会优秀科普作品奖评奖标准》。9 月，评奖办公室向全体会员及中国科学技术协会所属各全国学会，各省、自治区、直辖市科学技术协会和科普作家协会、出版制作机构寄发评奖通知。

第四届评奖活动共收到参评科普图书作品 355 种、影视动画作品 89 部。经评奖办公室形式审查，符合申报要求的科普图书作品有 345 种（表 1），影视作品有 84 部。

表 1　第四届中国科普作家协会优秀科普作品奖申报图书分类统计

类别	种数	类别	种数
基础科学类	67	国防军事类	3
工业科普类	33	食品科学类	10
农林科普类	7	科学文艺类	14
医学科普类	52	少年儿童科普类	108
美术、摄影类	8	综合类	43

从报送机构组成来看，本届报送机构仍以全国学会、个人会员、图书影视出版制作机构为主。本次评奖活动特别得到地方科普作家协会的大力支持，由地方科普作家协会推荐上来的图书种数占比达 11.7%，其中，北京、安徽、山东、江苏、浙江、新疆等地科普作家协会专门开展了相应评选活动。

本届参评的图书中，少儿类作品仍占较大比例，除以往较为集中的科学童话题材，针对青少年的低碳节能、生态环保主题作品比较集中。科学文艺类作品中，受市场推动和政策鼓励，本土原创科幻作品报送明显增多，而具有较高审美价值和感染力的科学家传记、科技史作品，创造性和思辨性结合较好的科学考察作品也出现显著的增幅。此外，医学科普类、基础科学类和综合类图书对公众关注热点、前沿科技和优秀科普成果集结等方面保持创作热度。参评的影视动画类作品中，贴近社会、贴近大众的热门题材作品如养生保健、科学生活等仍较为集中。同时，具有较高制作水准的生态纪录片也崭露头角，体现出推进生态文明、建设和谐社会的发展趋势。

2016 年 3 月至 5 月，中国科普作家协会各专业委员会协助评奖办公室完成初评工作。根据评奖条例，各省、自治区、直辖市科协或科普作家协会主办的省级优秀科普作品评奖活动中的 28 种获奖作品直接进入终评环节。最终，入围终评的图书作品有 189 种（表2），占同类申报作品总数的 54.78%；影视动画类作品共 42 种，占同类申报作品总数的 50%。

表 2　进入第四届中国科普作家协会优秀科普作品奖终评的图书情况

类别	种数	类别	种数
基础科学类	30	国防军事类	2
工业科普类	17	食品科学类	6
农林科普类	4	科学文艺类	10
医学科普类	27	少年儿童科普类	68
美术、摄影类	3	综合类	22

2016 年 5 月 25 日，评奖办公室组织召开第四届中国科普作家协会优秀科普作品奖组委会第一次全体会议，听取评奖办公室相关情况汇报并审议通过了评奖活动评

审纪律、评奖工作方案以及评委会、评审组专家名单。8月20日至21日，第四届中国科普作家协会优秀科普作品奖终评会议在北京湖北大厦举行，经全体评委集体酝酿，通过无记名投票方式产生了金奖、银奖获奖名单。其中，图书类金奖获奖作品25种，银奖获奖作品48种；影视动画类金奖获奖作品6种，银奖获奖作品12种。

2016年8月26日至9月4日，评奖办公室在中国科协网站和中国科普作家网公示本届优秀科普作品奖评奖结果并对金奖作品进行质量检查。2016年10月25日，评奖办公室组织召开第四届中国科普作家协会优秀科普作品奖组委会第二次会议，听取第四届中国科普作家协会优秀科普作品奖工作情况的汇报，并对公示、质量检查环节反映出的问题进行了充分讨论。会议审议通过第四届中国科普作家协会优秀科普作品奖获奖名单并确定颁奖大会时间。

2016年12月28日，第四届中国科普作家协会优秀科普作品奖颁奖大会在中国科技会堂隆重举行。中国科协时任党组副书记、副主席、书记处书记徐延豪，中国作家协会时任副主席、党组成员、书记处书记白庚胜，中国科学院院士、中国科普作家协会名誉理事长刘嘉麒，以及各界科普创作人、出版人等200余人出席了颁奖大会。至此，第四届中国科普作家协会优秀科普作品奖评选活动宣告结束。本届获奖作品《阿U学科学》《急诊室故事》后在2017年、2019年分别荣获了国家科学技术进步奖二等奖。

科普创作专业奖项在传扬科普创作价值、规范科普创作形态、引导科普创作演进方向等方面具有十分重要的作用。通过中国科普作家协会优秀科普作品奖评奖活动，能够看到特定时期内全国科普创作的成果和基本动态。评奖活动既是对全国科普创作的大检阅、大展示，同时也是对科普作家、艺术家和电影工作者的表彰。未来，中国科普作家协会优秀科普作品奖将积极适应新时代科普创作的发展和公众需求，继续探索创新，更好地发挥激励和导向作用，为科普创作事业繁荣发展做出贡献。

中国科普研究所科普创作研究室主任
中国科普作家协会秘书长　　　陈　玲　研究员

目录

创作手记

编者感悟

读者品鉴

创作手记

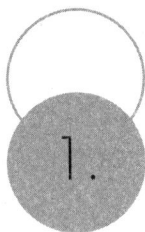

1. 科普是用文学写就的科学

——《唯美四川：海螺沟》创作手记

□ 张文敬

【提要】

"科技创新、科学普及是实现创新发展的两翼"，这是原创科普作品的指导思想。用文学写科学就是科普，原创科普是科学研究的文学延伸。几十年的科学研究与科学考察是我科普创作的源泉，科学普及也是一个科研人员的责任和义务。

1980 年新春伊始，为拍摄科教电影《中国冰川》，受我国著名冰川、冻土、泥石流等学科的创始人——"中国冰川之父"施雅风院士委派与嘱托，我带着上海科学教育电影制片厂殷虹（我国著名导演兼摄影家）一行数次出入青藏高原，为电影摄取素材，上珠峰、进峡谷、爬冰川，时间长达八个月之久。其中也数次途经贡嘎山地区，看到"蜀中第一峰"那巍峨壮观的伟岸身姿以及冰川四溢的景色。那时，我就有了一个想法：创作一部反映贡嘎山海螺沟冰川与环境的科普作品——最初定名为《蜀中第一峰》。

当日历翻到 1993 年的时候，通过"人才引进"，我从中国科学院兰州冰川冻土研究所调入同样属于科学院系统的成都山地灾害与环境研究所，并且负责隶属于该所的中国科学院贡嘎山高山生态系统观测试验站的业务管理工作。这正契合了那句戏文：正合吾意。于是，我每年都有大把时间繁忙于贡嘎山的东南西北坡，跋涉在海螺沟冰川上上下下的地貌景观区。除了站务工作，我还先后主持了国家自然科学基金课题"海螺沟地区冰川退缩迹地植物群落演替和环境关系研究"和"贡嘎山冰冻圈动态变化监测"等研究项目；其间还参加了"甘孜州康定榆林宫旅游经济规划设计"项目的规划设计考察，中罗（罗马尼亚）、中日（日本）、中奥（奥地利）等小型联合考察；同时，就海螺沟冰川的旅游经济发展、生态环境保护、社会经济建设等诸多方面为地方提供了一些科学咨询建议，也为当地旅游业等从业人员进行了随时随地的讲座培训和现场指导；多次受景区管理局和中央电视台《走近科学》《地理中国》等栏目邀请，为海螺沟冰川进行专题采访解说，节目在国内外播出后对当地经济社会建设和发展起到了非常好的推动作用。

就在这年复一年、日复一日的考察探险与研究工作中，除了完成本身应该完成的这些任务，我同时也在为有一天能够写就一部新的以海螺沟为题材的科普专著做准备。那时的海螺沟冰川还没有通公路，经常是冬季大雪纷飞，夏天大雨滂沱。我常常自己背着装备仪器和食物进山，从沟口（海拔1600米）到冰川末端附近的三号营地（海拔2954米），不到30千米的路程至少要走三天！因为大部分路程都在密林中穿行，天上或雨或雪，地上泥泞不堪，有时候走一步退两步，至于打滑摔倒更是家常便饭。但越是如此，我对海螺沟的感受就越深刻，感情就越浓烈，对各种自然资源、自然景观的体会认识就越细致入微。尽管条件艰苦，可是每当将这些感受、体会、认识记录在笔记本上，将许多饱含着科学知识点又展现着靓丽光鲜色泽的地貌景观和动植物图片摄

机会是给有准备的人的。有备而来，厚积薄发，为成就这部优秀作品奠定了基础。

作家有一种享受，叫享受大自然。一个科学探险家的精神境界和苦乐观溢于言表。

入相机胶片后，途中的那些危险艰辛早就被抛到九霄云外去了！

为了科研，也为了日后的科普创作，在长期的科学探险考察中，我养成了与自己约定俗成的习惯，那就是尽量不放过野外见到的各种各样的自然现象，尤其是那些平时不常见的奇特自然现象，并且一定要将这些现象和自己的感悟及时记录下来。往往是第一眼观察时的感悟最有科学灵感，也最能带来科普文学创作的冲动。

在多次出入海螺沟之后，我开始了关于海螺沟科普专著的创作，不过书名由原来的《蜀中第一峰》改成了《杜鹃情满海螺沟》——因为我们每次进入海螺沟冰川区时，那四时的花卉，尤其是春末夏初的杜鹃花，随着时间的推移，从海拔1000多米的沟口到海拔4000多米的冰川雪线附近，由下到上层层爆开，再配以适时的其他野花，最后将本来就美丽无痕的海螺沟装扮得美丽到无以复加。我们每次考察时也会聘请一些当地群众为我们背运物资，搭建帐篷，拾柴烧水，做一些辅助工作。在长期的野外考察探险中，建立起了深厚的感情。

随着考察次数的增多，积累的科学研究数据资料越来越丰富，我先后完成了国家自然科学基金课题和冰冻圈项目要求的共50余万字的考察报告，其中国家自然科学基金课题的结题总结获得了"优秀报告"的好评。在此基础上，我后来又先后撰写了五篇研究论文，收录在由巴蜀书社出版的《解剖冰川》科学研究专著中。

在我完成相关研究报告和专著的过程中，同时也开始了《杜鹃情满海螺沟》一书的创作。

值得一提的是，就在我创作《杜鹃情满海螺沟》时，我几乎同时也在创作另外两部科普图书：《南极科考纪行》和《喜马拉雅山科考纪行》。当我将这三部书稿送到巴蜀书社时任社长段志虹

科普文学创作中的这种"冲动"可能稍纵即逝，但却十分可贵。它是创作能打动人的科普文学作品的推动力。

的案头时，这位具有图书馆专业博士学位的社长马上打电话叫来了编辑陈红。他不仅同意为我出书，而且还将我的稿费定为版权收入的8%。这在当时（2006年）算是相当不错的稿酬份额了。为了保持三部书的系列性以及更加符合我科研、科普的原创性，经过商议，出版时将书名《杜鹃情满海螺沟》更改为《海螺沟科考纪行》。

这套书在2007年被纳入农家书屋配套图书，列入政府采购书目，并且再版重印。

随着在海螺沟科学考察的继续深入，我发现《海螺沟科考纪行》无论在文字上还是图片上都有不少需要修改的地方，而且在科普内容方面也有必要做调整，比如海螺沟春季开花时间比杜鹃花还早的康定木兰花，比如海螺沟猕猴群，比如海螺沟红石滩，比如海螺沟二层山——这些内容在《海螺沟科考纪行》中都未曾涉及。

这个时期，我正在构思和创作《唯美四川：米仓山（旺苍篇）》和《唯美四川：螺髻山》系列图书，人民邮电出版社和北京日报报业集团原编辑张兆晋因为曾经为我编辑过《科学家带你去探险》系列图书，便由他来编辑出版我的"唯美"丛书，并且将修改过的《海螺沟科考纪行》纳入"唯美"系列，定名为《唯美四川：海螺沟》。此时，正逢海螺沟景区管理局全力推进海螺沟景区申报国家AAAAA级景区，局长谭智泉听说后，主动找到我，请我将类似二层山、红石滩以及海螺沟冰川状况与近年来气候变化之间的关系等知识点尽可能地纳入《唯美四川：海螺沟》一书中。于是，我又多次进入海螺沟，在谭智泉、张丹（自中国科学院下派时任海螺沟景区管理局副局长）等管理局许多同志的大力支持下，收集资料，拍摄图片，改写书稿……在书稿改写过程中，我几次将书稿发给海螺沟景区管理局谭智泉、李绍霖、方心行、曹龙武等，哪怕有一个字需要修改，我也必须做到字斟句酌，不容瑕疵，不留遗憾。比如在《海螺沟科考纪行》中，将海螺沟冰川三号营地海拔高度"2954米"打印成了"29540米"，将"泸定县"打印成了"沪定县"，许多读者都不会发现和在意此处有什么明显的错误，可是"2954米"和"29540米"真可谓天差地别，世界最高峰珠穆朗玛峰也才不足万米！一个"泸"字和一个"沪"字，无论是在书写与发音上，还是在地方志中和地理内涵上，都大相径庭！

为了检验图书内容的读者认可度，我将类似于红石滩和二层山的内容编写成科普散文，被《大自然探索》安排为主打封面文章发表。

修订稿终于在2014年10月完成，于2015年1月由北京日报报业集团旗下的同心出版社出版发行，责任编辑为张兆晋、杨芳。《唯美四川：米仓山（旺苍篇）》和《唯美四川：螺髻山》于2014年和2016年先后由张兆晋担任责任编辑出版发行。

《唯美四川：海螺沟》出版后，海螺沟地方一次就购买了3000册，不仅将其作为当地干部群众培训学习的重要教材，而且将《唯美四川：海螺沟》与《海螺沟科考纪行》一起，作为申报国家AAAAA级景区必备的重要材料之———原创科普专著，上报当时的国家旅游局。海螺沟景区最终于2017年2月15日被批准为全国第17个AAAAA级景区。

《唯美四川：海螺沟》一书于2016年获得中国科普作家协会中国优秀科普图书奖银奖，经中国科普作家协会推荐，又于2017年获得国土资源部优秀科普图书奖一等奖。

由于我几十年来对海螺沟科研、科普的贡献，当然也包括《唯美四川：海螺沟》等原创科普专著对当地经济社会建设、发展与保护产生的社会效益、生态效益和经济效益等原因，我被海

不断去寻找与读者需求和兴趣的契合点，是作品出版后受欢迎的重要原因。

螺沟景区聘请为科学顾问、形象宣传大使，还被授予"海螺沟荣誉市民"称号。

通过多年的科研和科普经历，我用自己的经验总结出了一条似乎有一定道理的定义：用文字写科学叫科研，原创科普应该是科学研究的文学延伸，那么用文学写科学就是科普，用文学写未来的科学则应该是名副其实的科幻。

尽管还有许多不足之处，《唯美四川：海螺沟》的创作权当是我践行用文学写科学的一次比较成功的原创科普的尝试吧！

原创科普作品可以是科学研究的延伸，也可以为发展国民经济服务。这是一个生动的例证。

点评人：陈芳烈

作者简介

张文敬：中国科学院成都山地灾害与环境研究所研究员，冰川学家、科学探险家、科普作家。其科普作品曾荣获国家"五个一工程"奖、2017年度国家科学技术进步奖二等奖等荣誉。

2. 用科学思维提炼内容 从大众视角进行创作

——《远古的灾难——生物大灭绝》创作启示

□ 冯伟民

由科学家撰写以科学内容为主题的科普作品，值得大力提倡和鼓励。因为科学家更懂得从哪里收集科学素材，了解哪些是最新成果，而且科学家长期养成的科学思维更有助于提炼以科学为主题的创作内容，把握科学内容的正确性。这是撰写科普作品的基础，有助于科普作品达到一定高度。正如汤钊猷院士所说："一流科普作品，往往是一流科学家所做。"

我所在的中国科学院南京地质古生物研究所，是世界著名的三大古生物研究中心之一，在生物大辐射和生物大灭绝研究等方面取得了令国内外学界瞩目的成果。

一直以来，我们都在一线开展科研，《远古的灾难——生物大灭绝》（以下简称《远古的灾难》）是由国内一线科学家撰写的科普图书，传递着相关领域最新研究进展和动态。今天的科学家不再仅仅是研究科学，科学思想和精神的传播同样重要。科学普及不仅仅是科学知识的普及，更重要的是科学思想和精神的传承。关于本书的创作，我将会围绕这两个层次从以下几个方面展开。

科普的内容，归根结底是出自科学的具体实践者——科学家们的工作。就此，一向热心科普工作的著名天文学家王绶琯院士有个很好的概括：科学家的科研工作，正是针对着"一事一物"运用他的科学思想和科学方法的过程。把这当中的经历、体验表达出来，就是对科学思想和科研方法的很好的普及。

一、创作因素和动力

开展《远古的灾难》科普创作主要源自三个因素的推动。第一个因素是社会发展的大背景。我们知道，自200多年前工业革命以来，由于人类忽视对生态环境的保护，过度索取地球自然资源，导致大量生物惨遭灭绝。为此，一些世界著名的生物学家和古生物学家发出警告："地球已进入了第六次生物大灭绝，而且最终将危及人类自身，这绝非危言耸听！"

第二个因素是科研成果的积淀。科学研究发现，显生宙5亿多年来曾发生过五次生物大灭绝事件，探讨这些大灭绝的原因及灭绝后生物的复苏和演化，在今天显得特别重要！因为仅仅用人类短暂文明历史的尺度，很难观察目前地球是否正在经历着一场新的灾变。世界各国的科学家已经认识到，研究地质历史时期的生命过程，将有可能为评估当今地球生物圈及其环境背景的现状和未来趋势提供重要的历史依据。其中，生物大灭绝事件及生物复苏和演化，尤其受到各国科学家的高度重视，甚至得到了各国政府和社会各界的关注。

20世纪下半叶，国际上掀起了对地球历史上五次生物大灭绝的研究热潮。在我国，从20世纪末开始，以南京地质古生物研究所戎嘉余院士为首的科学家承担起了对"大灭绝"的研究。21世纪初，科技部正式启动了国家重点基础研究发展计划（"973计划"）项目"重大地质历史时期生物的起源、辐射、灭绝和复苏"，来自全国12个单位的老中青科研人员参与了项目研究，取得了一大批有国际影响的成果，其中尤为令人瞩目的是对历次生物大灭绝的研究。

第三个因素是博物馆使命。南京古生物博物馆自2015年年底正式对外开放后，为了充分发挥博物馆专业优势，履行传播生物进化思想的社会使命，与江苏凤凰科学技术出版社合作，准备出版以生物进化为主题的系列科普图书。第一部《远古的悸动——生命起源与进化》（以下简称《远古的悸动》）一炮打响，荣获了包括国家科学技术进步奖二等奖在内的许多奖项和荣誉。《远古的悸动》是一部描述整个地球生命史的科普作品，后续作品则以重大进化事件或重要生物群为题材来创作。《远古的灾难》作为《远古的悸动》的姊妹篇，被列入创作范畴。而且，本书的社会关注度比较高，与当前强调保护环境和生物多样性有一定关系。所以，历史责任、成果基础和社会使命促使《远古的灾难》一书面世。

二、创作过程和心得

有关生物大灭绝的研究和论述散布于国内外各类期刊文献和专著中，不同的科学家专注于不同时期的生物大灭绝事件，或生物大灭绝事件中某个生物类群的表现。因此，广泛地涉猎、收集和整理生物大灭绝的文献资料是创作的前期准备工作。阅读、理解和提炼有关生物大灭绝的研究内容，将其精华和内涵归纳小结是第二步要做的工作，也是创作过程中比较困难的一个阶段，整本书的思路由此而来。目录的产生体现了创作的思路，思路决定了创作的走向，最终形成了整本书编排的格式和特色，即整部书不仅有序言和尾语，每章开篇也有一小段引言，概括一个章节的内容。

其实，本书完整的思路经历了逐步完善的过程。创作早期主要关注生物大灭绝事件本身，如第二章至第六章是本书的主要内容，详细描述生物大灭绝的前因后果，介绍大灭绝前的生态环境与生物面貌，大灭绝的规模、强度和效应，引起大灭绝的原因。但是，一个不容忽视的现象引起了创作者的注意，那就是生物残

创作的前期准备工作，包括对文献资料的梳理和提炼过程，也体现了科学研究的艺术和思路。从另一个视角看，作为科学家的作者创作出的科普作品，其内容大多出自本人亲身实践或特别了解、特别擅长的相关领域，其中所蕴含的科学研究的思维特征与现场感受，特别有助于读者理解科学。

留与复苏。生物在经历了大灭绝后，往往有一段残留与复苏的过程，这是走向未来大辐射的前奏，实际上是生物大灭绝带来的延迟效应，也是生物进化的过渡阶段。残留与复苏是进化研究上比较新的概念，直到20世纪晚期才引起了科学家的关注和研究，因此属于前沿性的研究领域。

对生物大灭绝后残留与复苏的研究，更具现实意义，因为它揭示了生物应对环境灾变时生存下来的机制。究竟有哪些生物类群更能经受住大灾变的考验？它们在大灭绝事件后是如何复苏、恢复元气、重出江湖的？又有哪些新型的生物崛起，成为新时代的霸主？这样的素材不仅有料可写，而且有滋有味，是生物大灭绝故事的延续，使大灭绝的场景更具跌宕起伏的剧情，故事情节更加引人入胜。

生物大灭绝固然是生命史上的一个重大事件，对于当今人类而言有一定的借鉴意义。那么，如何更好地将其与当今人类社会面临的困境相联系呢？答案就是科学界呼声不断的"第六次生物大灭绝"的警示。于是，本书又补充了第七章——"地球面临第六次生物大灭绝吗？"。这一章分析了当今生物界遭遇的多样性变化的困境，指出这次大灭绝的祸首恰是人类自身。人类在扩张过程中的杀戮、贪婪和不恰当的生产方式，给环境和生物多样性带来了灾难性的后果，这也警示人们要充分认清这样的严酷现实，要有危机感和责任感。

第七章与前面几章形成了历史的比较，更具有现实意义和警示作用。因此，整部作品不仅有故事性，也有科学性和关联性。通过生物大灭绝的主题，将过去与现在联系在一起，将生物与环境联系在一起；通过生物复苏中的各自表现，又将远古生物应对灾变的策略与现实困境、挑战联系在一起。

《远古的灾难》涉及大量的科学用语和诸多生物学名词，这些词语对于读者而言可能是陌生的，甚至会令其感到生涩难懂。因此，我从三方面做了努力。一是进行背景知识的介绍，比如第一章概述了地球生命史中有关灭绝和复苏的概念，每一章也有大灭绝的背景知识铺垫。二是图文并茂，在叙述中配以大量形象的图示，使读者直观明了。三是作者尽其所能使文字生动流畅，富有感染力和故事性。本书责任编辑是江苏凤凰科学技术出版社陈静编审，校核文字一丝不苟，为保障全书用词造句的合理性和规范性做出了努力。

《远古的灾难》的创作与其他以科学为题材的作品一样，需要作者有宽厚的科学知识底蕴和基础，有对浩如烟海的文献资料的选取和提炼能力。另外，以勤补拙、倾情投入都是创作中不可缺少的元素。

《远古的灾难》由科学家撰写，优势固然明显，但并非没有困难。作者本身并不是生物大灭绝研究项目的直接参与者，因此，他们对资料的选取与理解有时也需要向相关专家咨询和学习。本书主编戎嘉余院士等人对此提供了巨大的帮助和指导。虽然作者已有前期创作《远古的悸动》一书的成功经验，但对其而言，远古的灾难主题突出、内容思想集中，仍是一个挑战。尤其是如何从文学的层面来描述科学的内容，对于刚刚涉猎科普创作的作者而言，显然也是一个考验。科普作品带有普及性，是为了帮助公众理解科学。因此，撰写好一部科普图书的难度并不亚于完成一部科研报告，甚至更具挑战性。由于作者水平有限，作品瑕疵和纰漏在所难免。

现代社会是互联网时代，科普创作借助互联网，犹如插上了翅膀。创作灵感、知识来源和创作经验、范例分享都具有以前所无法比拟的优势。互联网让创作的质量和效率大大提高，对于立志有为的科普作者而言，是一个新时代给予的机遇。

诚然，科普作品大多属于再创作，是"科学下嫁"。但即便是纯粹的再创作和科学普及，要把深奥的科学原理、定律和技术，用浅显的文字、图像以及生动的笔触介绍给广大读者，也并非易事。

三、作品的内涵与精髓

《远古的灾难》一书不仅详细描述和复原了生物大灭绝的惨烈场景，更注重于揭示生物大灭绝背后自然与生命的规律及内在关联。

1. 新生与灭绝乃是生物演化的一般规律

生物的新生与灭绝是生命演化中的自然现象，几乎每时每刻都在发生。地球上曾存活过 10 亿至 40 亿种生物，99% 以上已经灭绝。在整个生命历史中，不同层次的生物灭绝事件不计其数，其中，具有全球影响的生物大灭绝为集群灭绝，显生宙至少有过五次，即发生在奥陶纪末、晚泥盆世中期、二叠纪末、三叠纪末和白垩纪末的生物大灭绝。

2. 不同时期的生物大灭绝既有共性也有差异

生物大灭绝的共性在于重创了大多数生物类群；在全球范围内发生；导致物种大规模消亡，生物多样性快速下跌；由多种环境恶化所致；在很短或较短的地质时期发生；多数门类灾后存在发育残存期和复苏期。

生物大灭绝的差异表现在灭绝型式、类型和结局上。奥陶纪末大灭绝是由前后两个分离又有关联的灭绝幕组成的大型灭绝事件，是由多种不同规模及影响的环境恶化相继发生或叠加所致。特点是灭绝量值较高，但灭绝分类级别较低；灭绝前后生物群有差异，但生态系继承明显。二叠纪末大灭绝则是特大型灭绝事件，具有以下特点：发生时间短暂（小于 10 万年），多种全球型灾变事件重叠和高频发生，严重影响海陆生态领域，在五次大灭绝中分类等级和灭绝量值最高，灭绝前后生物群和生态系差异最为明显。

科技的进步一直在向我们显示，一些看似没有关联的事件之间也存在着因果关系。在今天科学昌明的时代，追索并探明一个重要事件的前因后果，已然不是特别困难。不过，直面每个现实事件的因果关系时，事物的复杂性、人的认知偏差以及各种混淆因素等，常常又会导致归因错误或归答偏差。而且，人们惯于找寻单一原因的简单思维，往往也看不到隐藏着的因果之链。

历次生物大灭绝结局有很大的差异。奥陶纪末和晚泥盆世中期两次生物大灭绝，使动物群的多样性大跌，其后又有不同程度的反弹（复苏），动物成员等发生了重要的变化，但这两次灭绝后相关动物群仍处于持续繁衍的宏演化进程中。二叠纪末生物大灭绝是地质历史上最大、最严重的生物灭绝事件，导致曾长期稳定、不断演替、持续了约 2.4 亿年的古生代动物群毁于一旦，陆地和海洋所有的生态系全面崩溃，演化进程发生了重大转折，直至中三叠世，生物界才整体开始复苏。

3. 生物大灭绝由内外因素所致

生物大灭绝现象一直备受关注，而大灭绝的原因也是极为复杂的。除了物种自身的因素，如遗传衰竭、适应能力下降等，大规模的、毁灭性的事件作为生物大灭绝的重要原因有迹可循。这些灭绝原因并不孤立，每个触发原因背后都会有更深层的机制。

通常，生物大灭绝起因于全球性的灾变环境，包括全球气候变化（变冷或变暖）、大范围火山活动、海洋环境恶化（如短期内海平面升降、酸化、毒化、甲烷大量排放）和天外来客（如彗星、流星）撞击地球。历次生物大灭绝有着复杂而深奥的原因，但近年来的研究表明，生物大灭绝的幕后黑手大多指向地球内部活动造成的大规模火山喷发，它导致了白垩纪末包括恐龙在内的生物的大灭绝，同时越来越多的研究也表明，德干玄武岩的喷发与生物大灭绝的时间密切关联。

四、作品的警示与启迪

《远古的灾难》揭示的大灭绝事件表明，学会将今论古、以史为鉴，认清当今地球大环境在地质历史中的独特面貌，十分重要。

生命最神奇之处，或许就是以极少的物质创造出丰饶的多样性。每个物种都是一部活的百科全书，展示了不同物种在地球上的生活方式。在自然界中，多样性便意味着健康。在其他领域，亦是如此。

1. 警示

（1）地质历史上的五次生物大灭绝事件，主要是由地质灾变和气候变化造成的。当恶劣的生态环境过去后，良好的生态环境又会恢复，生物又会繁盛起来。而现在导致生物大灭绝的主要因素是人类的活动，除非人类能认识到这一危险性，坚决采取措施加以制止，否则，大灭绝只会愈演愈烈！

（2）以往生物大灭绝多是淘汰了那些较低等的、不适应环境变化的生物，故间接地帮助了那些较高等的、适应性更强的生物。而人类造成的灭绝却是灾难性的，其他生物全逃脱不了人类带给它们的危害。

（3）以往的生物大灭绝速度不是很快，且生物都处在进化中，新物种会不断地出现。所以，每次大灭绝后都会出现生物的复苏和演化，产生大批新物种，使生物的多样性越来越明显，以至于工业革命之前，地球上的生物达到了空前繁荣的程度。然而，当今地球生物灭绝的速度比新物种的出现快 100 万倍，而且生物已进化到前所未有的高度，新的物种极难出现。有一种推测是，新的大灭绝能使地球上的物种消失殆尽。

2. 启迪

（1）大灭绝是生物进化的中断，也是生物更替的开始。大灭绝起因于全球灾变环境，重创甚至毁坏了大生态系，打破了生物与环境之间长期的相对平衡，中断了连续演化的进程，极大弱化了旧生物屏障，给有顽强生命力的物种创造了新的繁盛机遇。事实上，灭绝在生命进化过程中扮演着相当重要的角色，尤其在生物类群优势替代的进程中，起了加速和催化的作用。

（2）大灭绝淘汰了现存的老旧生物，却开拓了生物演化新天地。生物大灭绝事件并不完全是坏事，旧物种的灭绝为新物种的出现提供了机遇，腾出了生存空间，孕育着新的生命大辐射。正如我们所知，如果恐龙不灭绝，那么哺乳动物就很难得到发展，拓展出一片新天地，人类更没有可能成为地球的主宰。

（3）生物大灭绝磨炼了生物抗灾能力，为当代人类提供了借鉴。当全球环境恶化超出生物生存的极限值时，即使有些物种居群规模很大、数量非常多，也难以抵御灾变环境的强大冲击而惨遭灭绝。然而，让人惊奇的是，总有些生物以其难以想象的顽强和忍耐力以及独特的生存策略幸存下来。

因此，《远古的灾难》一书的出版，正是要告诫人们，重视地球历史上生物大灭绝事件给予的启示，充分认识当今人类自身的生存状况和面临的困境与挑战，改变生产方式，寻找保护地球环境和生物多样性的对策。《远古的灾难》不仅可作为科研人员的参考用书，也是公众了解地球生命史和生物大灭绝事件的可读伴侣。

作者简介

冯伟民：中国科学院南京地质古生物研究所研究员，中国科普作家协会副理事长，创作科普图书近20部，合作编著的《远古的悸动——生命起源与进化》曾获国家科学技术进步奖二等奖。

彰显了该书创作者立意之高远、见识之独特，也很好地体现了科普创作中的辩证思维。早有论者指出，知识与技术、技能内容的科普在科普创作中所占比例之大，不仅淹没了对科学精神、科学思想和科学方法的普及，甚至还模糊了受众对科学技术的认识。这是值得科普创作者深思的一个问题。

点评人：尹传红

3. 深稽博考　攒零合整 与时偕行

——《神奇科学》创作札记

□ 赵致真

【提要】

《神奇科学》作为第一部跨媒体可视图书，其创作经验主要有三：一是纸质图书播视频，改造纸媒"平面基因"；二是"小片"也当"大片"做，小实验、大制作、高水准；三是对科学原理深稽博考，立好科普读物的"主心骨"和"定盘星"。

随着新媒体的兴起与普及，纸质媒体的发展空间受到一定程度的挤压，无论是信息含量、传播时效，还是受众的阅读习惯、接受方式，都发生了深刻变化。面对这一形势，科普纸质媒体要想突破重围，在激烈的竞争中立于不败之地，必须找准方位、主动作为，既要重视内容，又要重视传播形式，把一些独具优势的特色项目做大做强，尽力拓展新媒体时代纸质媒体的作为空间。

一、快着先鞭，纸质图书播视频

2014 年 5 月，北京少年儿童出版社出版了《神奇科学》。在中国图书的历史上，这是第一次实现通过扫描二维码播放视频。应时而生，与时偕行。这样的图书，早一年都是不可能出现的。

我从来不同意互联网时代"纸媒将亡"的竦论，并坚信出版物会进化出新的形态。《神奇科学》率先躬行了"互联网＋图书"的实践，让纸媒跻身于网络，分惠于线上，获得融媒体的全新功能。五年来，可以播放视频的《神奇科学》畅销四海，先后重印 7 次，累计发行 20 万册；入选 2016 年科技部推荐的 50 种优秀科普图书，获得第四届中国科普作家协会优秀科普作品奖金奖，取得了市场和社会的双重效益。这是我们用自己的作品进行"杂交实验"，改造纸媒"平面基因"的首次大捷。

平心而论，与其说科普电视是来"搭救"图书，毋宁说是来"投靠"图书。在中国科普电视的大滑坡中，平台荡然无存，队伍瓦解星散，图书竟能不期然而然，成了科普电视的"避难所"，并在"覆巢之下"保住几个"完卵"。《神奇科学》作为电视节目，从来没有在任何电视台播出，却在纸媒上展现出顽强的生命力。《科技之光》栏目组这几年摄制的纪录片《播火录》，引进的纪录片《百工探秘》，还有旧作《科技与奥运》和《世博会的科学传奇》(重版)，都是到图书行业中去"救亡图存"的。辛酸也罢，庆幸也罢，这是当代中国科普电视的一道景观。

二、全狮搏兔，"小片"也当"大片"做

《科技之光》栏目组曾经制作过不少"大片"，像《神奇科学》这样每集一分半钟的"小片"，虽然是头一次，也是唯一一次尝试，但我们却是以"全狮搏兔"之力精心打造的。

《神奇科学》更是一次重要的"攒零合整"过程。我们多年来陆续收集了几百个科学小实验素材，还曾在《科技春晚》派上用场。我们根据学科均衡、深浅有致、操作简易的原则选出100集，而最重要的标准是必须"神奇"和"好玩"，看上去"有悖直觉、有违经验、有拂常识"。

许多经典实验全世界都在做，我们博采众长，从材料选取到操作流程进行最优化设计。譬如，为了展示层流和紊流"能去能回"的特性，德国、美国最棒的实验都用精密复杂的微型电机启动，不仅成本高昂而且操作复杂。我们把儿童的泡沫地垫挖出圆孔，用手平稳转动玻璃杯，不但取材方便，而且效果直观。我们不惜做上十几次、几十次实验，尽其在我，只为达到最佳演示效果。

至于拍摄制作，可谓实现了"电视手段总动员"。无影照明、微距摄影、逐格摄影、高速摄影、轨道摇臂、虚拟现实、动画特技，难免有人说是"杀鸡用牛刀""螺蛳壳里做道场"，但我们却乐此不疲，只为让科学的"真"和"美"结伴走进孩子的心灵。

毋庸置疑，《神奇科学》的摄制理念和水准，在世界同类作品中是超群拔萃的。

三、深稽博考，科学原理是根本

读者翻开《神奇科学》，自然会最先关注实验的演示。而对于科普读物来说，讲解其中科学原理，才是真正的"主心骨"和"定盘星"，最能体现一本书的知识含量和科学品质。如果作者对科学原理语焉不详，或强作解人，甚至硬伤累累，那就连科普图书的资质也值得怀疑了。

回到当初对实验的选定，我们不仅要兼顾物理、化学、生物、数学等领域的合理搭配，还要考虑到相关知识的深浅难易。如同出一份综合考卷，大部分题目的"难度指数"在"中位水准"，也有简单的"送分"题，还会特意选几个难题，满足高水平读者"解渴""过瘾"的需求。可以说，为这份"考卷"提供"标准答案"，即使是"通才"科学家也很难仅靠拍脑袋而"援笔立就"。我们当初曾设想在网上征求解答，此后尝试过分类"发包"，眼看都不可行，最后只能由主编秉笔负起全责了。

谁都无法说清自己不懂的事。首先必须尽量吃透每个实验原理，这对于我来说几乎是个重新学习的过程。每一条解释力求全面、准确、严谨、简洁，并触类旁通和举一反三。虽遵从"不苟下一字"的圭臬，仍愿对不少概念点到则止，如"巴西果效应""单摆同步效应""玻色－爱因斯坦凝聚态""莱顿弗罗斯特

科普创作需要工匠精神方能抵达至境。工匠精神是一种严谨认真、精益求精、追求完美、勇于创新的精神。党的十八大以来，习近平总书记多次强调要弘扬工匠精神。没有"螺蛳壳里做道场"的精神，就没有深入细节的震撼，也无从展现科技之美。

同样的科学知识，在不同的科普创作者面前就有不同的阐释。有的科普创作者，只是简单地充当知识的传声筒，把知识从一个脑袋装进另外一个脑袋；有些科普创作者，在充分吃透知识的前提下，能够复活知识，让知识还原到它最初被发现的状态，让读者能够经历科学家当初发现知识时的过程，让读者主动发现知识，而不是被动记忆和接受知识。

现象""恩绍定理""布封投针求 π""姆潘巴效应"等。有些实验的原理迄无定论，则须兼收并录。尤其少不了独立思考和自主判断。譬如对"腾跃的珠链"，国外网站上讨论热烈，剑桥大学论坛上权威的解释是，"因为珠子之间用细小的金属杆连接，金属杆一端被拉起时，另一端就有向下运动的趋势，如同跷跷板一样，向下运动的一端会压迫桌面，从而获得向上的推力"。我看后觉得很难苟同，便积极参加网上讨论，并专门改用柔软的棉线来穿珠链，证明了"剑桥版"解释的谬误，最终改造和扩展了实验方案，得出自己的正确结论。

和我的其他科普作品相比，《神奇科学》中写下的几万字也许只能算"断简零墨"和"孤文只义"，但在我的科普经历中，却是一次最倾心的投入、最吃力的劳作，一份我最在意的收成。

作者简介

赵致真：科普作家，科技电视编导及制片人。曾任武汉电视台台长、武汉广播电视局局长，创建大型科普栏目《科技之光》。退休后撰写、编导《科技与奥运》《世博会的科学传奇》《神奇科学》《科技春晚》《播火录》等。

点评人：金涛

4. 生存是科幻小说创作的一个永恒主题

——《逃出母宇宙》创作后记

□ 王晋康

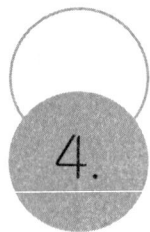

【提要】

　　生存是科幻小说创作的一个永恒主题。《逃出母宇宙》设置了一个极端背景：整个宇宙忽然得了绝症（空间急剧收缩），而主人公也从幼年起就得了绝症。于双重绝望中，主人公及所有地球人，仍在奋力求生，从而造就了人类文明的一个"氦闪"时代，天才像礼花一样迸射，人性之花大放异彩。

探讨如人类终极命运这样宏大的命题，科幻小说无疑有着先天优势。其科幻构思通常依附于某个极端背景，再演绎出精彩的故事，由此展开哲理思考。王晋康那些值得关注且往往引发热议的科幻作品，大都可以归入"哲理科幻"之列。

　　《逃出母宇宙》这部科幻长篇小说的核心故事来自我此前发表过的短篇小说《活着》，而后者从名字上就能看出，是对余华先生同名小说的致敬之作，只不过把故事背景从中国社会底层拓展到整个地球乃至整个宇宙了。余华先生的小说以质朴无华的叙述，描写了一个可怜小人物终其一生对"活着"的坚持，而这正是科幻小说的一个永恒主题——生存。

　　在《逃出母宇宙》这部小说中，这个主题被总结成两句简短的大白话："活着，留后。"这一主题也被总结为小说中一个主角的四句短诗：

生命是过客，

而死亡永恒。

但死神叹道——

是你赢了。

　　生存是万千生命——当然也包括人类——的最高目的。人类社会林林总总的道德、法律、情感、本能……就本质而言，都是因这个目的而派生。这些精神层面的东西在极度发展和精致化之后，与原始目的出现相当的割裂，但本源是不变的。在我另一篇科幻小说《生命之歌》中，我提出了这样的科幻构思：所有生物都有生存欲望，它由上帝镌刻在生物 DNA 的深处，是回荡在整个宇宙的最雄阔悲壮的生命之歌。这和《逃出母宇宙》在主题上是相通的。

　　当然，从短篇到长篇，情节被大大丰富了。这部小说设置了这样的极端背景：整个宇宙忽然得了绝症（空间急剧收缩），而主人公也从幼年起就得了绝症。在双重的绝望中，主人公及所有地球人，仍在奋力求生，从而造就了人类文明的一个"氦闪"时代，天才像礼花一样迸射，人性之花大放异彩。人类的求生之路波折重重，先是近地空间的空间暴缩，又发现是全宇宙的空间暴缩，再发现随后会有一个空间暴涨，而暴涨更为可怕，它将使人类的智慧清零……就在这样一波又一波完全的绝望中，人类仍然永不言弃。虽然小说最后没有写光明的结局，但至少他们仍在黑暗之中摸索，前边仍有希望之光。

　　这部科幻小说的主要人物，从外表到内心，都是中国人。身患绝症的青年天才楚天乐，从母亲和干爹身上继承了坚韧、乐观和仁爱的精神品质。他的妻子鱼乐水善良而乐天，在采访楚天乐的过程中"很随便地"做出了与他结婚的决定，之后便是一生的坚持和快乐。姬人瑞则是一个三国陈宫式的人物，目光敏锐、冷静果断、精于权谋，但内心有一条道德红线不会逾越。一个更复杂的人物是褚贵福。他原是自私霸道、劣迹斑斑的亿万富翁。他慷慨捐赠金钱的初衷是预先买下逃生飞船的船票，保住几十个妻妾儿女的性命。但在时代浪潮的裹挟下，这个极端自私的家伙成了时代的伟人。

有人批评这部小说中的所有人物过于圣洁，过于理想化，这些批评有合理的一面。不过我认为，当人类整体处于灭绝边缘时，这个物种的利他主义就会自动强化，所以我认为——至少我希望——在这样的极端灾难之中，人性会更美好，而不是更卑劣。我希望上帝建造的是伊甸园，而不是黑暗森林。从人类文明发展的历程看，这个观点也是正确的。尽管人类历史上充斥着丑恶血腥，但族群的整体利益最终会压倒个体之间的争斗，否则就不会出现人类的普世价值。我相信，在人类整体面临生死存亡之际，普世价值将真正普世。

就"讴歌人性，直面生存"这个主题而言，《逃出母宇宙》是一部社会小说，或者说是软科幻。但实际上它也是一部比较特殊的硬科幻小说。首先说说"特殊"。这是因为，与我以往的作品不同，文中的主要科幻构思从科学性上说纯属虚构。小说的主要科幻构思是：整个宇宙存在着大致十万年一次的暴涨暴缩，今天的人类文明适逢其会；还有，真空能够激发为二阶真空，从而可以实现亿倍光速的航行；还能继续激发出三阶真空，从而实现时空跃迁；等等。

今天的物理学中没有类似的知识或假说，我也不相信这些构思能变成现实，即使能，也是100万年之后的事了。但只要承认这些假定，其后情节的发展就是浸透在科学理性之中了，一些技术发展也是这些假定的合理延伸。对于某些技术细节，比如空间暴缩区域的扩张速度、何处是极值、太阳与地球之间距离缩短的速度等，我是自己推导出公式进行计算的。敝帚自珍的是，在这

世界存在各种可能性。科幻作品通常被认为是略微超前并且看到了这些可能性的"超科学"。它提供了一种在不同环境下探讨当代问题的可能性，它也是在创造一种替代性的历史或情境，是一种探究各种可能形态的"思想实验"。

科幻界过去曾有"软""硬"科幻之说，借以说明不同的科幻类型。作品构思和内容重在展现社会人文还是"硬核"科技，是粗略区分两者的依据所在。而所谓科幻构思，就是小说中一种与科学有关的设定。这种设定基于科学基础和科学理性，它将参与构建小说的整体骨架，成为推动情节发展的内在动力。

部小说中，空间涨缩始终是故事情节的内在推动力，而不是可有可无的背景，这正是"核心科幻"的主要特点之一。

所以这部科幻小说还是比较硬的。对无法避免的知识硬块，我尽量使其简单化和分散化，以便于读者阅读。

但一些读者（尤其是偏于文科的读者）说，还是觉得阅读起来有些艰涩，对作者而言这是一个遗憾。记得有位西方科幻作家说过，小说中出现一个数学或物理公式，读者就会减少一半——不幸的是，我这部小说中竟然有两个物理公式！两个公式按理说是会吓跑所有读者的，所以，我对本书的读者满怀感激之情。

说点写作过程中的小花絮。小说中有这样一个情节：灾难开始时，科学家通过研究共同得出结论，这次空间暴缩造成附近空间向太阳系流泻，离太阳越远，流泻速度越高，直至达到某个极值。所以飞船向外逃生是逆水行舟，船速必须超过 1/10 光速，否则就无法冲出空间逆流。这个结论实际上是一个明显的错误，具体原因我就不细说了，反正科学界如果共同犯下这个低级错误就显得有点"low"。这是小说的一个"bug"。其实我的初稿里并没有这个"bug"，初稿里有一系列设定，在那些设定下，科学界共同做出那个错误结论，这在当时的认知条件下还是合理的。但这些设定太烦琐，肯定会影响一般读者的阅读快感。我权衡再三，还是忍痛删去了这些烦琐的设定。科幻小说首先是小说，当完美逻辑和阅读快感冲突时，宁可舍弃前者。

在国内一线科幻作家中，我是最年长的。我们这代人经历过如此多的坎坷和苦难：三年饥荒，"文化大革命"时期的经济崩溃，改革开放初期的赤贫。虽然曾经处于闭塞、愚昧、自卑、绝望中，但最终中国没有崩溃，我们没有沉沦。有人说，这代人吃了三代人的苦，才换来中国经济的腾飞，是为确言。《逃出母宇宙》虽然是虚构，是在写未来，写全人类，但就其精神实质来

科幻中的科学构思未必应当合乎现实的科学理论，其关键在于，是否符合科学的逻辑推理，即以理性和科学的态度去描写"超现实"的事物或形态。

相对于同代的其他科幻作家来说，王晋康这位"出道"较晚的"老"作家有一个甚为独特的优势，那就是丰富的生活阅历。概括一下他的创作，正可谓：偶然闯进科幻文坛，妙笔绘就奇异景观；理性探究人类未来，深层揭示世界内涵。

说，何尝不是对这代中国人的赞歌？科幻关注的主要是明天，但科幻作家是站立在今天和昨天的土地上。

点评人：尹传红

作者简介

王晋康：中国当代著名科幻作家，中国科幻银河奖桂冠作家，全球华语科幻星云奖终身成就奖获得者。

5. 推陈出新中的变与不变

——第六版《十万个为什么》是怎样炼成的

□ 洪星范

【提要】

　　第六版《十万个为什么》，以全新的问题、全新的体系、全新的内容、全新的样式，以及数字化时代全新的技术手段，再现了《十万个为什么》每一版都曾有的辉煌，掀起了中国科普出版和整个科学普及的又一个高潮。在此基础上，经过编辑团队的努力开拓，一条以"十万个为什么"为核心的涵盖图书、期刊、电子出版物、网络平台、舞台剧的科普产业链已见雏形。这一由少年儿童出版社几代出版人精心培育的科普之花，在新的历史时期，一定能绽放得更加精彩。

　　《十万个为什么》是少年儿童出版社在 20 世纪 60 年代初编辑出版的一套青少年科普读物。60 年来，这套书先后出版了 6 个版本，成为新中国几代中青年科学家的启蒙读物，在弘扬科学精神、传播科学知识、提高青少年科学素质方面发挥了巨大作用。2013 年全新推出的第六版《十万个为什么》，由 18 个分卷构成，全彩色图文印刷，版面字数超过 600 万字，配上 7785 幅精美的彩色图片，收入近 4000 个代表科技发展前沿和青少年关心的热点问题，堪称一套名副其实的原创科普巨著。

一、半个多世纪的出版历程

60年前，一套名为《十万个为什么》的青少年科普读物由少年儿童出版社编辑出版后，立即受到社会各界的高度重视和读者的普遍欢迎。在半个多世纪的岁月里，这套书先后出版了六个版本，始终以科学严谨的知识、贴近生活的内容和通俗浅显的文字吸引着读者，引导无数青少年走上了科学探索的道路。据统计，从1961年到现在，不同版本的《十万个为什么》共出版发行了1000多万套，累计超过1亿册，成为几代父母为孩子购书的首选。

1998年，《十万个为什么》荣获了国家科学技术进步奖二等奖的殊荣。这是该奖项自设立以来第一次授予一套科普图书。中华人民共和国成立50周年前夕，这套书被千千万万的读者推选出来，成为"感动共和国的50本书"中的一种。2008年，《十万个为什么》（新世纪版）又被授予首届中国出版政府奖（图书奖）这一出版领域的最高荣誉。

近年来常能听到有人发问：为什么现在再也出不来像《十万个为什么》这样的科普畅销书了？甚至还有人将科普出版状况视为科普"景气"与否的风向标。确实，《十万个为什么》难以"复制"的奇迹值得我们思考：除却其选题、质量要素及读者需求与时代风尚外，它还有哪些特质？

在我国，至今还没有一套科普读物能像《十万个为什么》这样经得起如此长时间的检验，并产生了如此巨大的社会影响。用中国科学院资深院士池志强的话说，"它差不多是所有中青年科学家的启蒙读物"。正因为如此，《十万个为什么》被赞誉为我国青少年科普事业的一块"里程碑"，堪称我国出版界一面不倒的旗帜。

二、为什么要出版第六版《十万个为什么》

进入21世纪以来，科学技术的发展日新月异，尤其在网络通信、低碳环保、基因工程、航空航天、新能源、新材料等领域，研究进展更是一日千里，已从根本上改变了人们的生活与工作方式，自然也成为追求时尚的青少年关注的热点。而诞生于 20 世纪 90 年代的《十万个为什么》(新世纪版)，在知识内容上已经无法满足读者的需要，形式上更是落后于当前少儿图书出版的潮流。

在《十万个为什么》成为中国科普图书的第一品牌之后，从 20 世纪 90 年代开始，各种跟风模仿的"十万"版本开始在图书市场上层出不穷。据不完全统计，目前市场上打着"十万"的旗号出版的图书就有数百种之多，但大多是抄编拼凑之作，内容重复、缺乏创意。更有甚者，不少书中的内容是直接从网络上下载改写的，其科学性与准确性本身就无法保证。即便是少数质量不错的"十万"版本，与少年儿童出版社体例严谨、编辑精致的《十万个为什么》相比，也是"难以望其项背"(叶永烈语)。因此，社会各界要求少年儿童出版社重新编辑出版《十万个为什么》的呼声也日益高涨。

自 2008 年以来，就青少年对《十万个为什么》的阅读需求，我们先后对上海多所中小学的学生进行了数千份问卷访问。2011 年，我们又开展了"十万少年儿童问十万个为什么"活动，同时开通了微博和博客。通过对所收集的数万份问卷进行分析，我们发现孩子们提出的大量问题都是全新且未得到很好解答的，这需要新版《十万个为什么》回答新问题、提供新内容。

数字化时代的来临使《十万个为什么》这一以知识传播和传承为主要功能的读物面临巨大挑战。新版《十万个为什么》要在概述各类科学技术知识的同时，努力构建多元的开放性的体系架构，要在有效回答"为什么"的基础上，让青少年知道每个问题的解答都可能有多个不同路径，引导和启发他们深入思考更多的

时代不同了，恰如我们的生活较之从前已变得多姿多彩一样，科普的途径和手段也日渐丰富起来。面对同样也发生了巨大变化的读者"胃口"，科普创作的形式和内容自然也要与时俱进。《十万个为什么》一直被"仿"被"抄"，恰恰说明我们的科普创作更需要开拓新路。

《十万个为什么》从 1961 年问世至今不断推陈出新，唯一不变的是"为什么"这样的提问方式。这也是它的立身之本，即通过对大致划分了学科类别的数千个"为什么"的思考和解答，讲述其中的科学道理。这些"问"和"答"，如能引出更多的"思"和"探"，读者应该也就真的"受用"了。

"为什么"，积极探索新的未知的科学世界。

更重要的是，当前我国正在努力建设创新型国家，这对我国的科普出版提出了更高的目标，而国务院颁布的《全民科学素质行动计划纲要（2006—2010—2020 年）》又对提升青少年的科学素养提出了明确的任务，这些都要求我们努力提供大批既符合现代青少年需求又适应中国国情的原创科普出版物，编纂出版全新的第六版《十万个为什么》可谓恰逢其时。这一出版工程在启动之后，即被列为上海市和上海世纪出版集团的"十二五"重大出版项目。后经上报原新闻出版总署，并经过严格论证，第六版《十万个为什么》又被列为"十二五"国家重点图书出版规划项目，其精装本还获得了 2013 年度国家出版基金的资助。

三、最优秀的科学家打造最优秀的科普作品

大科学家和著名科普作家的参与，是《十万个为什么》内容质量的最可靠保证，也是在这套书与市场上形形色色的跟风"十万"图书的竞争中，读者最为关注也最为重要的砝码。因此，在第六版《十万个为什么》的编辑过程中，我们首先坚持的核心原则是：请中国最优秀的科学家和科普作家为代表着中国未来和希望的青少年撰写最权威、最优秀的原创科普精品。

考虑到第六版《十万个为什么》的出版对于推进我国科普工作的重大意义，第十一届全国人大常委会副委员长、第十二届全国政协副主席、时任中国科学技术协会主席韩启德院士亲自担任总主编，中国科学院和中国工程院共 115 位院士应邀担任编委，组成阵容强大的编委会，其中绝大多数院士编委都参与了条目审定和审稿等工作。20 余位院士在百忙之中还担任了各分卷的主编，具体负责组织相关分卷的编纂工作。40 余位院士亲自撰稿。这么

多院士级大科学家具体参与一套科普图书的编纂工作，在我国科普史上是空前的。

与此同时，考虑到科普图书的可读性，少年儿童出版社也力争把各个学科老、中、青三代最优秀的科学家和科普作家邀请到作者队伍中来。中国科学院老科学家科普演讲团约有1/3的老科学家愿意参加撰写工作。作为科普新锐的"科学松鼠会"，也有一半以上的会员报名参与新版《十万个为什么》的撰写工作。据统计，来自世界各地各个学科的780余位优秀的科学家和科普作家参与了新版《十万个为什么》的撰写工作。阵容强大的编委会和作者队伍，为新版《十万个为什么》的科学性、前沿性、权威性和可读性提供了最可靠的保证。

从2011年10月起，在分册主编和编委的主持参与下，各分册的编纂研讨会陆续召开。两年的时间里，第六版《十万个为什么》项目组共召开了150余场不同形式、不同规模的编纂研讨会，参与讨论的专家学者超过1800人次，绝大多数研讨会都有院士级主编、编委参加。通过一系列的研讨会，专家们就各分册的框架结构、问题设置和内容写法迅速达成共识，为编纂工作的顺利开展奠定了坚实基础。大家的目标只有一个，就是为中国当代的少年儿童编写出一套适应时代发展的最权威、最优秀的原创科普精品。

除了最为强大的编纂团队，第六版《十万个为什么》在形式上适应当代青少年的阅读需求，与国际同类图书的最新出版潮流接轨，首次推出彩色图文版，用7800余幅精美的彩色图片向读者展示当代科技前沿的无穷魅力。第六版《十万个为什么》在内容上也具有鲜明的时代特色，从基础、前沿、关键、战略四个方面来组织问题和编写稿件，重点关注科技发展的前沿和当代青少年关心的热点问题。书中大量的"为什么"是通过各种形式向

"我是看着《十万个为什么》长大的。"常常有人满怀深情地说。《十万个为什么》堪称新中国几代青少年的科学启蒙读物、全国最具分量和品牌效应的科普图书。新时代的中国科学家和科普作家，积极承担起对这一科普经典的传承与创新，助推它焕发新的生命力。

全国少年儿童征集来的，力求将当前孩子们最关心、最爱问的问题介绍给他们。同时，第六版《十万个为什么》更加注重思考过程，提倡科学精神，引导创造探索，关注科学与人文、科学与社会的关系，通过"微问题""微博士""实验场""科学人""关键词"等小栏目激发青少年的好奇心和探究心理。

四、全新理念打造全新科普知识体系

第六版《十万个为什么》在总结前五版的成功经验，并广泛征求各方面意见的基础上，综合考虑时代的发展和青少年读者的实际需要，将全书分为3大板块共18个分册。基础板块包括数学、物理、化学、天文、地球、生命，是关于传统六大基础学科。专题板块包括动物、植物、古生物、医学、建筑与交通、电子与信息，介绍由基础学科衍生出来的重点传统学科。热点板块包括大脑与认知、海洋、能源与环境、航天与航空、武器与国防、灾难与防护，则是近些年发展特别迅速、引起社会广泛关注的热点领域。

应该说，第六版《十万个为什么》的体系结构与分册设置同以往的版本有很大不同。这是在参酌海内外同类科普读物的基础上，听取了各方意见和建议后决定的，目的是为了处理好三个方面的关系。

一是基础学科与前沿领域的关系。因为《十万个为什么》涉及的每个知识门类近年都有很大的发展，对于每一卷的内容而言，都有一个基础知识与前沿内容的比例掌握问题。更重要的是，由于网络通信、低碳环保、基因工程、航空航天、新能源、新材料等科技领域的飞速发展，部分科学领域的内容必须单独设卷，方能囊括该领域的最新发展，因此，新版《十万个为什么》

新版《十万个为什么》的编纂过程，其实也是编纂人员科普理念转变的过程。如果说前五版的定位是以知识的传播和传承为主要功能，那么，第六版在呈现基础科学知识和最新科技成果的同时，则更注重思考过程和创新引导，更注重科学方法和科学精神的熏陶，更注重阐释科学与人文、科学与社会的关系。

在保留数理化等传统学科卷册的同时，增设了部分新卷。

二是学科体系与热点主题的关系。作为面向青少年的科普读物，科普读物在分册上必须保持一定的学科体系和学科卷册，如数理化等学科。但是，当前社会的发展，使得科学技术领域又有很多主题性的内容成为大众关注的热点，如古生物、地震、火山、核危机、食品问题、心理问题等。为此，新版《十万个为什么》特地选择了社会大众关注的部分热点，单独设卷，以回应读者的阅读需求。

三是普及科学知识与呼应国家战略的关系。新版《十万个为什么》的使命是向广大青少年读者普及科普知识，传播科学精神，卷册的设置必须具有一定的知识体系性和完整性，这有助于提升青少年的整体科学素养，但是，我国的国家战略又要求我们强化和突出部分知识内容，为此，新版《十万个为什么》也将部分内容如海洋等单独设卷，以便呼应国家战略，突出时代的要求。

在编纂每一分册的过程中，我们根据这个学科或专题的内容，充分考虑知识体系的完整性和科学发展的前瞻性，问题的设计和分布尽量与学科或专题的内在结构相吻合，从而使每一分册都成为具有完整的内在知识体系的读物。现代科学技术发展的一大特点是学科之间的交叉融合，相信小读者们在阅读过程中也会在不同的分册中发现一些共性的问题。

从多个小栏目的设置，可以一窥新版《十万个为什么》编纂者的匠心："微问题"（提出一个书中没有答案的引申问题供读者思考），"微博士"（提供一个相关小知识点），"实验场"（用实验方式解答问题），"科学人"（介绍各个领域的著名科学家），"关键词"（从书中提炼出的反映知识点的词）。

五、走向世界的中国原创科普第一品牌

在项目组全体成员的无私奉献和共同努力下，第六版《十万个为什么》的各项工作进展顺利。在不到三年的时间里，项目组成员以高度的责任心和使命感，交上了一份完美的答卷，为中国

当代的少年儿童编辑出版了一套适应时代发展的最权威、最优秀的原创科普精品。

2013年8月13日，第六版《十万个为什么》出版座谈会在上海锦江小礼堂隆重举行，标志着整个项目的胜利完成。来自全国各地的院士代表、专家学者共240余人济济一堂，见证了这套新时代经典少儿科普读物的诞生。时任上海市委书记韩正等与会领导，对新版《十万个为什么》的编纂工作予以高度评价，希望通过这套图书的出版发行，进一步引导广大青少年弘扬科学精神，掌握科学知识，学会科学方法，了解科学进展，发现科学问题，提升科学素养。

第六版《十万个为什么》正式出版以后，得到了广大读者的热烈欢迎和社会各界的强烈反响，已先后荣获中国科普作家协会优秀科普作品奖金奖、国家新闻出版广电总局向全国青少年推荐百种优秀图书、科技部全国优秀科普作品奖榜首和第四届世界知识产权组织版权金奖（中国）等数十项荣誉。2017年，第六版《十万个为什么》荣获上海市科技进步奖一等奖。

第六版《十万个为什么》的出版，也受到了全国及全世界出版业同行的关注。这套书已先后被翻译成香港特区繁体字版、中国台湾繁体字版、维吾尔文版、哈萨克文版和越南文版，阿拉伯文版也已在2020年5月全部出齐。

经过近60年的风风雨雨和几代编辑的共同努力，《十万个为什么》已经成为毫无争议的中国少儿科普第一品牌。2017年6月，国家商标局经过审核，正式批准了"十万个为什么"的商标申请。2018年5月，《十万个为什么》还作为上海甚至中国出版品牌的代表，参加了首届中国自主品牌博览会。在国家的大力支持下，第六版《十万个为什么》会以更加坚定的步伐，大踏步地走向全世界。

六、新起点：打造全媒体科普产业链

随着数字网络时代的到来，科学技术的发展更是日新月异，各类科学热点层出不穷，《十万个为什么》单以图书的形式、平均10年再版一次的节奏，已很难适应广大读者的迫切需要。因此，在第六版《十万个为什么》编纂工作启动之初，就规划了同步推出《十万个为什么》杂志的设想。这一规划得到了第六版《十万个为什么》总主编韩启德院士的充分肯定和大力支持。他还明确指示我们，要以《十万个为什么》图书和杂志为核心，充分考虑数字网络时代文化产业发展的特点，择机推出相应的网络、游戏和动漫产品，努力打造一条以"十万个为什么"为主题的科普产业链。

作为"十万个为什么"产业链的内核和少年儿童出版社的主业，《十万个为什么》系列图书产品的深度开发，毫无疑问是工作的重中之重。我们希望利用几年的时间，打造一个面向不同年龄段读者的《十万个为什么》系列产品群，推动媒体融合发展。此外，《十万个为什么》杂志也在2014年下半年面世，受到广大读者热烈欢迎，并在2016年、2017年、2018年连续三年入选国家新闻出版广电总局向全国青少年推荐百种优秀报刊。在此基础上，我们还开发了基于各种网络平台的网络版《十万个为什么》，使得这一传统品牌迈入了数字时代。尤其值得一提的是，经过几年酝酿，大型儿童舞台剧《十万个为什么》于2018年7月正式登上上海大舞台，并开始全国巡演。

与此同时，作为第六版《十万个为什么》衍生产品的移动互联产品、动漫产品和游戏产品的开发，也已列入议事日程。应该说，经过这几年的发展，《十万个为什么》已经不再仅仅是那套感

新版《十万个为什么》的亮点之一，是构建了一个开放性的体系架构和全媒体科普产业链：全新的"为什么"、全新的体系、全新的内容、全新的样式、全新的技术传播手段。"为什么"：一个永无止境的追问；《十万个为什么》：一个星火传承的品牌。愿她创新不断，青春常在。

动了无数中国人的科普图书了，一个以"十万个为什么"为核心品牌的涵盖图书、期刊、电子出版物、网络平台、舞台剧、科普教育的产业链已见雏形。我们也希望再用几年的时间，把少年儿童出版社建设成中国最主要的少儿知识类出版物生产基地，为中国的少儿科普出版事业探索出一条全新的发展道路，为推动青少年科学素养的提高做出新的贡献。我们相信，这一由少年儿童出版社几代出版人精心培育的科普之花，在新的历史时期，一定能绽放得更加精彩。

点评人：尹传红

作者简介

洪星范：上海少年儿童出版社有限公司副编审，副总编辑。

6.

尝试不一样的
科学传播

——《檀岛花事：夏威夷植物日记》创作手记

□ 刘华杰

【提要】

　　要让博物学科普作品在内容上更加有分量，少不了文献的积累，更少不了作者亲自漫步自然之中、进行野外实地考察时的观察与体悟。博物学科普创作能够传达的不仅是知识，作者的自然观与生态观也体现在字里行间——"像博物学家一样生活"。

　　《檀岛花事：夏威夷植物日记》是基于2011—2012年我在夏威夷访学期间收集的素材写就的，付梓已经是2014年7月。在此之前，我虽然已经写过《天涯芳草》《博物人生》等，但依然没有把全部精力投身到博物学。直到2019年，回顾一下这几年个人关于植物由近及远的一点探索，我相继出版了《燕园草木补》《崇礼野花》《青山草木》《勐海植物记》《檀岛花事：夏威夷植物日记》五种有代表性的植物书。它们都是一阶作品。我个人称之为植物博物学，别人称之为植物科普。我只写亲自观察、拍摄到的植物，不想抄来抄去、解释来解释去。即便是科普作品也应当提供实质性的增量，或增加经验数据，或增加特别的论证，还要传达作者的独特思索。不过，我从未认为它们有多么特别，

　　提供实质性知识增量，而不是翻炒冷知识，这是一种值得关注却不易复制的科学传播模式，最后成了科学传播实践者的一种生活方式。

更不敢认为它们有多么好。我是在做一个持久的实验：在现代条件下，一个普通人能否比较清楚地认出、了解自己身边的植物，能否与大自然对话？

这些作品不是在室内编出来的，首先要在野外做长期、扎实的调查工作，实地拍摄大量植物图片，之后做极为烦琐、细微的鉴定和分类工作，然后依据笔记的线索，选择一部分进行写作。

我这一实验的结论是肯定性的，一个普通人真的可以顺利地辨识、了解与自己相遇的大部分植物，并且通过自己的努力能够参与环境监测，为生态文明建设贡献自己的微薄力量。这其中，显然用到了大量植物学和其他学科的知识、方法，也可以说涉及科学传播。换一种叙述，这些书首先是写给我自己的，其他人愿意读当然也欢迎。所见与所写，不成比例，写出的只是一小部分。在此过程中，我并不怀有很强的使命感，并不想用我的作品教育、教训别人，但愿意分享我的观察、知识和美好体验。我想，这与当下主流科普、科学传播应当是有一定区别的。我无法说别人的方式方法不好，我只愿意走自己的道路罢了。

下面就具体说说《檀岛花事：夏威夷植物日记》的写作，只是若干肤浅的个人体会，对他人未必有什么帮助。

夏威夷群岛位于太平洋中央，是重要的旅游胜地，每年中国都有大批游客到此旅行、消费。就自然物观察而言，中国人在此观察活火山者占多数（其实与进行一般性的观光的游客相比，这部分人也只是少数），来此观鸟、看植物的，还是比较少。但是，夏威夷的地理特色决定了其诸多岛屿上生长着大量非常特别的本土植物。最有特色的当属桔梗科半边莲亚科的上百种植物，它们大多为木本，其次菊科、五加科、檀香科、芸香科等也有一些非常特别的种类。这里特有种的比例相当高，而这与适应辐射有相当的关系，在这样的岛屿上甚至能够见证达尔文所描述的成种过

作家创作的硬核操作，第一手知识增益，两阶贡献。

程。但与此同时，夏威夷是"生物多样性的现场"（E. O. 威尔逊语），在近一年的时间中，我刻骨铭心地体会到夏威夷外来物种和本地物种的矛盾。作为边界清晰、范围有限的海岛，夏威夷仍然是我们这个星球上有关地壳变迁（如活火山）、生物演化、民族文化融合的理想研究之地。到夏威夷参观、访问、考察以及专程看花的中国人会越来越多，基于此，我似乎产生一种冲动，觉得自己有责任写一部书，帮助人们更进一步了解夏威夷。在中文世界，关于夏威夷的导游手册已有许多，但是专门写植物和植物生态的，一本也没有，甚至连相关文章也难找到。可以说，我的写作几乎没法参考中文作品，因为中国科学家也没有认真关注过夏威夷的植物。在这样的条件下，我写夏威夷的植物虽然没有做实验室工作，也没有发表新种，但显然也不同于常见的中文植物科普。对于我要描述的许多植物，中国人可能是第一次见到，它们可能还没有中文名。我的第一个任务就是，把其中重要的种类介绍给中国人，给它们取一个恰当的中文名（要参考拉丁学名书写规范和植物本身的特色），同时配以清晰彩色图片和简单的描述。具体的写作采用博物学界常见的游记体，用第一人称，尽可能减少枯燥感。从一开始，我就考虑过此类作品的寿命。科普作品有不同的寿命，绝大多数寿命较短，只是过眼烟云，迅速被遗忘，包括许多得奖作品。多数作品，五年后便丧失大部分价值。我希望《檀岛花事：夏威夷植物日记》有持久的价值，怎么做到呢？那就是尽可能使之向文化、历史方向靠拢，而不是单纯普及知识。我希望50年后甚至100年后，我的作品还能发挥某种功能，比如用它对比植物、生态、生物多样性、文化现象，也就是说使之成为某种历史文献。

《檀岛花事：夏威夷植物日记》能够写成，必须在前人工作的基础之上进行，参考研究者的文献。业内人士都知道，在陌生

对科普作品寿命和持久价值的追求，可能在一定意义上影响写作者的工作方式。

创作手记　39

的地方突然接触一大批不熟悉的植物，没有合适的参考书是根本无法了解的。于我而言最重要的有两种作品，第一种是《夏威夷开花植物手册》(*Manual of the Flowering Plants of Hawai'i*)，1990 年初版，1999 年出修订版，共两册，主编有三位：魏格纳〔Warren L. Wagner，其导师是在中国上海出生的美国植物学大佬雷文（Peter H. Raven）院士〕、赫伯斯特（Derral R. Herbst）和索末（S. H. Sohmer）。此志书只收开花植物，不考虑蕨类，而夏威夷生长着大量有特色的蕨类植物，所以还得找一部好的蕨类专著。第二种是帕尔默（Daniel D. Palmer）写的《夏威夷蕨类和拟蕨类》(*Hawai'i's Ferns and Fern Allies*)。这类志书，光在室内看是不行的，一是看不下去，二是看了也理解不深刻，必须不断与野外实际生长的植物进行对照。有时，只做书本与活植物对照还不够，还得查腊叶标本。夏威夷植物标本大多贮存在瓦胡岛檀香山市中心的毕晓普博物馆的植物标本室中。夏威夷大学的洛克植物标本馆中也有一些，但种类比较少。为了准确鉴别植物，我不得不多次到毕晓普博物馆。除此之外，还要尽可能请教本地植物学专家，有时跟他们一起爬山、参加劳动。

写作过程中，我尽可能指明某一物种是本土种还是外来种。这一信息非常重要，全书也力图传达这样的思想：本土种是重要的、美好的，值得优先识别、保护和利用的，而对外来种要格外慎重。各级各类植物园宜优先引种、展示本土物种，有余力之时才可以考虑引进一小部分外来种（因为稍有不慎就可能带来不可逆的坏影响，在夏威夷，这种例子非常多），不可本末倒置。据我的经验，目前在夏威夷和一些发达国家的学术界，已经达成一个共识：尽可能保护好和展示好本土种。当然这也只是在最近才发生的，在过去相当长的时间内，学界对本土种也不够重视和尊重。而在国内，对本土种重要性的认识还很不够，特别是各地的

对本土物种的强调，彰显着写作者的自然观和价值观。

植物园依然没有把保留和展示本土种作为优先工作来安排。

写作中，我毫不忌讳地把一些生活细节记录下来，一方面忠实保留植物生境信息，另一方面如前所述是想避免单调。幸好前有博物学大佬徐霞客和怀特（Gilbert White）树立榜样，我可以向他们学习，当有人指责时也好找"挡箭牌"。有时，我也会记下自己在特定场合下的所思所想，有些可能是很奇怪的思索，这些代表着一个人类个体面对大自然时的真实感受。我一般是一个人行动，有时在野外搭帐篷过夜，有几次还故意在海边、大瀑布边过夜，这样的机会在人的一生中不会很多。我就是想测试一下，会有怎样的感受。外界有巨大的声响，能入睡吗？结果是，能够。自然之声真的不同于人为噪声，人的耳朵会快速适应，把海浪涛声、瀑布轰鸣声过滤掉。

《檀岛花事：夏威夷植物日记》主要关注野生的本地植物，但也用相当篇幅谈到可食用的植物（有外来的也有本土的），因为这涉及先民如何生存，与民族植物学有关。每一个地方的特色食品差不多都与当地的植物有重要关联，植物学作品有义务把这一类植物交代清楚。为此，我要到图书馆查一些历史、植物学文献，还要亲自验证，包括加工、品尝。比如对于桑科的面包果、桃金娘科的草莓番石榴、蹄盖蕨科的过沟菜蕨（也称食用双盖蕨），都有多次品尝。

在野外考察和写作过程中，我不断体会到，由政府专门管理的步道（山道）系统非常重要，它是百姓休闲、了解本地动植物和生态变化的极佳场所。而在国内，这类步道还很少见，近些年虽有人呼吁，个别地方略有尝试，但仍然未引起足够重视。

在《檀岛花事：夏威夷植物日记》的写作中，我也有意识地把博物学家洛克（Joseph F. Rock）的故事贯穿始终。一是他本人是夏威夷本土植物研究的先驱，二是他在中国云南生活过多年，

又见使命感，对于"文明精英"，它是一种深入骨髓的东西。

将科学家个人的贡献及其科研或人生故事与博物知识、自然历史连接展现，是一种综合化的一阶、二阶贯通科普方式，若能把握得好，也应该可以得到综合化的科普效果。

三是我到夏威夷访问的项目也是打着他的旗号，四是洛克描述的植物和场景在野外经常能够碰到，五是洛克的遗迹在夏威夷还有许多（墓地、晚年居住过的大宅子、他获得荣誉博士学位时的相关建筑、校园内他主持引种的大量活体植物），六是我专门采访过他晚年的助手或者说"半个儿子"及遗嘱执行人韦西奇（Paul R. Weissich）先生。

对于夏威夷的各种植物，书中没有平等对待。完全照顾到所有植物是不可能的，仔细描述每个种也没有必要。本土特有种最为重要。书中特别关注檀香科檀香属的各个种及分类问题，它涉及中国古代与夏威夷之间的贸易，这个属的演化也很有意思。在《檀岛花事：夏威夷植物日记》之外，我还根据野外考察及文献写成一篇科学史论文，发表在《自然科学史研究》上，这也是我依托夏威夷项目发表的唯一论文。我希望自己通过植物这个侧面和视角对夏威夷的介绍，能够帮助国人更好地了解中国人早就与之打交道的一个地方。

著名植物分类学家王文采院士帮助我统计过，《檀岛花事：夏威夷植物日记》涉及蕨类植物 22 科，41 种；裸子植物 3 科，4 种；被子植物双子叶植物离瓣类 81 科，313 种；合瓣类 26 科，172 种；单子叶植物 19 科，91 种。以上共计 151 科，621 种。王文采院士还专门投书《中国科学报》推荐此书。他说："我过去对夏威夷群岛的植物区系毫无认识，读了该书后对这个孤立的植物区系有了初步了解，收获颇丰，同时感到此书对植物学普及很有意义。"

感谢王文采院士的鼓励。其实我做得不够，今后一定不辜负他的期望，会更加关注植物，不忘书写身边的植物。博物是我生活的一部分，我曾提出一个英文词组：**living as a naturalist**，字面意思是"像一名博物学家一样过活"，意译便是"博物生存"或"博物人生"。

最高境界的科普在于忘记科普，活给你看。

作者简介

刘华杰：北京大学哲学系教授，博物学文化研究者。所著作品曾获文津图书奖、中华优秀出版物奖、吴大猷科学普及著作奖银签奖等。

点评人：范春萍

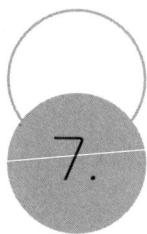

7. 学海拾珍，用中国化石讲述中国故事

——《征程：从鱼到人的生命之旅》创作手记

□ 王　原

【提要】

《征程：从鱼到人的生命之旅》是一本由科学家撰写的中英文双语、图文并茂、青少年及成人都适合阅读的科普读物。全书在内容设计和装帧设计上都颇有创新。本书传播的主要内容为化石和生物演化知识，在内容架构上，以古生物群介绍为主线，以九个演化"大事件"为副线，聚焦于中国15个有代表性的古生物群100多个重点化石物种，展现了脊椎动物从鱼到人演化的壮观历程。在装帧设计上，采用中英文双语单独成册并相互对照关联的新颖的排版形式，使用大量精心绘制的原创手绘图、全彩复原图等各种形式的图片，采用抽象造型的封面设计、特殊的半盒状的腰封等。各处细节颇具匠心，令人感受到科学与艺术的美好结合。

一、选题立意

过去几十年来，伴随中国经济增长和对基础科学研究的更多投入，中国古生物学迎来了蓬勃发展的好时机。中国学者在全国各地寻找和发掘化石，探索脊椎动物"从鱼到人"5亿多年的演化奥秘，海量的科研成果不断涌现。然而，这些世界级的成果绝大多数却不为公众所知，没有一本较系统的科普读物来介绍这些学者的工作、介绍这些重要而有趣的史前动物以及它们在中国大地上演化的生动历程。原因在于，缺少系统性的梳理和总结，缺少综合性的科普作品加以宣传推广。在此背景下，舒柯文（Corwin Sullivan，加拿大）、王原（中国）、楚步澜（Brian Choo，澳大利亚）这三位来自中国科学院古脊椎动物与古人类研究所的古生物学者在科学普及出版社的合作与推动下，在海量的科研成果中，学海拾珍、精选细琢，开展了这一非常有意义的梳理工作，于是有了这本《征程：从鱼到人的生命之旅》（英文书名：*From Fish to Human: The March of Vertebrate Life in China*）。

本书立意借由中国的化石，讲述从鱼到人进化的恢宏故事，弘扬中国古生物文化，系统展示中国学者的研究和古生物资源。这也是本书的创新之处——"学海拾珍，用中国化石讲述中国故事"，让世界级的中国成果更为中外公众所知。我们定位的目标受众是对地球和生命演化感兴趣的国内外读者，特别是希望了解诸如"寒武纪生命大爆发""飞上蓝天的恐龙"等震动世界的中国古生物学和生物演化研究新成果的读者。

二、内容编排

1. 内容主线——以"深时"为轴的叙事结构

从寒武纪拥有脊椎骨的世界第一条鱼到人类在地球上的出现，是一段5亿年的地史"深时"（**deep time**）。这期间发生了很多惊心动魄的演化故事。中国古生物资源丰富，无论化石种类、产出时代还是产出地都拥有无可比拟的广泛性。选择化石、构

"深时"，指地球历史的漫长时间尺度。作者选择"深时"时间轴作为内容主线的叙事结构，若非是对这段长达5亿多年的地史"深时"有深入研究、对各种惊心动魄的演化故事了然于心，便难以进行这样一部跨越历史纵深的科普图书的创作。科研人员自身扎实的科学知识、深厚的科研功底、极高的科学素质，为他们的科普创作提供了资本和条件。

架描述这 5 亿多年发生的演化故事是一项很有挑战性的工作。在文献搜集广度和难度上，它比一篇单篇的科学论文要大很多；而从科学传播角度，其文字撰写难度甚至超过一部综合性的学术专著。

三位作者与出版社的策划编辑充分沟通，希望用读者最容易理解的方式构架书的叙述主线，决定按照地球和生物发展历史的时间脉络，选取不同时期的中国古生物群，描述其中的重点化石和生物群演化意义，以这种方式介绍这段 5 亿多年的历史。最终，作者按"地史时代"划分出 3 篇 15 章，构成了本书的内容主线。

第一篇：古生代——冷血与鳞片的时代

第 1 章：澄江生物群：脊椎动物的出现（寒武纪早期，云南）

第 2 章：潇湘动物群："钓出"真正的答案（志留纪晚期，云南）

第 3 章：中宁动物群：脊椎动物的新类型（泥盆纪晚期，宁夏）

第 4 章：大山口动物群：兽与蜥的世界（二叠纪中期，甘肃）

第二篇：中生代——恐龙的帝国

第 5 章：关岭生物群：与摇曳的海百合伴生的生命（三叠纪晚期，贵州）

第 6 章：禄丰动物群：中国最古老的恐龙（侏罗纪早期，云南）

第 7 章：沙溪庙动物群：地球上的巨龙（侏罗纪中晚期，四川）

第 8 章：道虎沟生物群：地层中的华丽霓裳（侏罗纪中晚期，河北、辽宁和内蒙古）

第 9 章：热河生物群：带羽毛的恐龙（白垩纪早期，河北、辽宁和内蒙古）

第10章：王氏动物群：巨大的恐龙墓场（白垩纪晚期，山东）

第三篇：新生代——哺乳动物的大捷

第11章：潜山动物群：劫难后的新生（古新世，安徽）

第12章：沙拉木伦动物群：各种各样的蹄子和角（始新世，内蒙古）

第13章：山旺生物群：往昔如今（中新世，山东）

第14章：和政生物群：马、猪和鬣狗们（渐新世到更新世，甘肃）

第15章：周口店古人类遗址：最早的"北京人"（更新世，北京）

同时，上述内容主线辅以"前言：遥远和奇异的地球生命史""从这里开始：脊椎动物、地史时期和化石""结语：演化在'枪林弹雨'中继续"，作为对主线的说明和补充。主线3篇分别以鱼类、爬行动物和鸟类、哺乳动物和人类为侧重点，而15章每章都对应一个地质学中的"纪"或"世"，介绍该时期生活在中国大地上的一个古生物群，其中包括5.2亿年前的"寒武纪大爆发"代表——云南澄江生物群，2.3亿多年前的三叠纪海洋爬行动物代表——贵州关岭生物群，1.3亿年前的白垩纪带羽毛恐龙和古鸟类代表——辽宁热河生物群等世界著名的古生物群。从研究历史的角度，其中既有很早就已经驰名中外的周口店北京猿人，也有更多近期引起世界轰动的古生物明星，如各种会飞的恐龙（它们证明从恐龙演化出了鸟类，恐龙并没有灭绝）、世界最早的淡水七鳃鳗、世界最大的马等中国最新研究成果。考虑到公众对恐龙的喜爱，本书第二篇中特别用5章（第6章至第10章）介绍中国五个重要的恐龙动物群，对禄丰龙、华阳龙、马门溪龙、小盗龙、羽王龙、山东龙等几十种著名的中国恐龙都有描述。可以想见，在一个章节的篇幅中，把一个动辄包含上百个物种的古生物群生动地展现在读者面前，这也是一项难度很大的工作。

上述 15 个古生物群分布在我国从辽宁、内蒙古到四川、云南等 10 余个不同省区，展示了极具特色的 30 余个中国古生物门类的演化面貌和其中 100 多个重点化石物种。本书以 15 个中国古生物群为主线，对中国古脊椎动物和古人类 5 亿多年的演化，进行了一次难度巨大但非常有意义的、较为全面的总结和介绍。

2. 内容副线——以九个"大事件"解读从鱼到人的 5 亿多年

本书的另一个创新点是书的副线，即脊椎动物"从鱼到人"演化历程中发生过的九次重大的演化事件。这九个"大事件"又被称为九大"关键转折点"（Key Transitions）。它们中的任何一个如果以另外的形式展开，地球生物界现在的面貌都可能迥然不同。这九个"大事件"中既有生物重要新结构的出现（如脊椎的初始、颌的演化），也有重要分类群的起源（如哺乳动物的兴起、人类的起源），还包括了生物对海陆空不同环境的适应性探索和扩张（如登陆、重返海洋）：

大事件（一）：脊梁骨的起源（讲解脊椎骨的最早出现和意义）

大事件（二）：有颌的感觉真好（讲解颌的出现和意义）

大事件（三）：即将离开水的鱼（讲解脊椎动物的登陆和意义）

大事件（四）：先有蛋，然后才有鸡（讲解羊膜卵的产生和意义）

大事件（五）：重返海洋（讲解脊椎动物重返海洋的发生和意义）

大事件（六）：哺乳动物的悄然兴起（讲解哺乳动物的出现和意义）

大事件（七）：飞上蓝天（讲解脊椎动物首次飞上蓝天和意义）

大事件（八）：美羽不怕多（讲解羽毛的产生和意义）

大事件（九）：人类的黎明（讲解人类的起源）

在位置编排上，这九大演化事件也同样根据在地球上发生的时间顺序，被插入15个古生物群之间，与主线内容形成很好的交相呼应。

本书出版之前，上述演化事件大多已经出现在各种学术论文和专著中，有一部分涉及生物大门类起源和演化的"大事件"也被编入了大学教科书（如爬行动物的起源、鸟类的起源、人类的起源等）。本书作者根据学术论著和大学教材，并结合脊椎动物演化重大结构创新和生态领域扩展研究相关新成果，首次较完整地将它们梳理出来，并用普通公众能够理解的语言，说明其内涵及意义，予以较为详尽的介绍。

3.补充资料——提供更丰富的内容、更宽广的视野

中国因丰富的化石发现和最近数十年来重要的古生物研究成果而闻名世界，很多著名的中国化石也进入国内各种综合性或专业性的博物馆中。而孔子鸟、狼鳍鱼、贵州龙、鹦鹉嘴龙等知名化石甚至被国外一些博物馆收藏或展示。然而，在本书出版之前，尚没有专业或科普书籍对中国全部脊椎动物化石产地、中国所有含古生物化石展陈的博物馆进行过系统的统计和整理。

本书作者在地质古生物学界同行和博物馆界同人的支持和帮助下，在全国范围进行了调研，首先分析筛选了不同时期、不同地点、不同化石保存类型的中国脊椎动物化石（含古人类化石）产地，最终以附录形式汇总了79个主要产地。这其中不但包括了本书详细介绍的15个中国古生物群的产地，还涵盖了更多的省、自治区、特区，如西藏自治区、海南省、香港特别行政区、

科普与科研密切相关。科普的营养和精髓主要来自科研的成果。而将科研成果传递给普通公众去了解、分享、掌握，是科普的主要任务之一。

台湾省等。这一工作具有一定的综述性和开创性，为后期开展更为全面的调研，如中国地质环境监测院（2017 年 8 月出版了《中国重要古生物化石产地分布图》）、原国土资源部等的相关工作提供了素材。

本书也首次对含有古脊椎动物化石展陈的国内博物馆进行了统计，并以附录形式汇总了 103 家博物馆，它们分布在我国 29 个省、自治区、直辖市。上述关于化石产地和化石博物馆的资料给中外读者提供了更丰富的内容和更宽广的视野，使他们对中国丰富的古生物化石宝库和科普展示有更深刻的认识。

三、装帧设计

1. 独特的中英文对照

作为一本中英文对照的图书，如何选择中英文文字的编排方式是一个重要问题。《征程：从鱼到人的生命之旅》一书的编辑团队对市面上的中英文双语图书进行了广泛的调研，发现目前绝大多数的中英文双语图书都是采取中英文相间的排版形式。这种排版有一个问题，就是会打断读者的阅读思路，在某种程度上会影响其完整的中文或英文阅读习惯和对内容的理解。

本书创新性地采用了一种精致独特的装帧形式，将中英文两个部分单独成册，从左向右阅读为英文横版，从右向左阅读为传统的中文竖版，两册在中央以布封的形式相互关联。其结果是，不同的读者可以根据自身喜好，既可用中文或英文进行单语种阅读，也可以将全书四折展开，用中英文对照的方式进行双语阅读。另外，相同的页码和合页页码中的内容，中英文完全对照，且两册配以不同的图片，以丰富其展示内容。这种排版形式既独特新颖，也丰富了书的图片内容，还有助于感兴趣的读者对照学

好马还需配好鞍，好的内容也需要好的形式来表现。对以科普为目的的图书而言，新颖独特的装帧形式至关重要。广泛调研以发现不足、汲取经验，从读者的喜好和阅读习惯出发，创新性地设计既能照顾到"用户体验"又与众不同的装帧形式，是本书成功的原因之一。

习古生物学的中英文词汇。

2. 别具特色的封面和腰封设计

本书的封面设计也别具特色，英文和中文封面分别是鱼和人的抽象造型，暗含脊椎动物"从鱼到人"的演化进程。

腰封则被设计为很特殊的半盒状，盛纳有厚重感的中英文双册图书，并在腰封上展现八位国内外学者对本书的推荐词。上述装帧设计别具匠心，尽显书籍之美。

3. 生动复原远古世界的图片

为了让读者更好地理解地球海陆变迁及生命演化等大地理范围且深时的过程，本书插入了精心选择的326张各种类型的图片。其中既包括大量原创的手绘骨骼结构素描图、骨骼复原图、各生物类群演化分支图、单个古生物的彩色复原图，以及古生物群的彩色全景生态复原图，也包括众多首次面世的化石的精美照片，另外还有获得国外原作者授权的地球古地理分布图等其他形式的图片。这些原创图片都是由科学绘画师在专业学者的指导下多次沟通、精心创作而成，既要保证科学性，又要体现艺术之美，给读者以视觉享受，并引发读者思考，从中感受科学与艺术的美妙结合。本书首印版中还有一幅《风雪征途中的披毛犀》全彩复原图，凸显生物演化的"征程"主题，以精美海报的形式赠送给读者，给读者额外的惊喜。

对科普创作来说，有时一图胜千言。恰当而又精美的图片既是相关知识和内容的形象表述，又使版式变得灵动跳跃，是吸引读者眼球的亮点。

四、收获与反思

凡事说起来容易，做起来难。开展这样一个针对史前动物群的科普创作，不仅需要阅读大量的、各门类动物的原始研究论文，及时跟踪相关科研的最新进展，更需要用公众能理解的语言，以生动的、故事化的形式讲述出来；作为面向公众的科普读物，还要求有精美的图片，包括漂亮、形象的古生物复原图。这里的工作量和难度确实不小。

本书是中国、加拿大、澳大利亚三国古生物学者国际合作的结晶，但为了保证科学性，考虑到古脊椎动物学和古人类学的专业性，很多时候我们作者仍须向不同领域的同行请教、求证，寻求最新图文资料，乃至邀请他们审查部分章节的初稿。没有他们的帮助，我们将无法完成这项艰巨的工作。

令人高兴的是，经过不懈努力，本书终于得以付梓，自 2015 年 7 月出版后很快售罄。2017 年 4 月，在中英文对照版基础上，又出版了经过更新修订的中文典藏版。本书先后入选《新京报》2015 中国最美图书和《环球科学》2015 最美科学阅读 Top 10，获得 2016 年第十一届文津图书奖、2016 年中国台湾第八届吴大猷科学普及著作奖原创类金签奖、2016 年第四届中国科普作家协会优秀科普作品奖金奖、2016 年中国科学院优秀科普图书、2016 年科技部全国优秀科普作品、2018 年第四届中国出版政府奖图书奖提名奖等奖励。

在获得奖励的同时，我们也有遗憾，比如，限于时间和篇幅，不得不做出各种艰难的取舍。毕竟，中国的古生物学研究在不断发展之中，珍贵的化石至今仍源源不断地从全国各地的地层中被发现、发掘；中国的古生物学人才辈出，更多的高质量的学术论著也层出不穷，其中很多都闻名于世。本书只是对中国古生物学中古脊椎动物学成果的一个阶段性的、浓缩性的总结整理和科学普及，仅仅介绍了中国有代表性的 15 个古生物群。由于篇幅原因，在该书出版之时，还有很多重要的成果无法包括在其中；而该书出版之后，又有更多新的成果不断涌现，使得该书需要不断更新。这也是 2017 年 4 月作者与出版社合作出版更新内容的《征程：从鱼到人的生命之旅》（中文典藏版）的主要初衷，希望

科学性是科普图书的生命线，尤其涉及不同领域时，需要不同领域的科学家进行把关。

为读者更新过去两年来古生物研究新成果的资料（中英文双语版于 2014 年 12 月截稿）。

我们不求用一本书涵盖所有成果，而是希望该书吸引更多中外读者对中国古生物学研究的兴趣、关注和支持，并能以此书抛砖引玉，期待更多更好的相关作品问世。

作者简介

王原：中国科学院古脊椎动物与古人类研究所研究员，中国古动物馆馆长。主要从事古两栖爬行动物研究与地质古生物学科普工作。作品曾获全国优秀科普作品奖金奖、文津图书奖、吴大猷科学普及著作奖金签奖等科普创作奖项。

点评人：尹传红

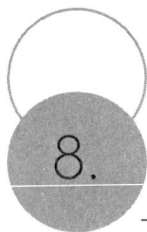

8. 与植物协同生长
——祁云枝科学散文创作手记

□ 祁云枝

【提要】

植物和人一样，有思想、有境界、有灵性，也有喜怒哀乐。用优美的语言描述科学，以哲学之美诠释植物之美，借漫画为植物代言。爱花，也爱画，最爱之事，是以花入画。写字，也折枝，最幸之事，是以字描枝。

我的第一本科普图书《趣味植物王国》，是 2002 年未来出版社出版的。这年，距离我大学毕业分配到西安植物园工作，刚好是第 10 个年头。

从小生长在农村，我与自然接触最多的是草，形形色色的草。上小学的时候，几乎每天下午放学后，我放下书包，就会提起草笼，和小伙伴约好，一起去田里剜猪草。现在想来，我对植物的喜好，就缘自童年那些剜猪草的日子，那些有趣的草诱惑了我，召唤着我，引导着我一步步在植物间行走。上大学时，我选择了植物生理学专业，毕业后，被分配到植物园工作，就连我的名字里，也有植物的一部分。可见，我这辈子，注定与植物有缘。

一晃，在植物的诺亚方舟里，我已经工作生活了 20 多年。截至 2019 年 4 月，我用 10 本原创图书，记录了植物的生死嫁娶和爱恨情仇。

记得，我从兰州大学毕业，刚被分配到西安植物园工作时，领导看我文笔好，直接安排我到园林室上班。这个科室的主要任务，是园林植物的引种驯化和科普宣传，我主要负责科普宣传工作。从辨认植物园里每一种植物开始，我一个个观察植物，一点点了解植物，听老师讲解植物时速写植物，讲解结束后一遍遍回访植物，直至对上千种植物了然于心。之后，我开始为前来植物园实习的大中小学生讲解。

户外讲解的次数多了，我知晓了学生关注什么，喜欢听什么。闲暇时，我会在报纸和期刊上收集整理大家感兴趣的植物话题；探究那些我感兴趣但一直弄不明白的知识点；收集我在讲解现场答不上来的问题，之后，请教专家或查阅资料。那时，我们园有个小图书馆，有报纸，有科技期刊，最多的，是类似于《中国植物志》那样的工具书。我喜欢看植物志里的插图，其线条准确、细腻，构图充满了美感。整理资料时，我会对照着插图仔细画一遍，一些细节便烂熟于心了。

经过刨根问底式的挖掘，我用自己的语言把这些植物一篇篇手写出来，变成文章后，再变成一本书，取名《趣味植物王国》。那时候我没有相机，为了直观、有趣，书里涉及的植物，我都自己画出来。尽管我从来没有学过绘画，但经年的现场速写，以及无数次植物志里插图临摹的功底，竟也派上了用场。

我给书里的每一篇文章都画了插图。100 多幅插图中，有植物白描，也有融入了自身情感和想象之后的原创漫画。之后，这种图文结合的方式被固定了下来，成为我书中的特色。在这本充满猎奇意味的书里，既有植物身上生存的妙招，也留有我的体温和气息，尽管现在看来，它非常稚嫩。2000 年，恰逢中国科学技术协会面向社会征集优秀科普原创作品，我以这本书应征，有幸

图文双修为作者的一大创作特色。植物白描与原创漫画穿插，也将知识性与趣味性进行了有效结合。

入选。2002年，书被未来出版社出版，2003年被新闻出版总署列入向青少年推荐的100种优秀图书。

这是一个好的开头，它鼓舞了我。在科普讲解、更换科普长廊、策划实施科普活动、协助植物园举办四季花展的间隙，我用文字和漫画，开启了科普创作之旅。《与植物零距离》《漫画生态"疯情"》相继出版，前者2005年出版后，被新闻出版总署列入2005年向青少年推荐的100种优秀图书，还获得许多奖项。《漫画生态"疯情"》一书获北京市科学技术协会的出版基金资助，图书出版后，荣获第五届北京市优秀图书奖。

还记得我刚上班不久的一天早上，和我一个办公室的方姐，一进门就说药用植物展示区里的杜仲被人剥了皮。王主任、方姐和我一同赶往出事地点。远远地，就看见七八棵杜仲裸露出白花花的树干，在晨光里，像几根亮晃晃被啃去了肉的骨头。有的树皮被拦腰环剥一周，有的被割掉了半圈，最长的伤口足有一米。用手触摸没皮的树干，潮湿新鲜，泛着微微的凉意，显然是昨晚被人下了黑手。

王主任指着树干上我写的铭牌说："这事我也有责任。"我一下子愣住。

"我当时忘给你叮咛了，杜仲不该挂牌。杜仲皮是名贵中药材，补益肝肾、强筋壮骨，它的价值很容易遭人惦记。你写的这铭牌，是毛贼盗皮的精准指示牌。刚建园时，我们植物园也发生过同样的剥皮事件。"

"杜仲皮可以剥取，但有严格的剥法，一般用点剥。像这样上下各划一刀，然后把整圈树皮剥掉，简直丧心病狂！这棵树肯定没救了，树身上下运送水分和有机营养的管道，被齐茬茬割断了，它今后怎么'吃喝'啊？这毛贼，太不懂'人活脸，树活皮'的道理！"

我一下子陷入深深的自责，无意间，我成了迫害杜仲的"帮凶"。站在满目疮痍的杜仲前，我的眼泪止不住流了下来。王主任也很自责。他安慰了我几句，吩咐我赶快去买一些伤口涂抹剂和塑料薄膜。尽管我们采取了一系列补救措施，却只能眼睁睁看着两株被拦腰环割一周的杜仲，日渐枯萎后死去。

第一次感觉科普若被别有用心之人利用，后果也很可怕。

更多的时候，科学普及则显示出无法取代的力量。

一个夏天的早晨，一名男子手持一对人形"何首乌"，来到我们办公室要求鉴定。他说这对"成精"了的"何首乌"，是自己昨天花 1000 元，从一位民工手里买的。

"这是那个民工用挖掘机挖出来的。工友都羡慕他运气好，千年一遇呢，要价 3000 元。我听人说，何首乌吸收了日月精华，在土里修炼几百年后，不但药效好，还会成精，成精后就长成了人形。"

我也是第一次看到长相如此奇特的"何首乌"——酷似一对卡通版真人。有头、躯干和四肢轮廓，男女性器官分明，让人不好意思直视。叶子从头顶上长出来，看起来还算新鲜。

药用植物展示区的入口藤架上，就爬着两株何首乌。一直很好奇鲁迅先生在《从百草园到三味书屋》里那段对于人形何首乌的描述，但我从来没有拔过植物园里那两棵宝贝。不是不想，是不敢，也不忍心。我只在《中国药用植物志》上，看到过何首乌根茎的画像。

看茎叶，应该是何首乌没错。王主任一时也说不准，叫来了药材区的秋老师和搞植物分类的邢老师。邢老师有丰富的野外工作经验。

两位老师仔细观察后，得出一致结论：假的。

男子傻眼了："为啥啊？"

邢老师拿出小刀，轻轻在根茎相连处剜掉一小块。两根贯穿根与茎的牙签，赫然显露出来。抽出牙签后，"何首乌"的茎蔓和人形根茎，瞬间彻底分开。显然，这两种植物，被人用拙劣的手段进行了"嫁接"。

"这人形的根，应该是薯蓣的根茎，或者，是薯蓣科某种植物的根茎，育苗后被移栽到人形模具里生长。这种根很容易塑形，生长中遇到石头或者硬土挤压都会变形。所以，就算碰巧自然长成人形，也没有什么特别的疗效……"

直接呈现植物鉴定知识难免晦涩，但作者根据自身学习植物鉴定的经历进行故事化讲述，不仅充满人情味，也更容易令读者印象深刻。

如此鲜活的事例，我只需要把整个事件记录下来，就是一篇很好的科普文章。在植物园工作的20多年里，我参与鉴定过许多植物，有和老师们一起鉴定的，也有单独鉴定的。每次植物鉴定的背后，都有一个特别的由头，有浮生百世的故事。这些大大小小的故事，是我科普创作的源泉，也让我的科普作品融入了更多的人文情怀。

一次，当地公安局缴获了十余株罂粟，种植者却说他种的是观赏罂粟（东方罂粟）。听名字，罂粟和东方罂粟，仅两字之差，而种植它们的性质，却是天壤之别。事关重大，鉴定结果直接关乎种植者是否违法，是否会被拘留或罚款。在我国，非法种植罂粟不满500株或者其他少量毒品原植物的，按照《治安管理处罚法》第七十一条规定，处十日以上十五日以下拘留，可以并处二千元以下罚款；情节较轻的，处五日以下拘留或者五百元以下罚款。

我仔仔细细查看了警方提供标本的茎叶形状、色彩、叶子抱茎方式，以及叶面有无覆盖白粉等细节，像一个尽心尽职的大夫，生怕误诊。当在鉴定结果上签下自己名字时，我知道，这是我熟悉的植物，给予了我自信。

我把这一个个发生在植物身上的故事写出来，既普及了植物知识，也指导了一些人，减少了他们与植物打交道时的盲从和盲信。

直到现在，几乎每天都有人通过各种平台发来植物图片，让我鉴别，向我询问相关信息。只要我在线，只要不忙，我都会一一回复。更多时候，我是用文字加漫画的方式，在我的报刊专栏——《科学画报》的"植物秘语"、《科普时报》的"花草祁谈"以及《黔南日报》的"植物智慧"里述说它们，潜移默化地增强大家对植物的认知。

当拿起笔，用文字、漫画去展示植物的深谋远虑或豪迈乖张的时候，我情绪高涨，开心快乐。在我眼里，每一株植物，都通往一个神秘的国度。还原一株植物的智慧，甚至是狡黠，会调动起我全部的知识储备和情感。沉浸在植物的书写中，常常让我忘记生活的烦恼、焦虑和忧伤。

描画植物的时候，我觉得植物似乎也认定了我，从岁月深处走向我，并引领我。

画家吴冠中说，他常以昆虫的身份进入草丛。我也是这样。我常常把自己缩小，小到以一只蜜蜂，或者一只蚂蚁的身份去观察植物。有时候，我也觉得自己富有得像个皇帝，植物就是我的三千佳丽，它们都热衷于向我展示自己的聪颖美丽。

瞧！一群活泼的"小金鱼"，就游挤在一株绿草上。看样子，"小鱼儿"正在争食一种美味，因为"鱼头"齐刷刷地聚集在一起，露出圆鼓鼓的"肚子"。金鱼草把自己长成一尾金鱼的样子，是经过深思熟虑的，它不会傻傻地把所有飞来的昆虫当媒人。它会利用金鱼肚子一样的器官，挑选红娘，用令我叹为观止的手段，招待自己喜爱的媒人，而避开那些只知享受、不思干活的家伙。

马兜铃为一朵花设计了两天的花期。第一天，雌蕊率先成熟。第二天清晨，花药成熟开裂。爬进马兜铃花里的潜叶蝇低头进食时，它身上沾着的从另一朵花上带来的花粉，涂抹在这朵花的雌蕊柱头上。当潜叶蝇打着饱嗝，想要出去的时候，却发现刚才进来的喇叭状管口被肉质刺毛堵住了。顺着刺毛的方向进来可以，但要逆向爬出去，简直比登天还难。潜叶蝇也意识到自己被这个花"笼子"禁闭了，既来之，则安之吧！成熟了的马兜铃雌蕊柱头，在接受了潜叶蝇带来的花粉后，很快萎缩，柱头这时便失去了再度接受花粉的能力。翌日清晨，花笼里的花药成熟开裂，轻而易举地将花粉洒在还在四处转悠着的潜叶蝇身上。待这项洒粉工作结束后，马兜铃才给潜叶蝇派发出一张解禁令——喇叭状管口内的肉质刺毛开始变软萎蔫，长度只有之前的四分之一。

单看花柱草的外形，你怎么也不会把它和"强势"这个词关联起来。茎秆和花朵都很纤细，花朵，甚至显出柔弱无依的样子。可就是这林黛玉似的花儿，却有着令人惊讶的暴脾气。一旦她感觉到昆虫落在自己的花瓣上，会以迅雷不及掩耳之势，抡圆了"胳膊"，给昆虫一巴掌，顺带传递了花粉。

清晨，兜兰开花了，踏香而来的蜜蜂，一眼就看见满目绿色中色彩鲜艳的大兜兜，好吃的就在这大兜子里吧。待蜜蜂钻进去后却发现，兜底什么东西也没有！兜壁也光滑得出乎意料，几乎爬不上去。几番寻觅，蜜蜂似乎又看到了希望，因为兜兰唇瓣的后面，布满了许多彩色引导物，按照蜜蜂的惯性思维，这可是专门储藏花蜜的房间。在彩色路标的指引下，蜜蜂沿着布满绒毛的隧道，一步步艰难地爬了上去。前面出现了左右两条大路，几乎不假思索，蜜蜂沿着其中的一条路冲了出去。蜜蜂当然不知道，兜兰早已在两条大路的尽头，各安置了一个雌蕊，无论它走哪条路，都会碰到吸力很强的雌蕊，这些雌蕊轻而易举地就获取了蜜蜂背上的花粉团。

一只蜜蜂在鼠尾草的"停机坪"（最大的花瓣）上稍事休息，然后铆足了劲，开始用脑袋撞击"皮囊"（假花粉囊）。鼠尾草的"杠杆"装置发力了——当皮囊被向内推动时，花丝的长臂自然向下弯曲，顶端的花药开裂，花粉正好洒落在蜜蜂毛茸茸的背上。鼠尾草设计的杠杆，其力臂长度、花粉抛洒的角度、准确性无异于天才……

植物，正是用诸如此类昂扬的生命姿态和不可思议的智慧，弥补没有腿无法走动的遗憾，追逐种族扩大与繁衍的梦想。

一些植物，天生是哲人。道可道，非常道。哲理，就在它们的举手投足间。

猪笼草懂得以静制动。它们给笼子里注入麻醉剂和消化液，悉心编织出一个个"甜蜜的陷阱"，等待贪嘴的虫虫倒霉蛋自投罗网。荷花给叶子表面布满类似碉堡一样的乳突，组建了叶表疏水层。天降雨水时，雨滴在"碉堡"顶上悬空而立，水珠因重力滚动，在滚动时会顺道儿吸附灰尘，完美阐释了"出淤泥而不染"的哲理。韭菜生长时，不是叶尖（顶端分生组织）在长，而是位于鳞茎中心的生长点（基生分生组织）在持续生长，这让韭菜拥有了和人类几乎一样的哲思："万事，大不了从头再来。"

瘦瘦高高、空心的竹子，因为没有抵御风雨的本钱，更喜欢一大丛集体生长在一起。所以，它的根学会了在地下横向扩张，不断分蘖出新植株，很快长成一大丛。竹子对于"一根筷子容易折，一把筷子难折断"的哲理是心领神会的。

锁阳是戈壁滩上的一种肉质草本植物，形似男人阳具。锁阳籽成熟后，锁阳虫不请自来，从锁阳的底部开始吃锁阳肉，一直吃到头部。在锁阳虫的身后，形成了许多竖直的空隧道。锁阳籽脱去锁阳肉的包裹后，沿隧道像坐滑梯一样，缓缓滑入锁阳底部，再跟随锁阳内部倒流的水分，进入寄主白茨或红柳的根部，寄宿安顿下来，开春时，开启又一轮的生长，如此，年复一年。"有舍才有得"——聪明的锁阳，只是舍去了一点肉身，却延续了千年的香火……

像这样，草木佳丽们一个个神采飞扬地走进我的书里。我自写自画的科学散文《植物智慧》《俯首低眉阅草木》，以及《植物让人如此动情》系列之《枝言草语》《植物哲学》等，相继面世。披上文学和漫画外衣的植物，摇曳生姿，颇受瞩目。其中，有三本书三次入选科技部全国优秀科普作品；《植物让人如此动情》系列之《枝言草语》《植物哲学》荣获中国科普作家协会优秀科普作品奖；有两本书入选教育部全国中小学图书馆（室）推荐书目；有的书被翻译成英文在英国出版……很多奖项和荣誉，纷至沓来。我的三组漫画展"生态'疯情'""植物哲学漫画展""植物智慧漫画展"，在全国27个省份的38家单位进行了展览；我在全国各地举办讲座100余场，给学校捐赠图书和漫画挂图3000套……这是植物带给我的魔法，我们协同生长，彼此成全。

这么多年，我越了解植物，就越喜爱植物。与植物没有腿无法移动、没有嘴无以言说的外形相反，植物的生命蕴藏着生长的无限可能，也蕴涵着惊人的智慧和哲学。我笔下姿态万千的植物，已经改变了许多人对植物的认知和做法。

冰心先生曾说："有了爱，就有了一切。"我爱植物。植物，比我爱它们更爱我。

深入了解植物世界的奥秘，发掘植物自身的故事，采用多种形式予以表述，是作者成功的秘诀。

点评人：金涛

作者简介

祁云枝：中国科普作家协会会员，陕西省科普作家协会副理事长，《科学画报》《科普时报》等报刊专栏作家。所著科普图书曾荣获2018年度陕西省科学技术奖二等奖、全国优秀科普作品奖、冰心儿童文学新作奖等。

9. 科普就是讲故事

——《钮扣》创作手记

□ 陈福民　俞善锋

【提要】

　　一个好的选题往往来自对作者心灵的触动。一次科普采风活动打开了本次研究式科普创作的大门。作者以讲故事的方式，展现钮扣的考古发现和发展史，再现人类创造、创新钮扣的前赴后继的故事，验证了"科普就是讲故事"的理念。

　　国内罕见的一部以"钮扣"为题材的科普著作《钮扣》，经过中国科普作家协会工业科普创作中心的精心策划和诸多科普作家的辛勤耕耘，于 2015 年年底与读者见面了。生活中不起眼的小小钮扣，能不能编写成一册吸引广大读者的科普书籍，一直是萦绕在我们编写者心头的大事。在获得第四届中国科普作家协会优秀科普作品奖银奖后，《钮扣》引起了我们的回顾和思考。

一、创作的选题

　　《钮扣》题材的选择是从我们对浙江钮扣文化有了兴趣开始的。

　　2009 年年初，浙江某工贸公司的俞善锋经理加入浙江省科普作家协会后，做的第一件事就是拿出 1 万元经费，组织科普作家到他的公司去采风。之后才了解到，在人们眼里并不起眼的钮扣竟在服装造型艺术中有着重要地位。钮扣在劳作者的手中变换出琳琅满目的花样：树脂钮扣、塑料钮扣、金属钮扣、贝壳扣、竹木扣、果实扣和女子旗袍上的盘扣等，远销海内外。

2009年，即上海世界博览会举办的前一年，在一次科普笔会上，俞善锋经理拿出几颗鹅卵石说："你们看得出这些鹅卵石有什么不一样吗？"

"人造的？""叫人难以相信！"

望着大家惊奇的目光，他讲起了发明人造鹅卵石的故事。

那是一个偶然的机会，一位美国客商对他说，国外的生活和建筑很崇尚鹅卵石。你看庭院建筑有鹅卵石铺就的墙和路，假山盆景有鹅卵石的填充材料，连丹麦首都哥本哈根最著名的雕塑——小美人鱼铜像也是置于哥本哈根朗厄里尼港入口处的一块巨大鹅卵石上。然而，随着天然鹅卵石资源的匮乏和保护自然资源意识的加强，人们越来越希望有一种新型的、环保的、轻便的、更漂亮的、非天然的鹅卵石来替代天然鹅卵石。如果你能发明一种人工鹅卵石，从而避免天然鹅卵石在资源、环境、运输等诸多方面的不足，达到并超越天然鹅卵石的特性水平，那将具有无限广阔的市场和生产前景。

客商的一席话暗示了"低碳与创造"的思路，令他心潮起伏，久久思索。

俞善锋经理从钮扣生产技术和现代钮扣发展的历史中得到启示：人们早已将废弃的蚌壳这种"天然生物"原料，用来生产钮扣等生活用品，再将废弃物用来装饰、美化生活。于是他开始尝试选用废旧塑料再生利用，走上既美化环境又节约资源、既循环又低碳的研发道路。不管在材料选择上，还是在工艺方法上，他都进行了无数次的试验总结和理论研究，经过六个月的努力，终于发明了比较完美的人造鹅卵石新产品。他利用人们丢弃的工业和生活废旧塑料，通过特殊的科学方法和工艺让废物重获生命，变为既有观赏价值又有实用价值的新型人造鹅卵石。

这种人造鹅卵石表面光滑，纹理自然逼真，真实感极强，与天然鹅卵石几乎一样。然而，它还拥有天然鹅卵石无法具备的优点。它可通过配方的调节，使单个鹅卵石的重量具有可选择性：重的可沉入水底；而轻的可浮于水面，人们称之为"浮石"；有的可半沉半浮，充满幻境和诗意。人造鹅卵石以其创新性、独特性和科学性获得了国家发明专利，得到了国家的荣誉和保护。每年几十吨、上百吨人造鹅卵石远销到欧美、东南亚等国家和地区；现在国内装饰市场也已开始销售，预计销量会快速增长。

然而，人造鹅卵石论吨卖，即使价格再高，该产品的单价也会贬值。科普作家看到一堆堆鹅卵石论吨卖，觉得很可惜，出了个主意："提高鹅卵石的技术含量，变鹅卵石一吨吨卖为一颗颗卖。"

"好主意！"俞善锋经理立即下功夫进行钻研，很快就生产出十二生肖鹅卵石、东巴文鹅卵石、十二星座鹅卵石等，还把上海世博会作为一个"点石成金"的起点。

每颗人造鹅卵石的出厂价（除去刻字成本和包装费）是3元。通过在鹅卵石上雕刻东巴文并附以含有创意的精致包装，在上海世博会上，一盒东巴文鹅卵石卖75元（每盒5颗），相当于每颗15元。而普通鹅卵石每吨平均有40000颗，卖27000元，即每颗0.675元。这种东巴文鹅卵石的利润比普通鹅卵石增加了好几倍。价格是产品魅力的来源之一，它在吸引消费者、加强竞争优势、塑造良好形象等方面，有着不容低估的作用。但创造更赢来了大幅的利润增长。

有了这份埋头生产与热心创造的精神，才会有惊天动地、倒海翻江的钮扣发展。也因为这样，我联想翩飞，要把"钮扣"写成一本书，要把这个"中国钮扣之乡"以及它的成就、贡献与影响从书上带出来，远"销"世界。

二、创作的思路

我们给《钮扣》拟定了研究式科普创作的思路。

这是因为文艺作品源于生活而高于生活，没有深入体验生活的人是不可能创作出优秀作品的。科普作品亦然。科普作家不一定全都从事所创作的科技产品的研发，很多只是触及相关内容而只知"皮毛"。就像"钮扣"这一主题，直接参加这项工作的只有俞善锋同志。要编写一册全面介绍《钮扣》的科普著作，必须对钮扣进行研究，就像科技人员对研发的产品进行深入研究，也如文艺作家把书中主人公的工作心态等作为主要的生活体验一样。我们把它叫作研究式科普创作的思路。

1. 研究钮扣的考古发现，了解钮扣发展史

钮扣的发展经过了漫长的过程，有自己特有的历史。因此，我们就从钮扣的历史，从文化史的高度，从民俗学、工艺学、美学、考古学等不同视角，对钮扣的发展史进行了多方面、多层次的研究，挖掘发生在钮扣中的故事。

由于钮扣已有 6000 多年的历史，而且世界上每个国家都有自己有趣的钮扣发展史，我们除了从文字史料上寻找钮扣在世界上最早出现的记录，还必须从考古发现的源头出发，以实物史料为佐证，找出钮扣发明、发现和传播的"足迹"。

良渚文化玉带钩、浙江桐乡金星村遗址的玉带钩、浙江余杭反山和瑶山墓地的石质带钩，以及陕西兵马俑、江苏金坛县周瑀墓葬中的圆领单衫，等等，都是中国钮扣起源和发展的佐证。

科普创作也需要研究打底。掌握了研究的方法，可以弥补科学背景的不足。

将多元的人文要素融入故事化创作中，使科学与人文结合的特色更加凸显。

其实，每一种钮扣的出现（包括人类历史上第一颗钮扣），都有属于它自己的故事。

考古发现，自从 13 世纪初成吉思汗统一了蒙古族地区，蒙古族的"闪光钮扣"便通过游牧民族传至西方，对于当时衣衫还有点"不整"的欧洲人来说，这是一个令人兴奋的"宝物"。此后，欧洲的达官贵人才用金银、珍珠、宝石、钻石、犀角、羚羊角、象牙等贵重材料，精雕细作，制成钮扣使用。这才有了法国路易十四时期塞维涅侯爵夫人想出的一种特殊的胸针——有吊坠的蝴蝶结胸针，固定在衣服上，起了钮扣的作用，节省每次穿衣服的时间；也有了葡萄牙国王约瑟一世价值连城的王袍上镶嵌了 20 粒钻石的钮扣。

面对美到极致的中国盘扣（或称盘钮），我们发现，它的真正成型及运用，与唐装和旗袍的流行密不可分。盘扣是一种文化。历史上，每一个时期都曾出现过许多优美的服装款式，形成了自己特有的服装文化。随中国的旗袍应运而生的盘扣，亦从古时的衣带逐步发展为集实用与装饰功能为一体的旗袍附属品，从而形成了独特的手工技艺……最动人的故事就是，美国前总统克林顿的夫人希拉里在 2000 年参加纽约州参议员竞选之前，找到中国上海的一家服饰研究交流中心制作了一件旗袍。在这件旗袍上，服装设计师设计了两颗特别有意思的钮扣，一颗是由"2000"字样组成的，一颗是由"纽约"的英文缩写组成的。这两颗别出心裁的钮扣就是盘扣。

2.参观钮扣博物馆，了解人类文明历史、文化艺术和科技发展变化

要生动地介绍钮扣的发展故事，我们只有一次次参观、考察中国钮扣博物馆，一次次寻找世界各国钮扣博物馆和民间钮扣收藏爱好者的故事。它们讲述着受到各历史时期文明文化的影响而

逐步形成的各个时代精深广博的钮扣文化，记录着人类数千年来文明历史、文化艺术和科学技术的发展变化。在创作中我们发现，中国汉族服饰文化源远流长，也可以从博物馆及民间钮扣收藏中得到佐证，两者一同向世界展现了从古到今、从简到繁、从粗到精的演化过程。

同时，从文化史的角度去调研考察，各个民族在不同的社会发展阶段中，创造了独具民族形式和民族风格的服装造型艺术。这种造型艺术是由款式、比例、色彩等组成的一个整体，它体现了一个国家的物质文明和精神文明。特别是其中的钮扣，在服饰中占有重要的地位，对推动人类服饰改革、发展曾经立下过汗马功劳。它不仅实用，即将衣裳联结在一起，使其严紧、保温，并且使人仪表整齐；同时，自身也有审美装饰功能，对服装起了重要的点缀作用。由于钮扣对人的服饰有着画龙点睛之妙，故人们亲切地称钮扣是衣服的"眼睛"。

在对钮扣博物馆和个人收藏的参观调研中，我们看到钮扣作用与功能的同时，又深刻了解到中国钮扣和国外钮扣的变革，以及中华民族的钮扣文化，它们对于描画中国钮扣的未来发展很有帮助。风情万种的钮扣在各式衣裳或者某些其他服饰上，像娇羞的花朵，缤纷而烂漫地盛开着，诉说着衣裳主人们宁静而温柔的心事。

3. 考察钮扣产业园区，深入挖掘改革开放以来我国钮扣的发展

钮扣发展到今天，同一大批产业创造者的不懈努力分不开。我们利用创作团队熟悉钮扣行业的优势，深入挖掘改革开放以来国内创办钮扣产业园区过程中可歌可泣的故事。

钮扣虽不起眼，但商机大。浙江省温州市永嘉县的桥头镇是个山区小镇，当年这一带有人从事服装加工，外地偶尔有人

贩运钮扣来卖。一天，有叶姓两兄弟看到桥边一个席地而摆的钮扣摊生意颇好，便上去问个究竟。这个黄岩人摊主讲出了路桥出产钮扣的秘密。第二天，两人就结伴到路桥去贩钮扣来卖。不到一天时间，价值400元的钮扣销售一空，赚了几十元。消息一传出，下一趟就有人跟着出去了。随着队伍的一次次壮大，联系的钮扣厂也日益增多。短短三五年，这个小镇竟成为国内数一数二的钮扣交易市场，并被香港报界誉为"东方钮扣第一家"。

钮扣虽小，却变化无穷。浙江省嘉兴市嘉善县的贝壳钮扣生产始于清代，当地以极易取得的贝壳为生产原料，至今可以生产三十几个类别上百个品种的钮扣，成为占据全国钮扣市场"半壁江山"的"中国钮扣之乡"。改革开放后，又引来港台商人投资兴办广东省东莞市及周边的钮扣厂，技术和设备比较先进，以外销为主，当地也成了远近闻名的钮扣市场区域。福建省石狮市则借着侨胞寄来的物资开店设摊形成市场区，和广东省佛山市的金属钮扣市场相互竞争。

中国钮扣之都桥头是这样，有"桥头钮扣、大舜师傅"之称的大舜亦是如此。大舜人用自己的勤劳聪明谱写了一曲又一曲美丽的扣乡赞歌。桥头钮扣创业的故事，"钮扣创新之城"广州不断铸就中华文化新辉煌的故事，后起之秀石狮以"大炮打蚊子"的巧计夺得"万国商"之首的故事，每一个创业故事都荡气回肠，动人心魄，可歌可泣。

把这样一个个生动的故事再现于《钮扣》之中，谱写成改革开放带来中国钮扣蓬勃发展的赞歌，衬托出中国钮扣历史的源远流长和丰富内涵。

三、创作的启示

科普就是讲故事。这是我们中国科普作家协会工业科普创作中心从多年科普创作实践中得出的经验。

科普创作需要"故事领先，兴趣第一，深入浅出，引人入胜"。为什么科普创作要把讲故事放在首位？答案是：这些故事将读者或听众的情感牢牢牵系在故事中人物的情感上，从而"俘虏"了他们。这种沉浸状态被心理学家称作"叙事转移"。心理学家还发现，那些在移情测试中表现更好，或察觉他人情绪的能力更强的人，对任何故事都更容易发生叙事转移。

一位古罗马诗人曾这样说过："只有一条路可以打动听众的心，那就是向他们展示你自己首先已被打动。"科普文稿无论其内容是给人知识，还是给人思想，最终都必须给人激励，给人启迪。我们在编著《钮扣》的过程中，首先就是被人类创造钮扣和前赴后继创新钮扣的故事所打动。于是我们大量采用讲故事的方式来编著《钮扣》提纲中方方面面的内容。

《钮扣》创作的另一个启示是引用诗词。它能生动形象地说明事物或事理特点，同时起到增强文学色彩、吸引读者阅读兴趣的作用。

古人常说，"腹有诗书气自华"。古典诗文蕴含着深厚的文化底蕴和情感资源。妙用诗文可以激活语言表达，彰显文章底蕴，使科普作品散发出浓浓的书卷气和文化气息。创作《钮扣》时，我们在文章的局部位置，如文章的题记、首段和末尾等，直接嵌入诗词名句。在文章开头嵌入诗词佳句，以此领起全篇，能使语言显得凝练精辟，更能让阅读者立刻"窥"到作者的文化积淀和人文素养，给他们留下较佳的第一印象；在文章收尾处引用诗

充分说明科普创作的艺术水准十分重要。如何创作出感动人的作品，是每个科普作家都需要思考的问题。

文，则具有画龙点睛之效，能够启人心智、升华主题，收到言有尽而意无穷的表达效果，令读者掩卷沉思，回味无穷。

通过《钮扣》的创作，我们渐渐明白：一个好的选题必须来自对作者心灵的触动，接着是厘清创作思路，深入作品中"体验生活"。对《钮扣》的构思和深入研究，以及"科普就是讲故事"的理念，确实是我们需要不断探索和推进的。

作者简介

点评人：金涛

陈福民：中国科普作家协会工业科普创作中心主任，浙江省航空航天学会常务理事，创作的科学作品曾获全国优秀教育图书奖、中国科普作家协会优秀科普作品奖、全国科普征文二等奖等多项荣誉。

俞善锋：中国科普作家协会工业科普创作中心常务副主任，中国发明协会会员，浙江省创意设计协会副会长，作品曾获中国科普作家协会优秀科普作品奖等荣誉。

10. 基准指导下的多人群需求导向创作

——《中国公民科学素质系列读本》创编手记

□ 高宏斌

【提要】

以《全民科学素质学习大纲》统筹丛书内容编写，以需求和兴趣指导单册图书内容设计。一线科学家参与创作，确保科学性，体现社会责任与担当。尝试全媒体出版，全域定向投放。经济效益与社会效益双赢。

由中国科学技术协会牵头，全民科学素质行动计划纲要实施工作办公室成员单位联合组织编写的《中国公民科学素质系列读本》（以下简称《系列读本》），以需求为导向，深度结合中小学生、农民、城镇劳动者、社区居民、领导干部和公务员的阅读特点、兴趣点和实际需求，为每个细分人群量身打造，使读者掌握科学知识与方法，体会科学思想与精神。系列读本以服务创新驱动发展战略为根本目的，以推动全民科学素质提升为主要目标，以小学生、中学生、农民、城镇劳动者、领导干部和公务员、社区居民为重点人群，以"全面覆盖、精准推送、注重实效"为基本原则，以《全民科学素质学习大纲》为内容标准，以全媒体科学素质出版物为主要成果形式，以政府购买社会服务为运行机制，由全民科学素质行动计划纲要实施工作办公室成员单位共同组织实施，在全国范围内推动形成公民科学素质阅读热潮。

《系列读本》出版后，发行量达 15 万套，90 余万册。《系列读本》获第四届中国科普作家协会优秀科普作品奖金奖，《领导干部和公务员科学素质读本》获 2016 年全国优秀科普作品奖。

一、以统一编写大纲统筹套书编写

编制《系列读本》必须要考虑针对人群广、需求差异大、知识层次多、知识覆盖广等特点和难点。为了编制一种能够实现提升全民科学素质水平的套书作品，必须要依据统一的内容标准，《全民科学素质学习大纲》就承担了这一重要职能。《系列读本》编写组在开展编写工作之前，启动了《全民科学素质学习大纲》编写工作。《全民科学素质学习大纲》包括八个部分，分别为科学观念与方法、数学与信息、物质与能量、生命与健康、地球与环境、工程与技术、科技与社会、能力与发展。每个部分的知识细分至三级结构，每个知识点在内容撰写中要体现科学方法、科学精神、科学思想以及科学与社会的关系。

《全民科学素质学习大纲》一是有科学性，按照《全民科学素质行动计划纲要（2006—2010—2020 年）》的要求，从公民必须了解的科学技术知识和必须具备的基本科学方法、科学思想、科学精神方面提出要求；在应用其处理实际问题、参与公共事务的能力等方面加强力度。二是有前瞻性，既充分考虑创新驱动发展战略、"四个全面"战略布局的建设发展前景，体现全面建成小康社会的公民科学诉求，也充分学习国际社会科学技术发展、科学素质建设的最新成果，以及研判科学技术发展的方向，参考国

读本编撰，大纲先行。这套读本的编写是较为复杂且立体的系列任务，因此编写组在计划形成之初首先进行了纲领规划，明确思路，为后续的具体编写、推广工作准备好科学、严谨的蓝图。

际上科学教育研究的最新成果，体现科学技术发展前沿。三是有实用性，充分考虑中国社会的实际情况，根据不同受众的不同需求，做到既充分把握科学结构和科学脉络，又兼顾不同群体的特点和现阶段中国社会发展的特点。

在《系列读本》编写过程中，编写者将《全民科学素质学习大纲》作为内容标准和提纲依据，形成了一套内容统一、提纲一致而又各具特色、满足不同需求的套书作品。

二、以读者需求和兴趣为导向

在《系列读本》编写过程中，编创者根据不同人群的特点，精准定位，从书名、书本形式、书本内容等方面做好深入细致的策划。读本的科学知识要更多地采用科普的语言来表达，增加案例内容，创新、丰富表达形式，加强与艺术、文化的结合。编写中创新性地引入目标读者试读环节，通过读者试读，更加精准地了解读者需求，定位读者兴趣。

1.《农民科学素质读本》

《农民科学素质读本》以"生命与健康"栏目开篇，整篇主要关注与农业生产和农村生活相关的问题，通过"一问一答一测"的形式向农民传播科技知识，转变农民的思想和理念，培养有文化、懂技术、会经营、职业道德高的新型农民。

2.《中学生科学素质读本》

《中学生科学素质读本》以"生命与健康"栏目作为开篇，以激发学生对科学的兴趣和爱好为目的，采取多种谋篇布局的形式，如"知识拓展""挑战大脑""猜一猜"等。通过设问与解答，向中学生展示科学的"新、奇、实、美"，吸引中学生学习科学、探索科学和热爱科学。

读本针对不同人群的特点，进行区别性精准科普，但尝试的最终效果还要依靠读者的反馈才能知晓。目标读者试读环节为编写者提供了第一手的读者意见，以便编写者在此基础上及时对读本的内容与形式进行进一步优化，更加符合目标读者的需求与兴趣。这种方法对此类科普读物创作十分有借鉴意义。

3.《领导干部和公务员科学素质读本》

《领导干部和公务员科学素质读本》以"数学与信息"栏目作为开篇，突出展示系统论、运筹学、信息学等对科学决策和科学管理的重要作用及其广泛应用。该读本遵循领导干部和公务员读物的规范模式（开本、字体和排版等），采用一问一答的形式，并给出参考文献，便于读者深入了解和拓展提升；旨在引导领导干部和公务员概括了解科学技术，提升其科学管理、科技咨询和科学决策的能力和水平。

4.《城镇劳动者科学素质读本》

《城镇劳动者科学素质读本》重点以科技在生产中的实际应用为内容，旨在提升城镇劳动者科学劳动、科学生产的技能和水平。

5.《社区居民科学素质读本》

《社区居民科学素质读本》以"生命与健康"栏目作为开篇，采取一问一答的形式，主要采用公众认识误区、社会热点话题和似是而非的问题进行设问，提升社区居民明辨真伪、科学生活、理性决策等方面的能力和水平。

6.《小学生科学素质读本》

《小学生科学素质读本》是在《中学生科学素质读本》的基础上编写的，主要针对小学生的好奇和探索心理，多以自然现象的发生进行设问，科学解答小学生的疑问，激发小学生对科学的兴趣。

三、全媒体出版尝试

《系列读本》以需求为导向，充分考虑公众阅读习惯的改变，通过纸质版、电子读本、公众号推送、微视频等不同形式推送和配发。《系列读本》纸质版和电子版同期出版，电子版在"科普中国"网站发布并提供免费下载。

《系列读本》按照问答题目拆分成为公众号文章，在"科普中国""学习强国"等主流移动互联网媒体平台传播。《系列读本》共344个问题，全部开发为包含相同片头片尾的2—3分钟的科普短视频。针对不同人群开发的短视频，在作品技术、风格方面各有特色。面向领导干部和公务员、城镇劳动者的视频采用手绘漫画技术，时尚幽默；面向小学生、中学生的视频采用系列儿童漫画形式，活泼生动；面向社区居民的视频采用博士与公众系列对话的形式，亲民实用；面向农民的视频采用2D、3D技术合成动漫形式，并以讲解展示为主，直观形象。

四、全域定向投放

《系列读本》在全媒体出版后，通过"科普中国""学习强国"等平台实现全网推送，对于基层和偏远地区，采取纸质图书定向配送的方式，实现全域定向投放。《系列读本》配送遵循以下原则：①全覆盖原则。电子读本与纸质读本结合配发，各目标人群力争实现全覆盖。②以点带面原则。纸质读本主要以点带面试点性配发，直接配发到社会上已经成熟的读书网点，如中小学图书馆、农家书屋、职工书屋及社区科普图书室等。③不均等配发原则。纸质读本配发数量适当向西部地区、少数民族地区和边远地区倾斜；电子读本主要向电子显示设备建设相对丰富和成熟的东部和中部地区以及西部的城镇配发。2015年9月，《系列读本》出版，电子版和短视频在"科普中国"网站同期发布。2019年5月，《系列读本》电子版和短视频入驻"学习强国"App。截至2019年7月，《系列读本》纸质版发行量达90万册。

公益性科普读本重视社会效益，除了需重视内容编写之外，还要为覆盖各目标人群事先做好统筹规划。读本按不同地域的经济发展条件来分配投放形式与投放数量，尝试以点带面形成科普阅读氛围，形成了较好的推广示范效应。

丛书的编创团队由科学家、科普作家和科技工作者等多方面人才组成。其中最难得的是科学家参与科普创作，特别是那些既具有科学素养，又具有文学、艺术修养的科学家。本书作者中不乏在科研和科普领域均有突出成绩的作家：张开逊、卞毓麟、史军等均曾获得国家科学技术进步奖科普奖。这套书很好地体现了科学家参与科普工作的社会担当，具有较好的推广示范效应。

作者简介

高宏斌：研究员，中国科普研究所科普理论研究室主任。

点评人：金涛

11.

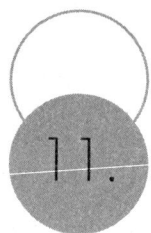

用大众语言"翻译"科学知识

——《嗑：做一只会吃的松鼠》创作手记

□ 陈莹婷

【提要】

科普作品用大众语言"翻译"科学知识，深入浅出、灵活巧妙地转换乏味的科学语言。参考资料决定内容的丰富程度。科普写作不允许任意想象，需要作者查阅较多文献资料，才能把零散的知识点串联成故事，丰富文章内容。科学性是科普作品的一半灵魂，作者思想是另一半灵魂。作者在保证科学性的前提下，基于科学理论、科学依据而做出的猜想、推论、总结、观点等最为可贵，是科普作者无法被复制的特性。

我创作这本《嗑：做一只会吃的松鼠》是很偶然和幸运的。当年我经常在知名社交网站"豆瓣"上写东西，比如生活随笔、书评影评。由于专业背景导向，写得最多的是植物主题的科普文章。想起来蛮有意思，那时候我的科普拙作基本围绕生物演化规律和植物学科历史展开，几乎没有涉及植物对于人类的功能价值，所以当中国国家地理·图书的资深编辑乔琦突然联系我，问我愿不愿意写一本和"嗑坚果"有关的休闲科普书时，我"本能地"婉拒了。一是觉得自己没琢磨过植物的"能、好、怎"，恐怕胜任不了这个题材；二是我当时在野外科学考察，山上信号较差，交流不畅。但感谢乔编辑，她很有耐心，发来一份选题大纲，让我再好好考虑下。我记得那天晚上，回到旅馆接收电子邮件，在编辑构思的初步大纲的启发下，我查了其中几种坚果的资料，发现比自己想象中有趣得多，而且我认为我应该挑战自己，尝试不同的创作题材，扩展自己的写作思路。于是我改变主意，答应了乔编辑的约稿。后来事实证明，通过这次实践，我真的获益良多、技艺增进。

兴趣是最好的老师。它激励作者挑战自己，拓宽思路，另辟蹊径。

我首先写了一篇《椰子》，交予编辑评估。编辑总体上挺满意，建议我尽量少用专业名词，多讲故事。然后我们碰面，就具体的修改意见，共同商讨坚果名单、篇幅版式、行文风格、读者定位，等等。乔编辑有着丰富的职业经验，这对我初次创作科普书籍帮助很大，比如她指导我拟定写作计划，定期了解我写作的进度和困难，及时给每一篇稿子提出合理的意见，还十分耐心地与我沟通，消解彼此观点的分歧。如今想起来，我依然对编辑行业充满敬意。所谓"术业有专攻"，一本好书，不全是作者的劳动成果，而是作者与编辑各尽其职、密切交流的智慧结晶。

编辑在出科普精品图书中的作用，由此可见一斑。

由于之前积累了一定的专业知识和写作经验，我大概花了一个半月的业余时间就完成全稿。接下来便是编辑审核、校对，把初稿加工成书的阶段。这个阶段我参与得很少，基本是中国国家地理·图书的编辑们在操办，对编辑工作一知半解的我除了回复编辑的疑问外，只好坐等着处女作面市。近一年之后，乔编辑打电话来，说："莹婷，我们的新书终于出版了！"从她兴奋的语气里我充分体会到她的职业成就感和对编辑事业的热爱，以及做一本原创好书的诸多不易。

现在回顾那一个半月的科普写作经历，我简要总结了以下几点心得，仅为个人鄙见：

1.用大众语言"翻译"科学知识

科普写作有自己与众不同的特点，许多时候我觉得好的科普文章如同一篇面向社会大众的学科综述，只不过这类综述是写给外专业的人看的，字里行间洋溢着幽默风趣，而少了"科学八股文"的呆板、枯燥。请注意，这绝不表示，科普文章抛弃了科学论文的逻辑性和严谨性。恰恰相反，逻辑性和严谨性同样是一篇科普文章合格的标准。基于这样的认识，我便以综述写作的方式来进行科普创作，同时酝酿一种诙谐情绪，努力让文笔变得活泼、生动。大家知道，如果一篇文章出现太多不认识的字词，或者每个字词都认识，但它们组成一句话却让人不明白时，阅读的兴致肯定如自由落体运动般下跌。所以科普文章首先不能像科学论文那样充斥着大量专业词汇，也别固化思维地采用特定专业的描述方式。这便要求写作者能深入浅出、灵活巧妙地转换乏味的科学语言。其实，科学知识本是"无趣"，之所以科普有趣，主要靠作者妙笔生花。而妙笔怎么生花，很大程度上取决于作者专业知识的系统性和扎实程度。举个例子，在《嗑：做一只会吃的松鼠》这本书中，我希望围绕坚果的食用价值普及一点植物学知识，讲讲相貌奇特的果实是怎么产生的，这一过程就躲避不开一个专业名词——子房。子房是啥？相信没上过植物学课的人大多摸不着头脑。若一篇文章多冒出几个如此陌生的术语，那它的阅读量恐怕比论文的还低，更不用谈书的市场销量了。可我又不得不提"子房"一词，以便我顺畅地讲解从花到果的那个神奇转变。怎么办呢？打比方，就是把晦涩的专业知识"翻译"成大众能够理解的通俗语言。"翻译"技巧有高有低，可以体现出科普写作水平，而译得准不准确，几乎取决于作者的科学素养和专业功底。我通常会这样解释：子房是雌性花蕊的下半身，是果实的前世，也好比女人的子宫，受精卵是在子房 / 子宫内发育成胚胎，

专业名词的通俗化，是写科普作品的一个突破口。这往往也是创作的难点所在。

化抽象为具体，变艰涩为生动，可以产生"随风潜入夜，润物细无声"的神奇效果。

然后植物的子房整个发育成果实。如此"翻译"，转换语言，大家是不是就能理解子房的意思和功能了？另外，这样的类比看似简单，实际上涉及一连串相互联系的知识点：雌蕊、子房、胚、种子、果实……这些知识点，构成一个有机整体，关乎植物繁衍生息的秘密。这意味着作者若想"翻译"恰当，就要清楚了解整个知识网络及其逻辑结构，因为知识点相互关联，吃下这一个，还得吃下那一个，缺一不可，否则很容易犯低级错误。

2. 参考资料决定内容的丰富程度

每次动笔之前，我都花很多时间来搜索和阅读相关的资料。我习惯首先查阅英文 Wikipedia（维基百科），众所周知，它是个百科全书型网站。另外，它有个非常重要的功能，就是提供有价值的参考文献或网页，顺着这些线索挖进去，总能挖到许多有趣的素材，有时候这是比学术搜索更便捷、更高效的做法。对于不熟悉的知识领域，我一般会先查看一些中文资料。总之，与文艺创作截然不同，科普写作不允许作者天马行空、任意想象，作者的每一个结论，都应该以科学发现为依据、为逻辑推导的出发点，所以作者需要查阅较多文献资料，才能丰富文章内容，把零散的知识点串联成故事。创作的大部分时间便花在这上面了，我可能用十个小时找资料、看资料，最后用一个小时写完一篇 6000 字的科普文章。

3. 科学性是科普作品的一半灵魂，作者思想是另一半灵魂

在保证科学性的基础上，作者才有发挥的余地。老实说，科普作品很容易雷同，只要选题一样，内容有所雷同是自然的，因为科学知识是客观存在的，不会因任何人的创作而改变。不同人写同一知识点，内容基本大同小异，不同的是各人的语言风格、文笔水平。但不是说，科普作者在创作上就很受限。相反，科普作者也能"天马行空"，前提是，一定要有科学依据，一定是基

不仅要占有资料，沙里淘金，还要精心编织。

于科学理论而做出猜想。这些猜想、推论、总结、观点，是最为可贵的，因为这是科普作者无法被复制的特性，是使作品闪闪发光的一半灵魂。只不过这一半灵魂，一定离不开另一半灵魂——科学性。

我喜欢写作，也崇尚科学精神。通过科普创作，我不仅收获了写作和分享的快乐，也学得许多新知识。感谢中国科普作家协会和中国科普研究所的厚爱，通过第四届获奖科普作品佳作评介这项工作，将《嗑：做一只会吃的松鼠》再一次推介给广大读者。我深知自己在科普方面仍有诸多不足，"路漫漫其修远兮，吾将上下而求索"，我只能不断学习，来更新自己的见识，弥补自己的不足，继续写出令自己满意的作品。

点评人：陈芳烈

作者简介

陈莹婷：毕业于中国科学院植物研究所，中国科普作家协会会员，擅长科普写作和翻译，著有《嗑：做一只会吃的松鼠》《台纸上的植物世界》等图书，并在《知识就是力量》《我们爱科学》等科普杂志发表文章。

12. 从一个小想法到一套小绘本

——《好奇宝宝科学绘本》系列创作手记

□ 罗　曦

【提要】

　　源于一颗想和孩子们分享科学的热心，一位插画师执着地将一个创作想法变成一套成品。作者与孩子们交流互动，了解喜好，寻找灵感，精选主题，确定创作方向；与作家朋友一起开动脑筋，活泛思路，设计精彩故事，形成妙趣横生的文字；组织专业班底，在理解文字内涵基础上，设计出时尚活泼、有视觉冲击力的插画，将科学的知识点具象化；与编辑良好对接，完善绘本。

一、创作源于想和孩子分享的心

　　孩子从诞生那天开始就对世界充满了好奇，特别是到了会说话的年纪，什么都不懂，什么都会问。大家可能非常熟悉小朋友们"十万个为什么"的交流方式，他们的问题有时也不禁让爸爸妈妈们头皮发紧，"绝望"指数飙升。

　　当然，我也遇到了这种"无所畏惧"的交流方式。然而，面对"小科学"，我们不能滔滔不绝地讲理论；翻开《十万个为什么》，指着图和字读，又觉得文字太多，道理也不好懂。

作为一名插画师妈妈，我觉得科学小绘本的形式更适合年纪小一点的宝宝的科学启蒙，图画的视觉刺激配合蕴含哲理的小故事，让科学更加有趣。

言简意赅，道出了创作绘本的出发点和主要着眼点。

于是，一个不成熟的小想法在脑海中萌芽——我想自己来选择一些有趣的小科学，自己创作一套绘本，送给一直热爱探索的小宝宝们。

众所周知，做原创是一件多么具有挑战性的事情。而且作为一名插画师来组稿做原创，更是难上加难。是的，我也觉得不可思议，可能是心里那份执拗的坚持一直在引导我继续向前吧。

二、主题源于孩子们的喜好，需要去多选精

充分掌握市场信息是选题决策的重要基础。

首先，主题的选择就会让人没有方向。无数次泡书店、查榜单，琳琅满目的科普小绘本一册接着一册，你能想到的方向基本都有了，包括很多热门的主题，比如：关于屁，关于两性，关于便便，关于梦。

怎么办？

很多思路在脑海中来回跳动，匆忙中写下了好多主题，比如：比萨怎么来的，小鸟为什么能飞，为什么很多小动物晚上不睡觉，为什么星星会在天上眨眼睛，为什么人会走路，等等。带着几十个主题，来到儿子的幼儿园，希望让幼儿园的小朋友们来帮助我寻找最终的答案。结果小朋友们的选择也是个谜，他们没有明显的喜好倾向，甚至好多主题他们自己都能回答为什么。深深感觉到，心急真的吃不了热豆腐。

在小读者中寻找创作的灵感，激发难以泯灭的童心。

不过，在和小朋友们互动的过程中，我却发现了很多有趣的现象，比如：小朋友们对声音很敏感，喜欢抠洞洞，喜欢对着别人哈气，女孩子喜欢自己的长头发，男孩子喜欢门派之间的"打

打杀杀",等等,这反而让我有了新的思路。

经过反复沉淀,几个大致的方向重新确定了下来。

关于风的绘本——风住在哪里呢?在我的肚子里面吗?为什么还有坏脾气的风呢?

关于声音的绘本——有什么声音是我们听不到的吗?眼睛可以听声音吗?为什么小狗能听到很远的声音呢?

关于头发的绘本——头发每天都在掉,会不会有一天变成光头呢?头发每天都在长,会不会有一天头发长到地球对面呢?

关于洞洞的绘本——1,2,3,4,5,6……数一数,我们的身上有几个洞洞啊?为什么洞洞没有流水出来呢?为什么洞洞里面没有风出来呢?

关于植物的绘本——你不知道吧,植物也有很多门派,比如毒毒教、臭臭派、装甲门、隐身流等,可不要随便招惹它们哟,这可没好果子吃!

带着这份自己觉得不错的想法,去和作家朋友其其沟通,我们一拍即合,都觉得这几个主题还不错。

于是,我们开始细化,开始一本一本明确思路写下去。

就像写《植物的超级武器》,最早想到为植物分门派的,是我这个喜欢武侠又当妈妈的人。试想下,潇洒地走在一个植物的武侠世界,看着众多门派,小朋友们会不会很期待去解密每个门派的独门秘籍,成为武林高手呢?反正我是想的。当编写的人思路活泛起来,那么这本绘本注定就会很有趣了。

写《有趣的洞洞》的时候,也很好玩。我和作家朋友一起,把身上所有可以视为"洞"的地方一一列举出来,从鼻孔这个大洞洞开始,到皮肤毛孔的小洞洞,我们一边列举,一边贱贱地去做洞洞小知识的延展和联系,不仅惹得自己哈哈大笑,同时也在期待画面成形后的搞笑样子。

作家想要打动读者,首先得打动自己。

看，关于这套绘本，就从一个小想法开始发芽长大啦。

三、编绘源于作者内心的细腻与童真

这里，必须给大家介绍一下我们 BUD 原创童书工作室。

BUD 是什么？BUD 在英语中的意思就是"芽"。因为我除了是一名插画师，也是一名插画老师。每一个怀揣插画梦想的学员，都是一颗"芽"，他们渴望阳光，渴望雨露，渴望微风，渴望一切向上的力量。

因此我创立了一个工作室，工作室的成员都是我的学生，他们有的仍在继续学习绘本插画，有的已经开始尝试创作商业项目，我们一起在原创的路上前行。

所以，当文字脚本初步成形的时候，我把这个想法和学员们沟通了，巧合的是，我们一拍即合，大家都摩拳擦掌，想尝试绘本的创作。

最早的时候，我们为这套绘本取了一个名字：米豆爱科学系列。

米豆是谁？

看，不就是我们工作室的吉祥物嘛。

天时、地利，已经准备就绪。

随即而来的绘本创作，却足足经历了大半年。

一本绘本的创作，无疑要从造型开始，设计主角形象，推敲分版，尝试合适的风格，确定细节的表达，调制色彩搭配，最后还要打磨润色，整体调整。

这不，一群新兵蛋子要开始创作！一切从头开始，一切重新开始。

这次的绘本是五本，所以每一本都需要在理解文字的基础上来创作，而且还需要好好地表达知识点。

大家在首轮讨论的时候，就先统一了一点，就是所有附加知识点的呈现，都需要结合自己这一本的特色，进行知识框架的设计。

所幸大家个人风格都不一样，在阅读文字的时候，也针对自己熟悉的风格选择了对应的有感觉的文字。这真是一个完美的结合，插画师只有在爱上文字的时候，才能充分理解文字，表达文字里面"隐藏"的含义。

《哪里来的声音》这一绘本，因为主题是声音的传达，那么必须有声音的接收者，于是插画师在绘制的时候设计了一个圆头圆脑的背带裤小男孩，他造型可爱，还带着一只小狗，可随时进行互动，汪星人可不是只会打酱油哟！

一个好的绘图师能在充分理解文本内涵的基础上，用有视觉冲击力的绘画产生出文本所达不到的效果，直击孩子们的心灵。

绘本中的小知识点，画了一个喇叭。喇叭不仅是声音的代言人，也在这里起到了提醒的作用。

声音的小秘密：

你知道吗，噪音污染也是环境污染的一种，它和水污染、大气污染被看成是世界范围内的三个主要环境问题。

风格上采用了平面平涂的方式，这种简约但生动的绘制方式，让我感觉到声音是一种很干脆很可爱的东西。就算是表现出来的知识点，也一样生动有趣。

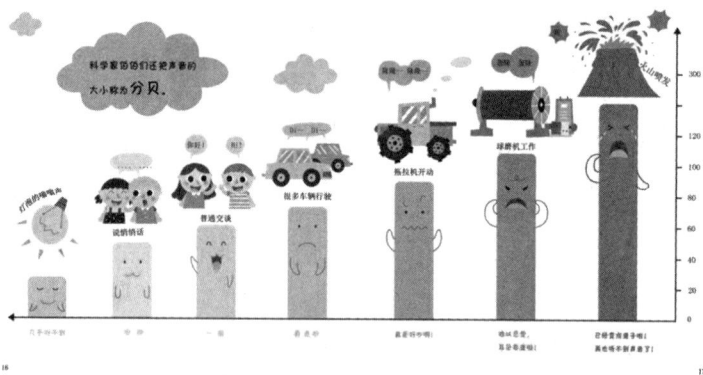

在《了不起的风》里，插画师首先需要考虑的是：怎么把风具象化，让小朋友觉得有亲和力呢？于是我们的插画师尝试了很多次，一开始设计了一个小精灵一样的风娃娃，但是感觉风的气氛弱了一些，更像是冬天的精灵。反复几稿后，我们发现，还是原始形态的风直接拟人化更合适，于是便有了这个把整本绘本串起来的可爱风以及带我们一起感受风的小姑娘。

在绘制这本绘本的时候，插画师采用了反提的绘制技法。画面细腻温和，有一种小小的古典美贯穿其中。这不正是风给我们的感觉吗？柔柔的，轻轻的。

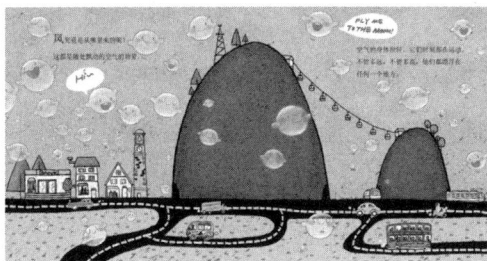

具象化和亲和力是让少儿读物变得可亲可爱的重要条件。

头发也是很多科普书都会介绍到的小知识，而在绘本《头发的秘密》中，为了更深入地介绍头发的不同，我们在文字脚本中就把故事背景设定在了国际幼儿园。这样世界各地的小朋友自然而然就会出现在一起，一起来了解头发的故事。

不难看出，整本绘本的设计采用线条为主的表现方式，这是为了更好地表达头发的质感。当然，讲到头发，就会出现小主角——黑色素。是的，在小知识点的设计上，就结合了黑色素呢！你看，拟人的黑色素，多可爱！

当我看到《有趣的洞洞》第一稿的时候，马上爆发出雷鸣般的笑声。插画师不仅设计了画面，还设计了各种各样有趣的文字。

这次的主角是一个长鼻子的矮小哥。作为一个长鼻子小哥哥，要发现自己的鼻孔，当然只有把鼻子抬起来！

涂抹系列的风格，略带立体感觉的表现，和各种艺术字结合起来，简直相得益彰。每一张都是大写的"好玩！好玩！好玩"。

那这一本的小知识点呢？细细品味，你会发现，小知识点已经被插画师融合到每一张画面里了，你只需要跟着图文走，洞洞的秘密自然就一目了然啦！

在《植物的超级武器》里，插画师把主角设计成了一对父子。作为勇闯武林的人，父亲的陪伴是非常必要的。

整本绘本中，你都会看见，父子俩时而打赌，时而比试，爸爸停不下来地操心，宝贝换着法儿地捣乱，简直就是生活的真实写照。

把知识点悄然融入绘画之中，实现图文融合，是科普创作的一个新境界。

　　这一次，插画师平涂结合线条的表现方式，让这本绘本又有了自己的感觉。不错，你看见了吧，小知识点是用讲义夹的形式来表现，对呀，武林秘籍可是要做记录的！

　　一页，两页，从小推板到小色稿，从小色稿到完稿，我们惊喜地发现，自己爱上了自己的小绘本。当然，最后小稿子出来，我做了一本"假书"，再去幼儿园的时候，惊喜地发现，小朋友们很快围了过来呢。

　　最后，当然需要人和。

　　当我把完稿提交给对接的编辑时，很顺利地获得了通过。感谢编辑在绘本收尾阶段的建议和调整，让我们的小绘本更加立体和饱满。感谢所有人的努力和付出，才有了今天大家看到的这套《好奇宝宝科学绘本》系列。

作者简介

罗曦（ice_cc），绘本插画师，插画老师，童书策划人。从事绘本插画工作18年，出版童书作品百余册，绘本代表作：《刺藤》。

点评人：陈芳烈

编者感悟

1.

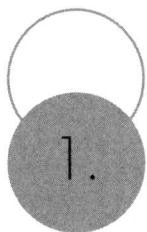

拓展科普图书外延的
一次尝试

——《檀岛花事：夏威夷
植物日记》编辑手记

□ 杨虚杰

【提要】

　　六年后回顾《檀岛花事：夏威夷植物日记》一书的出版，其中有幸运、有作者与编辑的彼此信任，也有很多全新尝试。从约稿到成书，花费了三年多的时间。做科普图书，要能洞见、捕捉新知，体察时代脉动与未来需求，这是责任也是职业追求，有时甚至是百年的尺度。回过头看，科学文化的历史，将有出版人的足迹，多年以后他们的书做见证。

　　从2014年出版到2020年坐下来写这篇编辑手记，《檀岛花事：夏威夷植物日记》已经出版六年时间了吗？有点不敢相信。时间过得飞快，作为编辑，总是一本书完成后就投入到下一本书，更常常"不知今夕是何年"。算起来，这本书从2011年向作者约稿起，其实已经九年过去了，却像昨天发生的事一样，都在眼前。

一、一次作者"履约"的出版

2011 年 8 月，北京大学哲学系教授刘华杰在夏威夷大学访学一年的消息，在圈子里大家都知道了（虽然那时还没有微信，但印象颇深的是刘华杰经常在微博中分享夏威夷的植物）。华杰行前我非常期待地对他说，"给我们写一本书吧"。写什么和怎么写都不太知道。这句话，后来被华杰多次提起："当时只有杨虚杰向我约了稿，虽然后来很多出版社找我，但是做人要守信用。所以，这本书必须给中国科学技术出版社。"

2012 年 8 月，华杰回国后，我们商量过这本书如何呈现。开始时打算做一本，后来华杰开始整理自己在夏威夷的访学、考察日记，觉得能够原汁原味原貌呈现最好。我们就决定按照时间线做三本，日记从作者 2011 年 8 月 8 日抵达檀香山到 2012 年 7 月 13 日返回北京，这是一份完全的呈现。与时间相对应，作者循着大博物学家洛克的脚步在夏威夷遍访植物特别是本土植物的过程被详细记录，书后的植物索引就有 800 多条，书中记录的也远不止这些。为了这份完整，对于出版社来说也需要决心。现在一套书共 78 万字，1000 多幅图片，800 多页。"完整"的价值会在未来得到体现。记得华杰后来说过一句话：多少年后夏威夷也许要借助这套书了解当年植物物种的情况。事实也是这样，夏威夷大学出版社也动议要引进这本书在夏威夷出版。

经过近一年的整理，出版社拿到了书稿。但是如何编辑和呈现，这是一个问题。因为是日记体，每一篇之间的眉目没有太大区别，读者在阅读中的节奏感就不会鲜明。我们在编辑过程中，就以月份为间隔，并设计篇章页，使读者得以舒缓和停顿。2013 年，虽然仅是几年前，但很多图书的用纸和装帧并不是特别讲

笔力来源于足功。古有时珍尝百草，霞客行天下，近看华杰走檀岛。这些用双脚丈量山川大地、用生命韶华去探寻一份完整的博物作者，值得敬佩。那些充斥网坛的复制、粘贴一类的现代"刀笔吏"，还是少些为好。

究。作者的图片都是高清大图，文字也富有表现力与哲思。在内文设计上，既要顾及文字阅读的流畅，又要展示图片细节之美，真的是煞费苦心；还要给每篇日记起标题，以小图标展现日记开篇，反复斟酌。尤其最后在选择内文用纸的时候，将编辑、设计师、印刷厂以及纸商多次找来一起开会，研究后期效果。后来找到一种特殊的内文纸，能够保证图片色彩的最大还原，阅读文字时也不反光刺眼，保证舒适感。

比较值得一提的还有这套书的封面。开始设计了几个方案，作者都不是特别满意，书中写了那么多夏威夷植物，封面该如何体现呢？后来设计师林海波先生非常有创意地选择了一种"手抄纸"，用植物的花瓣和叶子做成的纸张，朴素且唯美。后来，这也成为本书的亮点和卖点："一花一叶，一书一封，别样风情；一脉一息，一枝一景，异国花事。这是一套属于你的唯一：干鲜花、手抄纸、檀岛花事、远行前的憧憬；散落成淡淡的墨迹，更待花事次第开放。"

我们还请设计师刘影子制作了作者在夏威夷一年的行动足迹地图，请余天一手绘了夏威夷特种植物并制作成书签。总之，这是一套诚意满满的书，希望这套书能够给读者这样的阅读体验：尽享自然、尽享书籍带来的阅读体验。

事实是，这套书出版几年后查看豆瓣评估以及当当网读者的留言，很多读者体会到了编辑的"甜心"。也有很多新朋友说，我是因为看了《檀岛花事》，开始热爱植物的。

二、一次出版题材的探索

刘华杰的这套书出版后，获得了很多奖项。第四届中国科普作家协会科普作品奖金奖、第六届中华优秀出版物奖、2017 年度

编辑的价值在于为图书制定最佳的表现形式，他们的思考能力、鉴赏能力、提炼能力和整合能力是成就一部优秀科普图书的基本保证。他们的智慧和心血协助作者赋予书籍更有生命力的灵性，给予读者更美好的"悦读"体验。

一见封面就爱上了它，这是我的真实感受。如果仅仅把装帧设计看作"锦上添花"，那就太肤浅了。它凸显的是书籍的人文内涵，同时也体现了图书的风格、基调和编辑的审美、品位。

教育部科学技术进步奖科普类二等奖以及 2017 年中国自然好书奖在地关怀奖。常常会有人问，出版这样一套详细记录异域植物的书，意义在哪里？

出版历史上有华莱士的《马来群岛自然考察记》，有英国植物学家哈金森的《一名博物学家在南非》，今天我们有了中国学者在夏威夷的植物日记。植物分类学家王文采院士花了数天时间看完《檀岛花事：夏威夷植物日记》全书，"对这个孤立的植物区系有了更好的了解"，老人家专门撰文向《中国科学报》推介这本书。王文采院士文章提及，根据他的统计，《檀岛花事》共记述：蕨类植物 22 科，41 种；裸子植物 3 科，4 种；被子植物双子叶植物离瓣类 81 科，313 种；合瓣类 26 科，172 种；单子叶植物 19 科，91 种。以上共计 151 科，621 种。

户外科学探索和博物考察早在 20 世纪盛行于西方。在两三百年前，那些博物学家、探险家就已经深入世界的各个角落，包括中国的西北、西南。现在，普通的中国人走出去很容易，也很多。希望他们不只是购物和简单地旅游，也能对世界各地的自然物进行深入细致的考察，写成报告、游记正式出版。现在国外这种"民间的"博物爱好者非常多，其专业程度不逊色于科学家。所以，从这个角度说，今天有了中国人写异域植物，说明很多问题。刘华杰说："也许，今后中国人写的关于南非、亚马孙流域、日本、俄罗斯、北美的动植物图书，会源源不断出现。"事实也正是如此，这几年，博物爱好者大量涌现，出版题材非常广泛。

"在中文世界或许还没有人像我这样看和这样写夏威夷的植物，在中国还没有人像我一样在生物多样性的现场（威尔逊语）刻骨铭心地体会夏威夷外来物种和本地物种的矛盾。作为边界清晰、范围有限的海岛，夏威夷仍然是我们这个星球上有关地壳变迁（如活火山）、生物演化（如适应辐射、生态危机）、民族文化融合的理想研究之地。到夏威夷参观、访问、考察以及专程看花看鸟的中国人会越来越多，也许本书可以帮助人们更进一步了解夏威夷。"作者这样说。

从编辑的角度看，无论是在最初选题策划还是后续的宣传营销中，能够对一本书的内容进行深入的思考和提炼是非常重要的。后来在为这套书召开的出版座谈会上，专家们都给予了极高的评价，认为是开创了一个出版领域。

三、博物出版热引发的思考

2014 年此书出版后，国内博物类图书出版成为一种现象，引起媒体关注，很多出版社跟进。现在每年出版的博物类图书，覆盖了儿童、青少年以及大众阅读群体，同时很多博物作者崭露头角，好书不断。现在还有了民间基金与文化机构合作设立的专门的图书奖项——中国自然好书奖。而在科普类图书中，博物类图书除了开拓题材，更带动了一种全新的书写方式：强调在场，融入作者自身的体验。

博物出版热，应该正是时代赋予的。博物作为一门有着科学传统的学科，与自然、环境、生态、分类学以及进化等都有密切关联。特别是今天，对于每一个读者个体来说，迫切需要通过自然观察恢复与大自然的联系。从国家层面来说，通过认识、欣赏身边的草木，也可以实现对"绿水青山就是金山银山"的认知和践行。

关于博物类图书是否属于科普图书，在现实中可能还有着不同的认知，很多专家学者认为只有"数理化天地生"才算科普书，觉得这样充满个人体验的书与传统科普书有距离。其实，在

科普的意义并不仅限于多认识几种花草，多了解几项科研成果，多知道一些世界奥秘，也许沟通内心世界与外部世界的联系，从而敬畏自然，是科普更高一层的附加值。

出版历史上，很多科普和科学巨著的作者是博物学家，比如《物种起源》的作者达尔文、《寂静的春天》的作者蕾切尔·卡逊，《半个地球》的作者威尔逊。博物是我们观察世界、体验世界的一个很好的切入方式，特别是进入分子生物学的时代，更需要我们从生物多样性、生态保护以及全球物种的角度看待世界。所以，科普图书的外延应该随着时代的变化、需求的变化，放大一些，再放大一些。在科学的时代，更应该"博物地"了解一片土地，也"博物地"了解我们身处的世界。

探究大自然并非科学家的专利，一个有心的个体与大自然的对话，往往更接地气，会让普通读者产生亲为的冲动和感悟的共鸣。这也是科普图书的本质属性之一。

点评人：石磊

作者简介

杨虚杰：科普出版人，编审，策划出版的《檀岛花事：夏威夷植物日记》《征程：从鱼到人的生命之旅》等图书获得中华优秀出版物、中国出版政府奖等奖项。

2. 坚守价值　不断学习　砥砺前行

——《唯美四川：海螺沟》编辑策划心得

□ 张兆晋

【提要】

　　要做好科普图书编辑工作，必须熟悉相关出版业务，拥有综合协调能力，了解市场动态，具有较高的语言文字功底和美学修养；更重要的，是要具有基本的科学素养，具有比较广博的科学知识并不断更新，这样才能策划出具有鲜明特色、符合时代需要的选题。否则的话，只能盲目跟风，生产大量内容平庸、没有个性甚至含有非科学内容的产品。

　　作为一名物理专业的研究生，我在学校受到了基本的科研训练，本来的理想是从事科研工作，但阴差阳错，于20世纪90年代开始从事图书出版工作。但我随即爱上了出版，并矢志成为一名优秀的出版从业者，为广大读者奉献高质量的图书，并以此为祖国科学事业的发展贡献绵薄之力。

一、走上编辑之路

　　我最初主要编辑技术类图书，后来进入《科学世界》担任执行主编，正式踏入科普领域。《科学世界》是一本从国外引进版权的科普杂志，20 世纪初曾在众多的科普杂志中独树一帜，获得了广泛赞誉。这本杂志之所以获得读者及业内人士的好评，我分析主要是因为内容新颖前沿，图片精美，在文本上通俗易懂，用讲故事的方式讲述科学知识，摒弃了过于学术化的语言，生动幽默但不失科学性。而这些恰恰是当时国内科普杂志和科普图书欠缺的，是非常值得我们学习和借鉴的。

因此，后来从事科普图书的编辑工作，我一直坚持以此为标准进行选题策划和后期制作，并取得了一定成绩。策划出版的图书多次获得中国科普作家协会优秀科普作品奖、科技部全国优秀科普作品奖等奖项，并于 2017 年获国家科学技术进步奖二等奖（排名第四位）等荣誉。

近年来，随着我国综合国力的提高，出版行业日渐繁荣。同时，党和国家日益注重科普工作，对科普事业加大投入，广大出版界同人的眼界也逐步放开，无论是引进版图书还是原创类图书的质量都有很大提升，但其主流发展方向其实就是我前面提到的那些。《唯美四川：海螺沟》之所以获第四届中国科普作家协会优秀科普作品奖银奖和国土资源部 2017 年国土资源优秀科普图书，我认为除了作者是冰川学科的知名科学家，内容权威、扎实之外，也跟这个大背景和大潮流有关。

二、担起编辑的责任

在此，我也想向从事科普图书出版的年轻编辑说几句肺腑之言：作为一名科普图书编辑，我们的责任是非常重大的。科普书首先要考虑社会效益，要坚持向公众传递准确无误的科学知识，传达科学的思维方法，决不能让有伪科学甚至反科学内容的图书

是的，作为编辑要先培养自己的品位，知道什么是好东西，才能做出好产品。

科普图书编辑对科学的认知，对科学普及的责任感一定会借由他编辑的图书传递出来。

流入市场。为此，要不断学习和吸收最新的科学知识，了解最新的科学动态，提升自身科学修养。做科学传播也需要价值观，要把科学精神融入自己的血液，勇当"科学公知"，时刻与反科学、伪科学做斗争。有价值观，出版才能走得远，最终能受到市场认可，体现我们出版人的职业使命。

有了价值观，做编辑才会甘当幕后英雄，耐得住寂寞，而不纯粹为了经济收入盲目追求出版品种；也才会有工匠精神，在编辑过程中融入自己的创造性劳动，不断推陈出新。如果做到这个根本点，就可以成为一名优秀的科普编辑。这就是我编辑的图书能够屡屡获奖的秘诀。

这些说起来并不难理解，但实践起来绝非轻而易举。特别是新入职的年轻编辑，都面临着很大的生存压力，很多时候难免随波逐流。很多人没有职业荣誉感，甚至认为图书出版行业已是明日黄花，看不到前途。但是，我认为图书出版是最基础的文化事业，绝不会消失。即使未来其存在形式可能发生变化，但核心内容将在人类的文化宝库中永远保存。作为普通编辑，与其追求一些虚无缥缈的东西，不如踏踏实实做些实在的工作。只有不断坚持才能获得丰厚的回报。

三、精进编辑之务

下面我结合《唯美四川：海螺沟》这本书的出版过程谈一下自己的感悟。

1. 向专家学习，当好科学传播"二传手"

做好科普图书编辑工作，认清自己的定位是非常重要的。科学传播是一项"集体活动"，如果说在科学传播中，科学家是"第一发球员"，那么科普图书编辑就应该是"二传手"。他是科学家和公众之间的重要桥梁，是向公众传播科学理念、科学知识过程中不可或缺的一环。

在科学传播中，科学家是信源。没有了科学家，科学传播就会成为无源之水、无本之木。要想使自己策划的图书内容丰富、扎实，最理想的办法是找到本学科最前沿的科学家。如果找一些"编书匠"，那么他们提供的内容已经不知道是几手信息了，很大概率是陈旧的，甚至是以讹传讹的内容。这种书稿即使后期加以加工修改勉强出版了也属于平庸之作，因此，深入考察、了解作者的情况至关重要。

在确定作者之前一定要认真了解一下作者的学术背景，阅读作者以往发表过的作品，收集读者的评论。在这个网络时代，只要不偷懒，这些信息并不难收集。但要注意的是，从网络上了解的信息只是二手资料，有时会产生假象。最好能到作者的工作环境去看看，了解一下作者平时的工作状态。如果能成功合作，就要和作者交朋友，以便更深入地发掘选题。一个好作者本身就是一个强大的信息源，通过和作者深入沟通，可以了解当前学术界的基本状况，结交新作者。

本书的作者张文敬教授就是我长期交往的合作伙伴。

我是在策划《科学家带你去探险》这套丛书时认识张文敬教授的。由于探险领域和我自己的教育背景相隔甚远，初入探险领域可以说两眼一抹黑，对这个领域的基本状况、研究领域、研究方法、主要机构和作者情况一无所知。当时只是有意介入该领域的科普出版，但如何着手并没有成熟的思路。有幸通过朋友介绍，认识了时任中国科学探险协会主席的高登义先生。他召集相关专业人士开了一次座谈会，张文敬教授作为专家风尘仆仆从成都赶到北京来参会。

会上，张文敬教授的发言可以说是高屋建瓴，基本上帮助我

好作者是发现出来的，也是培养和鼓励出来的，更是用编辑自己的专业才能塑造出来的。

作者是出版社的衣食父母，作者通过编辑的工作呈现最大的社会价值。

们理清了探险领域的基本情况。我们有了认识，要从科学探险这个角度切入，借助科学家的亲身经历，讲述他们如何从科学研究的角度深入不毛之地，加深人类对自然的认识，发现新现象，寻找大自然的客观规律，进而科学开发自然资源，有效保护环境。在这个过程中，科研人员看到了常人无法想象的景观境况，解开了无数谜团，其间发生的诸多惊心动魄的故事如果写下来，不但具有可读性，而且可以融入科学知识，让科学不再是干巴巴的学术术语。

会后，我迅速决定以"科学家带你去探险"作为丛书的主题，这里面的关键词是"科学家""探险"，从而有别于一般的探险旅游图书，这决定了丛书与众不同的高品位、权威性以及科普的内涵。这套书共四册，出版后旋即获得2012年第二届中国科普作家协会优秀科普作品奖金奖，并于2017年获国家科学技术进步奖二等奖。

2. 深入发掘选题，策划"唯美四川"系列书

在编辑出版《科学家带你去探险》的过程中，我逐渐和张文敬教授熟识起来，对他的学术和科普写作生涯有了比较深入的了解。作为科学探险的前辈，他大学毕业后即从事冰川与生态地貌和环境的研究。几十年来，从南极、北极到珠峰地区，凡是有冰川的地方几乎都留下了他的足迹。在西藏工作期间，他走遍了西藏的每一个县，对西藏的自然地理环境可以说是了如指掌。

在和张文敬教授的交流过程中，我产生了一个想法，就是组织相关科学家，将中国境内有代表性的旅游热点，按照《科学家带你去探险》这套书的模式出版一套"唯美中国"主题的丛书。这个想法自然得到了张文敬教授的支持。但经过反复思考，我们感觉这个选题过于宏大，需要调动非常庞大的资源，不如先从四川省着手，策划一套《唯美四川》系列丛书，待时机成熟，再着

长期以来，风景胜地的图书多数停留在游览、传统文化介绍的基础上，从地质和科学探索的角度去写，的确很有必要。

手更大的系列。而《唯美四川：海螺沟》可以说是此系列的一个亮点。

位于四川省甘孜藏族自治州的贡嘎山主峰海拔 7556 米，是横断山脉最高峰，也是四川省最高峰，被称为"蜀山之王"。山体高峻陡峭，雪崩和冰崩极为频繁，它是众多登山者的梦中乐园，被登山界称为"比珠峰还难以攀登"的雪山。海螺沟位于贡嘎山东坡，是青藏高原东缘的极高山地，以低海拔现代冰川著称于世。晶莹的现代冰川从高峻的山谷铺泻而下；巨大的冰洞、险峻的冰桥，使人如入神话中的水晶宫。海螺沟是亚洲最东低海拔现代冰川发现地，海拔 2850 米。其大冰瀑布高 1080 米，最宽 1100 米，是中国迄今发现的最高大的冰瀑布。沟内蕴藏有大流量沸热温冷矿泉，大面积原始森林和高地冰蚀山峰，大量的珍稀动植物资源，金银山交相辉映，蔚为壮观，是国家 AAAAA 级旅游景区。张文敬教授曾长期在此地从事科研观测工作，因此不但对海螺沟的自然地理情况非常熟悉，而且怀有很深的感情。他最初来到海螺沟时，这里条件艰苦，人迹罕至，然而就是在常人无法想象的艰苦环境中，科研人员取得了丰硕的成果。

这类书正是我们目前应该大力组织出版的。寓科学于现实题材中。

《唯美四川：海螺沟》一书的重点是海螺沟，但其实是以海螺沟为中心，全面描述贡嘎山地区的自然地理、历史变迁以及探险家、科学家对该地区的认识过程，其间的曲折和故事数不胜数，书中自有详尽描述。而我在这里强调的是，图书的选题策划不是一蹴而就的，需要有一个不断深化、否定之否定、从小变大、从大变小的过程。需要不断根据实际情况进行调整。

四、前景光明，事业未竟

由于特殊的地质条件，四川省拥有众多独一无二的自然地理资源和旅游资源，如果能系统发掘整理，是非常难得的科普资源，这是《唯美四川》系列想要达到的目的之一。目前，《唯美四川》已经出版了《米仓山（旺苍篇）》《海螺沟》《螺髻山》三本，后续书目张文敬教授也在写作当中。但目前看，只靠我和张文敬教授，后续工作很难大规模开展。我很希望有识之士能加入进来，也希望各级科普机构能对此项目进行支持。因为这是真正具有中国特色的原创科普，是向世界宣传中国自然文化遗产的好项目。因而，我不妨借此机会做一下推介，希望此系列最终完成，为后人留下一笔有意义的遗产。

作者简介

张兆晋：物理学硕士，副编审，世界知识出版社世知传奇文化有限公司总经理。策划和编辑的图书多次获得中国科普作家协会优秀科普作品奖金奖、银奖，全国优秀科普作品奖，文津图书奖、国土资源部优秀科普图书奖，多次入选国家新闻出版广电总局向全国青少年推荐百种优秀图书，并于2017年获国家科学技术进步奖二等奖。

点评人：杨虚杰

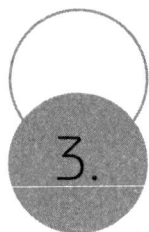

3. 融合技术文化 创作科普新品

——《数学文化素质教育资源库》编创手记

□ 沙国祥

【提要】

编创者旨在借助现代技术，化抽象为形象，直观展现数学的历史文化画卷及其与科技工程、人文艺术的交相辉映，培养青少年的数学直觉、审美能力与数学文化素质。为此需运用专业眼光、综合知识和文化积淀，长期积累优质素材、作者资源，并将资源库研发作为系统工程，整体规划设计，融合技术文化，做好进程管控和升级优化等。

这个资源库被分解为《数学之史》《数学之美》《数学之趣》《数学之用》四本书及四个光盘，是一个独具匠心的安排，其中体现了主创人员对数学及其教育功能的理解。以"美丽芬芳"来形容一套数学科普作品，让人感受到了主创人员对数学的别样理解及本作品的不同追求。这个选题的策划和出版过程把控，对操盘者综合素质有非常高的要求。在一定意义上可以说，这样的出版成绩对个人能力的依赖性非常高，可遇而不可求。

大型多媒体出版物《数学文化素质教育资源库》含有《数学之史》《数学之美》《数学之趣》《数学之用》四本书及四个光盘（每个光盘内含大约 4G 海量内容）。它以盘为主、书盘结合，用图文并茂、辅以视频动画的多媒体形式，直观生动地展现数学文化的博大精深、美丽芬芳，受到了广大读者的欢迎和识者的肯定。2016 年,《数学文化素质教育资源库》有幸荣获第四届中国科普作家协会优秀科普作品奖，随后又获 2017 年江苏省科学技术奖（这是江苏省首次将科普作品纳入江苏省科学技术奖评奖项目）。借本次中国科普研究所、中国科普作家协会提供的机会，回顾笔者作为本套科普出版物编辑和主编之一的编创过程，也是颇有意味的一件事情，或许对同行有点借鉴作用吧。

一、编创思路与基础

科学普及，或如今所说的科学传播工作，是将专业性、学术性强的科学内容，通过作者、编辑的再创作和一定的技术手段，转化成普及性、趣味性强的作品，简言之，是将科学知识的学术形态转化成普及形态或通俗形态。它或让读者对某学科的由来、进展、体系、思想、方法、特点有宏观的了解；或从读者感兴趣的某些科学专题、问题出发，管中窥豹，激发读者好奇心，启迪科学思维；也可将某科学分支与其他学科联系、贯通，让读者体悟科学文化的血脉相连；等等。因此，科普乃至文化传播是站在文化整体的高度，以更广阔的视野，把科学精神、科学方法、文化精髓深入浅出地带给普通读者，引发其参与性的思考、互动与共鸣，进而在潜移默化中提升科学文化素养。

为此，科普作品的编创者不仅要对本学科有较高的专业素养，达其本性，晓其规律，还要了解普通读者或青少年的兴趣和难点所在，进而选择合适的主题，必要时运用技术手段，以优秀的普及形态科普书架起艰深学术形态科学知识与读者之间的桥梁。

策划《数学文化素质教育资源库》，首先是基于编辑的专业眼光和文化素养。如果没有对数学文化素质教育的深入理解和高度认同，即使把优秀的数学文化资源送到编辑眼前，他也未必会赏识、推动其出版和传播。编创这套资源库，固然由数学界、教育界当时重视文化传播的大势所趋，也得益于此前对相关数学文化资源的研发积累，还与笔者身为编辑多年来对数学文化的兴趣、研究、传播以及对数学文化教育较深的、前瞻性的认知和认

深厚的积累和持久的兴趣是做出突破性出版成绩的优势条件，数学图书的出版具有更强的专业性和知识转化能力要求。本文作者的知识结构和实践背景很可贵。

同密切相关。笔者毕业于复旦大学数学专业，自己就是一个数学"粉丝"，对于数学文化教育尤有兴趣。2013年以前，笔者仅数学文化讲座就做过数十场，而由笔者作为主要发起人策划的、由江苏凤凰教育出版社和江苏省教育学会中学数学教学专业委员会主办的江苏省数学文化节，也已举办了七八届（每届均有十几万中小学生参加，影响较大）。因此，笔者对数学文化的核心价值和主要特点有更多的了解。大多数人会把数学视为一门基础学科、工具学科，它贯穿整个基础教育课程，具有广泛的应用价值，同时它也是必考的主干学科，简直成了升学的主要敲门砖。而数学其实更应当作为一种文化来体悟、品味，需要我们理解它的精神、思想，欣赏它作为艺术的美，探寻它的来龙去脉，了解它在人类文化发展中带来的观念、思维和应用价值。

其次是基于编辑对数学本性的深层次认识，对数学教育、数学哲学和方法论的新观点的了解。数学被许多人视为畏途，在他们眼里，数学特别抽象难懂、枯燥乏味，数学世界里尽是抽象符号、逻辑推理、繁复运算，而数学的基本精神、思维方法及其对于人类文化发展的价值，却被无边的题海淹没了，数学的直观鲜活、有趣美丽、富有想象的一面，也被遮隐了。日本著名数学家、菲尔兹奖得主小平邦彦在《数学的印象》一文中指出，数学在本质上与逻辑不同，逻辑之于数学就像文法之于文学。学好数学最要紧的是"数觉"——对数学的纯粹感觉，正如语感对理解文学非常重要一样。笔者曾经采访过我国著名数学教育家、华东师范大学张奠宙教授，谈到数学的公理化思想时，他说："1970年前后许多西方发达国家的'新数学'运动，将活生生的数学等同于逻辑、公理体系，结果失败了。不能认为数学就是逻辑。那是把光彩照人的数学女王，在X线照射下变成了干巴巴的骷髅。数学还是要依靠猜想和想象，逻辑只是保持数学健康的卫生规则

在关注数学本身、保障科学性的同时，呈现数学背后的文化，大概是这套科普作品独特和出彩的地方。

（德国数学家赫尔曼·外尔语）而已。"因此，出版一种让读者喜爱，能够直观体验领略数学的美、演变、趣味和应用的丛书，就成了我们数学出版人追求的一个重要目标。

策划、编创《数学文化素质教育资源库》，也是依照文化自身的发展规律，逐步积累、集体创作、不断优化的结果。传承性（习得性）、群体性（共享性）是文化的两个基本属性。这套资源库的编创、出版，最早源于笔者 15 年前担任《初中生数学学习》杂志主编时的经历。当时，江苏省电化教育馆的田翔仁老师（后来成为《数学文化素质教育资源库》第一主编）来到编辑部，向笔者展现了他收藏、设计的很多美丽的数学图片，令笔者眼前一亮、惊喜不已，随即将其连载于《初中生数学学习》上。后来在此基础上，又加以整合、丰富和拓展（笔者也参与其中），江苏少年儿童出版社出版了《趣味数学百科图典》一书，颇为畅销。2010 年，在江苏省电化教育馆的主持和组织下，由田翔仁老师和笔者等担任主编，带领众多学校的老师，并邀请几位数学游戏专家、信息技术高手，共同研发出多媒体软件《数学文化百科博览》，连同《趣味数学百科图典》一起由南京大学电子音像出版社和江苏少年儿童出版社共同出版。《数学文化百科博览》当年获得第十三届全国多媒体教育软件大赛一等奖。三年后，由江苏凤凰教育出版社牵头，与江苏省电化教育馆合作，并得到江苏省首批数学课程基地之一江苏省泰州中学数学体验中心的大力支持，将数学文化与素质教育、课程资源研发紧密结合，对《数学文化百科博览》和《趣味数学百科图典》的编创思路以及体系、内容和形式进行大幅度修改、充实，经过拓展升级，脱胎而成现在的《数学文化素质教育资源库》，2013 年年底由江苏凤凰教育出版社和江苏电子音像出版社联合出版。

《数学文化素质教育资源库》的编创和出版，凝聚着教育、

优秀科普出版人心中，总会存有一些多彩的梦想，这些梦想，是科普精品孕育的温床。

丰富的知识资源积累和强大的作者资源支撑，成为此套作品成功的优势。操盘者能坚守图书创作理念和品质初衷，又能与时俱进地引导修改和提升，显示出深厚的专业学养和项目执行力。点赞。

文化、出版、技术等各方面 100 多位江苏省内外专家、教育工作者的智慧和辛勤劳动，可谓集腋成裘、聚沙成塔。这里需要指出的是，编辑作为策划者、组织者和编创者，发挥了重要的、不可替代的作用。对此，编辑要有文化自信。

二、编创难点和对策

我们（江苏凤凰教育出版社）对《数学文化素质教育资源库》的期待颇高，希望它是一部内涵丰富、形式独特的大型多媒体科普作品，旨在以科普样式，借助于多媒体技术，形象生动地展现数学文化底蕴；既求品位高雅，又期深入浅出；既从时间维度上纵向展开数千年源远流长的数学历史画卷，又从空间维度上呈现数学与百科交相辉映的多彩风姿；尽可能揭示数学的真相与本性，便于引导青少年走出数学误区，增进数学理解，领悟数学大道，了解数学的历史、应用，领略数学的趣味和美妙。

在此高目标之下，《数学文化素质教育资源库》的研发、编创可谓艰难而复杂。在出版社、电化教育馆的支持下，我们与各路研发专家、老师们通力合作，群策群力，较好地完成了编创任务。以下从四个方面概述。

一是内容综合性、前瞻性的体现。这套资源库，是集数学、科学、技术、教育、艺术于一体的文化教育产品，在一定程度上可以说是一个超前观念下的大型 STEAM（Science，Technology，Engineering，Arts，Mathematics）作品，因为当时国内文化教育界对于 STEAM 教育还知之甚少。数学文化是人类文化的核心组成部分，它作为自然科学、工程技术的基础，兼有艺术的审美属性，数学的理性精神、思维方法和艺术魅力，渗透、影响着生活、教育、科技、经济等方方面面。古希腊数学家毕达哥拉斯提

在现代数理科学和高技术、复杂工程背景下，数学的确拥有无可取代的重要地位。做成 STEAM 作品，使其有了较好的市场接口，这也是出版物成功的法门。

出过"万物皆数"的观点，而马克思关于数学重要价值的阐述近乎尽人皆知。

二是体系架构的总体设计。这套资源库的内容不是支离破碎的，需要反映数学文化互相联系的几个主要方面。首先，把数学的理性精神、思维方法贯穿于数学的历史、美、应用和趣味之中，因为难以单独直观呈现数学思维的内容和过程，这就有了《数学之史》《数学之美》《数学之趣》《数学之用》四大板块。其次，各册书内容体系架构的设计，耗去了作者和笔者相当多的精力。如此大容量的书盘结合产品，如果最初的内容体系设计不合理，待到研发过程中再发现问题，返回修改，时间和人力不允许，也是资源和财力的极大浪费。所以，我们又借着江苏省课程基地的课程研发契机以及经费支持，在江苏省泰州中学举办了两次资源库研发讨论会，对研发思路、文化观念、内容架构、价值体现进行深入探讨和修改，随后布置了各学校负责的具体专题、任务分工。

三是文化与技术的融合。这套资源库编创过程中，数学文化内容和信息技术手段容易变成两层皮，这就失去了研制电子出版物的价值。因此，在资源库体系内容设定之初，就要考虑哪些数学文化板块和专题内容比较适合用多媒体形式呈现，哪些数学知识、思维难点更宜于用数学软件帮助学生理解、直观想象，还有选用何种技术手段能更好地进行直观展示、动态演示、互动操作。甚至对画面的美观和谐，我们也提出了较高标准。为此，我们和数学教育、文化传播、信息技术、美术设计方面的专家、老师，一起研究确定了多个重点选题，突出了数学文化内容的形象化展现，数学课程难点的技术化突破。如《数学之史》中的勾股定理证明、古希腊数学与雕塑艺术、尺规作图等专题;《数学之美》中的无字证明、球的体积公式推导、方程与曲线、分形艺术、正多边形、正多面体等专题;《数学之趣》中的平面镶嵌、几

设计是呈现内容的技术和艺术。对于专业出版内容的编排设计和装帧设计，要求从设计视角理解专业问题，再用艺术语言呈现出来。这是非常考验智力和想象力的创作过程，也是惊艳和冒险的旅程。

这是数字出版时代的新要求，也是对出版人的新考验。

何分割、不可能图形、七巧板、华容道等专题;《数学之用》中的三角函数与物理学、数学与建筑、数学与体育、碳的家族与数学结构等专题。同时，我们还对每个研发学校提出具体要求，组成了由数学、信息技术、美术三方面教师协作的研发团队，合作编创，最后由出版社、电化教育馆组织数学文化专家、数学特级教师、信息技术专家、美术设计师和编辑深度介入，进行修改、把关、整合，效果颇佳。

四是研发工程量复杂性的应对。这类大型文化出版工程的研发，投资大、耗时长、研发人员众多，可谓一项较复杂的系统工程，需要预先设计、统筹安排，也需要有资金、人力资源的及时到位和有力支撑；需要单兵作战，更需要协同工作；需要平时研制，还需要集中攻关。实际研发过程要做到以下几点：首先是价值认同、多方合力；其次是合理规划、系统协调；再次是进度管控、任务跟踪。具体可参考笔者发表于《新时代新科普文论》中的《一类大型多媒体科普作品研发之感悟》一文。

以上是笔者对于《数学文化素质教育资源库》编创的一些心得感悟。这套书、光盘的研发出版，凝聚了其他主编和大批专家、老师的心血、智慧，笔者姑且代言，不到之处，敬请大家指教。

点评人：范春萍

作者简介

沙国祥：江苏凤凰报刊出版传媒有限公司副编审，江苏省科普作家协会理事，江苏省数学学会理事。现在《教育视界》杂志编辑部工作。其策划、主编或参与主编的作品曾获第四届中国科普作家协会优秀科普作品奖银奖、2017年度江苏省科学技术奖三等奖、第七届南京图书馆陶风图书奖、2019年江苏省优秀科普作品奖一等奖等。

4. 心中那一片蔚蓝

——《魅力中国海系列丛书》编辑手记

□ 李夕聪　王积庆

【提要】

　　《魅力中国海系列丛书》的编创是使命使然，又是神来之笔。"关注热点和国家战略""挑选合适的海洋方面的专家作为主创人员"以及"组织强有力的编辑团队"是做好海洋科普图书的重要因素。海洋科普图书对提升全民海洋意识具有重要作用。

　　"小时候，妈妈对我讲，大海就是我故乡。海边出生，海里成长……"这首关于大海的歌，很多国人都会哼唱。倘若随机问一位大学生甚至一位公务员："我国有几大海？"我们会很快得到回应："渤海、黄海、东海、南海啊。"倘若再问："我国国土面积是多少？"得到的回答却往往是："960万平方千米啊。"大多数国民在哼唱着熟悉的大海之歌时，却对960万平方千米只是指我国的"陆地国土"，而根本没有包含"海洋国土"这一问题，似乎浑然不觉。大多数国人的潜意识里一直忽略着我们的海洋，这是我国长期以来关于海洋意识的国情。

　　渤海的美丽传说令人神往，黄海的民俗风情绚烂多姿，东海的恢宏之美波澜壮阔，南海的丰富矿藏不胜枚举。关于中国海的无穷魅力都可以在一套书中得以体现，这套书便是由中国海洋大学出版社精心打造的《魅力中国海系列丛书》。2014 年 1 月 7 日在北京的首发式上，时任国家海洋局宣传教育中心原宣传策划处处长赵觅充分肯定了此套丛书的文化价值和时代意义，称其必将成为又一套对青少年开展海洋教育的优秀读物。果然不负众望，2016 年，《魅力中国海系列丛书》荣获中国科普作家协会优秀科普作品奖银奖，2019 年丛书又入选教育部全国中小学图书馆（室）推荐书目。荣誉的获得是对编创团队的极大肯定和激励，更加坚定了我社自主策划、编创海洋科普图书的信心。忆起这套书的编创过程，似乎是使命使然，又似乎是神来之笔，有许多细节值得回味。

一、关注热点　催生选题

美丽青岛，如画秋天。

2012 年 9 月一个阳光明媚的上午，在杨立敏社长办公室，时任中国海洋大学审计处处长兼出版社监事的李鲁明先生与杨立敏社长正热烈地谈论着南海局势。谈话间，李鲁明建议说："唉，咱何不出一本关于南海的书？当前南海问题这么热，读者一定会感兴趣的。""不错的建议啊，好好策划策划。"虽然做出版工作仅两年多，职业敏感性很强的杨立敏社长当即表示赞同这一建议："我国四大海，咱何不出一套关于我国四大海的书？做一下市场调研，看有没有类似的书。"我在一旁随声附和道："好主意，先做一下市场调研。"就这样，要编创一套关于我国四大海丛书的想法在我们热烈而兴奋的头脑风暴中产生了。对于出版人来讲，一个好选题的诞生，如同孕育一个生命，那感觉真可以用"美妙"二字来形容。

接下来，经过充分的市场调研，我们发现国内尚没有一套针对青少年系统介绍我国四大海的丛书。于是，杨立敏社长撰写了策划书，经讨论，丛书名定为《魅力中国海系列丛书》。随即，社里成立了专门的项目组，项目负责人由富有创意和实战经验的王积庆编辑担任，成员选取了经验丰富的邓志科、由元春、邵成军和孟显丽四位编辑。同时成立了后勤保障小组，我本人则分管项目的具体实施。

2012 年 11 月，我们迎来了中华民族在 21 世纪关键节点的一项重大举措：党的十八大明确提出了"建设海洋强国"的战略部署，这一高瞻远瞩的重大国策如同一声春雷在中华大地上响起。这一讯息明示民众：我国是一个海陆兼备的大国，海洋浩瀚，与广袤的陆地一起，五千多年来呵护滋养着中华民族，共同创造了辉煌灿烂的中华文明！这一讯息进一步昭告国人：海运兴则国运兴，海洋强国是实现中华民族伟大复兴梦想的重要组成部分！于是，《魅力中国海系列丛书》就在这样一个伟大的时代开始孕育了……

海洋科普要从此走上快车道，同时也显示出在这方面还有很多提升空间。

二、匠心编创　精彩呈现

想要感动别人，首先得感动自己。

好东西都是用心做出来的。根据总策划书，《魅力中国海系列丛书》分为"魅力渤海""魅力黄海""魅力东海"和"魅力南海"四个系列。每个系列包括"印象""宝藏""故事"三个分册，丛书共 12 册。其中"印象"直观地描写中国四海，从地理风貌到海洋景象再到人文景观，映射出充满张力的中国海的美丽印象；"宝藏"挖掘中国海的丰富资源，使读者真正了解蓝色国土的重要价值所在；"故事"则深入海洋文化诸多领域，以海之名，带读者去品味我国海洋历史人文的缤纷篇章。项目组接到任务后，以极大的热情投入到工作中，先是将总的策划方案进一步细化，并在各册主编的指导下编创并优化出每一册的大纲及所要呈现的细节。各册纲目经过总主编的审定后，编创团队便进入紧张的创作阶段。文稿作者用心撰写，编辑团队对每一篇交上来的文稿都要反复编辑加工，再交给主编和相关领域专家反复审阅后定稿。经过一年多的用心打磨，2014 年，丛书在北京全国书市精彩亮相，受到了广泛好评。

本丛书采取异型 16 开本，图文并重，哑粉纸四色印刷。其编创理念是，用简约流畅、生动优美的语言，配以精美的图片和灵活的版式，给读者以视觉和文字两方面的冲击，激发读者主动了解我国四大海域的热情与渴望，进而从内心深处迸发出对蓝色国土的热爱与珍视。

本丛书是一套描绘中国海的"立体"图书。她注入了科学精神，更承载着人文情怀；她描绘了海洋美景的点点滴滴，更梳理着我国海洋事业的发展脉络；她饱含着作者与出版工作者的真诚与执着，更蕴涵着亿万国人的蓝色梦想。

中国工程院院士、中国海洋大学原校长管华诗，不仅为我国的海洋事业做出了杰出贡献，而且长期关心、倡导、支持并积极参与我国的海洋科普事业，当他看到这套丛书后，满怀深情地写来寄语：

在我国，960 万平方千米的陆地面积几乎尽人皆知；而对主张管辖的 300 多万平方千米的辽阔海域，知晓的人却不多。国民对中国海更缺乏足够的了解。《魅力中国海系列丛书》展现了我国海洋的美丽富饶，为国民全面而深入了解中国海洋现状打开了一扇窗。相信通过该套书的出版，能为国民认识海洋、开发海洋、保护海洋、管理海洋，乃至为建设海洋强国提供宝贵的基础知识。

新华社对外新闻编辑部严文斌主任看到本套书后有感而发来祝贺：

中国周边局势的变化、人类对资源的渴求，唤起了国人进一步认识海洋、重新发掘海洋文化、开发蓝色国土、传承海洋文明的科学情怀和人文精神。《魅力中国海系列丛书》以翔实的资料、生动的表达，图文合璧地满足了读者，特别是年轻一代，对海洋知识的需求。

青岛第二中学的一名学生阅读本书后高兴地说：

这套丛书语言生动有趣，图片也很好看。整套书读下来，既了解了中国海的优美大气，学习了中国海的历史文化，又认识了它们的巨大价值，使我们对祖国的海更加热爱，更加有使命感了。

三、向海而歌　主编情怀

海洋情怀一定是源自海洋意识的高度觉知。

认识丛书总主编盖广生主任是在一个关于编写海洋意识教育教材的研讨会上。

2012年年末的一天，在北京举办的关于我国首套中小学海洋意识教育系列教材——《我们的海洋》的研讨会后，作为组织方的时任国家海洋局宣传教育中心盖广生主任，向与会者低调赠送了他自己创作的《大海国——中国百年海洋思想历程》一书。作为出版人，因为做了海洋科普的图书而更加热爱海洋，因为更加热爱海洋，所以更加关注关于海洋的书。《大海国——中国百年海洋思想历程》一书，系统梳理了自鸦片战争开始100多年来我国海洋思想历程，内容丰富，视野宏阔，寓意深刻，引人反思，催人奋进。读后，我深深被书中所传达的当代海洋人的家国情怀和使命担当所感动，还为此书写了6000多字的读后感。虽同是中国海洋大学校友，但杨立敏社长和我是首次参加国家海洋局宣传教育中心的活动，之前与盖主任并不认识。杨社长和我都觉得有着极强海洋意识的盖广生主任是本套丛书很合适的总主编人选。当提出请盖主任出任《魅力中国海系列丛书》的总主编时，他愉快地接受了邀请，并迅速组织了由中国海洋大学、浙江海洋大学、海军大连舰艇学院和青岛水族馆等全国涉海单位的12名专家学者担任丛书分册主编。各册主编严谨的科学指导和严格把关，确保了本丛书得以顺利问世。

2012年11月十八大召开之后，盖主任奔走于全国许多城市，宣讲并解读党的十八大关于"建设海洋强国"的战略部署与思想，我们全社人员也有幸聆听了他的讲座。他是国家海洋事业的积极倡导者、宣传者和推动者，为国家的海洋事业做出了重要贡献和不懈努力，即便在退休之后，也依然奋斗在海洋战线上，在建设海洋强国的征途中始终都能看到他的身影。在本丛书的前言中，盖广生主任深情地写道：

中国的海洋文明源远流长。从浪花里洋溢出的第一首吟唱海洋的诗篇，到先人面对海洋时的第一声追问；从扬帆远航上下求索的第一艘船只，到郑和下西洋海上丝绸之路的繁荣与辉煌，再到现代海洋科技诸多的伟大发明；自古至今，中华民族与海为伴，与海相依，创造了灿烂的海洋文化和文明，为中国海增添了无穷的魅力。无论过去、现在和未来，这片海域始终是中华民族赖以生存和可持续发展的蓝色家

多人参与编创的图书，容易出现的问题就是体例不一，各卷风格不一，一个很给力的主编尤为重要。

园。认识这片海，利用这片海，呵护这片海，这就是《魅力中国海系列丛书》的编写目的。

《东海印象》分册主编，浙江海洋大学原校长苗振青教授在审阅初稿后，这样写道：

　　《东海印象》在表达方式上虽仅用了"初识东海""大美东海""霓彩东海"三个章节，却生动地描述了东海的自然之美、恢宏之美和绚丽之美，给人以强烈的东海之美的层次感。

《南海宝藏》分册主编，时任国家海洋局宣传教育中心副主任的李航，审阅初稿后这样评价了这一分册：

　　《南海宝藏》以通俗的文字，全面地讲述了南海地区海洋化学、矿产、生物等资源情况。语言风格简练、描述准确，同时在资源大观讲述内容中还能糅合一些诗词、拟人化的比喻；在考古典藏中结合内容引用一些历史故事，作为科普读物，具有很强的可读性。

《黄海故事》分册主编，海军大连舰艇学院陆儒德教授是这样评价这一分册的：

　　《黄海故事》通过对民俗风情、历史故事的抒写，对黄海作出了应有的赞美，能够引发读者更加理解、热爱这片海洋国土。本书创编风格主题鲜明，内容丰富，文笔流畅，能感染读者，是一部很好的具有时代精神的海洋作品，很适合当前的国情教育，能较好地服务于国家的海洋强国战略。

《魅力中国海系列丛书》就这样在总主编和整个编创团队的精心、爱心和热情中诞生了!

四、浩瀚大海 寄托希望

海洋，占据了地球表面积约71%。自古以来，海洋就与人类文明、社会进步息息相关。它是生命的摇篮，孕育万物，滋养生灵；它是资源的宝库，浑然天成，美丽富饶；它是天然的通道，联结五洲，交通世界；它是人类赖以生存的广阔未来，放飞着梦想，寄托着希望!

世界上总共有224个国家和地区，其中181个国家和地区濒临大海。很多国家的发展与强大都得益于海洋，葡萄牙、西班牙、英国、日本、美国等国都曾先后依靠海洋赢得了经济腾飞，强大了国力，影响了世界历史的进程。当今，面对人口激增、环境恶化、资源枯竭等危机，越来越多的国家认识到"向海而兴，背海而衰"的深刻内涵，纷纷将目光投向这个蔚蓝色广袤而深邃的空间。

21世纪是海洋的世纪，作为人类赖以生存和发展的重要物质基础，它成为世界各国关注的焦点。在纪念中国人民解放军海军成立70周年海上阅兵式上，习近平主席提出了海洋命运共同体的新理念，得到了绝大多数国家的认同，海洋命运共同体成为人类命运共同体的重要组成部分。

自古以来，中华民族的血脉里就流淌着大海的气质，海洋和陆地共同滋养着这方热土。我国是海陆兼备的大国，不仅拥有960多万平方千米的陆地国土，根据《联合国海洋法公约》，还拥有约300万平方千米的主张管辖海域；绵长的海岸线达18000多千米，星罗棋布的海岛有7300多个。中华文明不仅有着辉煌的陆地文明，而且有着灿烂的海洋文明。我国历史上曾是少有的海洋大国，也是海洋强国。自秦汉开辟的海上丝绸之路曾引领对外贸易将近 2000 年；明朝郑和七下西洋的伟大壮举不仅早于哥伦布发现新大陆近百年，而且验证了中国先进的航海与造船技术，展示了中华民族曾有的海洋成就与杰出智慧。

"国家欲富强，不可置海洋于不顾；财富取之于海，危险亦来自海上。"600 多年前，郑和就曾向世人发出这样的警语。潮涨潮落，此消彼长。伴随西方风起云涌的工业革命浪潮，近代百年，我们遭受了几乎亡国的屈辱，一部中国近代史就是一声长长的叹息！而这一惨痛的教训主要来自海洋，源自几百年来封建王朝对于海洋的漠视！

然而，即使在闭关锁国的封建社会后期，中华民族也从来都不乏仁人志士，他们一边深情地环视着我们的中国海，一边远远地瞭望着无边的大洋，前赴后继，上下探索，师夷长技以制夷，甚至置之死地而后生，就是欲救中华民族于水深火热之中！

中华人民共和国成立后，经过几代领导集体带领中国人民艰苦奋斗、自力更生，我国的海洋事业如今已取得了长足发展，但当今的中国依然是一个海洋大国，还称不上一个海洋强国。于是，中共十九大进一步提出了"坚持陆海统筹，加快建设海洋强国"的战略举措，为建设海洋强国又一次吹响了号角。海洋强国是实现中华民族伟大复兴中国梦的重要组成部分，国家层面的海洋战略意识非常明确，但国人海洋意识的提高还需要一个过程。

作为我国唯一一所以海洋图书出版为特色的大学出版社，我社向来重视海洋科普图书的出版工作。近十年来，我社自主编创并出版海洋普及类图书 100 余部，获得国家级、省部级优秀科普作品奖 20 余项，赢得了社会广泛赞誉，这也越发坚定了我社海洋科普图书出版的情怀与使命感！

公众海洋意识的提升有益于海洋文化的传播，关于海洋主题的图书还有更大的空间。

沿着海洋意识普及的道路一路行来，我们越来越意识到：辽阔海洋，不容忽视！美丽富饶的中国海，我们应该好好了解与珍惜！海洋意识的提高任重道远，我们将继往开来！希望《魅力中国海系列丛书》能够在提升全民海洋意识方面发挥更大的作用！

长风破浪会有时，直挂云帆济沧海！愿我国的海洋事业蒸蒸日上，早日实现海洋强国的梦想！

点评人：杨虚杰

作者简介

李夕聪：中国海洋大学出版社副总编辑，编审。

王积庆：中国海洋大学出版社编辑，《魅力中国海系列丛书》项目负责人。

5. 赋传统以新值

——《酷虫学校科普漫画系列》的策划与营销

□ 李明淑　于　露

【提要】

　　好的科普图书追求社会效益与经济效益双丰收。"严谨的科普知识＋有趣的故事情节＋爆笑的人物对话＋传神的漫画"是本书深受读者喜爱的法宝。制作网络"轻阅读"版本、开发周边产品、开展落地推广活动等多元化手段是本书营销成功的重要原因。

一、初识"酷虫"

"酷虫"第一本书签约的时间是 2014 年，那时候国内原创漫画多以幽默爆笑故事为主，题材略显单一，用漫画的形式讲述科普知识的图书还少，将知识性、娱乐性和故事性完美融合的原创作品更少。《酷虫学校科普漫画系列》（简称《酷虫学校》）是国内原创漫画的一次积极探索和尝试，由作家吴祥敏和画家夏吉安、庄建宇沉淀八年精心创作。在《酷虫学校》这套书里，小虫子都变成了小学生，坐进了教室里。它们有自己的个性、自己的喜怒哀乐和自己的朋友。当奇奇怪怪的同学在同一个学校里出现时，它们有不同的外貌、不同的习惯、不同的食性，这些不同就会产生许多爆笑的情节。对小读者而言，酷虫学校里发生的故

这套丛书在国内原创科普漫画中独树一帜，作者多年积累，厚积薄发，使之成为广受读者欢迎的科普读物，说明好的创意照样能使科普读物行于市场。

事，也许并不是昆虫的故事，而是发生在校园里的他们自己的故事。当时觉得这套书简直太好看了，作为成年人的我都读得津津有味。

这套书的作者在创作方式和角度上做了大胆创新，尤其是其运用图画讲述故事的功力特别突出，努力尝试构建有自己鲜明个性的漫画语言、形式与风格，争取做到科普知识与艺术表现的完美结合。在形象设计和颜色选取上，也特别具有时尚感和高级感。2014 年年底，"酷虫学校"第一批甲虫班六本漫画书上市了，绘者夏吉安在中国国家图书馆文津少儿讲堂做了一场演讲，当时报名的人数特别多，现场座无虚席，连过道台阶上都坐满了人。

二、精心设计

除了作者在创作当中融入的新理念、新手法外，我们从图书的内容、装帧、设计、版式、出版等方面策划创新，让这套书具有国际水准，助力图书输出国外，扩大国际影响，提升我国儿童图书在国外的知名度。

在图书内容设计上，每本书包含 10 个章节，在正文的每一章后面还有一个科普小栏目，在故事之外以有趣的形式介绍了有关昆虫的习性等知识，寓教于乐；在科普知识栏目里还画有昆虫的写实插图，标明了身体各部位的名称，让孩子一目了然，掌握昆虫知识。

在图书形式设计上，《酷虫学校科普漫画系列》原稿作家设计的尺寸是 185mm×260mm。经过认真的市场调研和成本测算，评估比较经济合理的尺寸应为 168mm×235mm，于是在排版设计的过程中对原有版心进行调整。

在图书封面设计上，封面和书脊上贴心设计出每个"班级"的标识，放在醒目位置，便于区分。每一辑设定一个主色："甲虫班"用黄色，"飞虫班"用绿色，"杂虫班"用蓝色。我们还在封二把所有书中出现的虫子形象和名字列出，在封三把所有图书封面和书名列出，方便孩子查找识别。

在知识性把握上，因为书中涉及非常多有关昆虫的专业知识，我们特别邀请了中国科学院动物研究所昆虫专家刘晔老师来审定相关内容，从而保证了科普图书专业知识的准确性。刘晔表示："看过不少昆虫科普丛书，但是能把深奥复杂的昆虫知识描绘得如此趣味横生、通俗易懂，这是第一次。"

为了增加这套书的附加值，我们还专门设计了孩子喜欢且实用的昆虫姓名贴附在书后。在卖场制作了课程表、酷虫徽章等赠品。

为了让孩子轻快而便捷地阅读，针对网络渠道，我们做了一套不同形式的"轻阅读"版本。36 册小开本 145mm × 210mm，每本书用不同的颜色和序号清晰区分，十分方便孩子携带与翻阅；而且内容量适中，适合孩子一口气读完。

作为一套难得一见的原创科普漫画佳作，《酷虫学校科普漫画系列》提升了国内知识类漫画的艺术水准。我们特地邀请了各个领域的专家学者，对此系列图书进行评价，得到了广泛好评。北京师范大学教授吴岩认为："这套《酷虫学校科普漫画系列》做到了故事性、知识性与娱乐性的完美结合，特别能够激发孩子对昆虫以及自然世界的探索，培养孩子的阅读兴趣。"台湾著名漫画家敖幼祥大加赞赏："终于盼到表情丰富让我眼睛一亮的昆虫角色了！"所以这样一套独特的爆笑校园科普类学习漫画，刚一出版就得到欧美漫画强国的青睐。

此设计充分考虑了读者的阅读便利，因为虫子有的比较相似，飞虫、甲虫、杂虫等有的长相相似，有所区分更能让孩子记忆深刻。

三、走出国门

2014 年,《酷虫学校科普漫画系列》绘者庄建宇参加了瑞士国际漫画节,签售深受国外小读者喜欢的《酷虫学校》法语版。2016 年 4 月在意大利博洛尼亚书展上,接力出版社携《酷虫学校科普漫画系列》绘者夏吉安举行了"走进昆虫的奇妙世界——《酷虫学校》全版权推介会"。国外多家出版机构及版权代理出席了此次《酷虫学校》的全版权推介会。夏吉安讲述了自己眼中的昆虫世界,为什么创作昆虫漫画,如何呈现和创作,以及未来的创作及规划。在这次全版权推介会上,除了展示《酷虫学校》的图书产品,还有不少"酷虫"的周边产品惊艳亮相:T恤、背包、马克杯、鼠标垫、徽章、贴纸等。现场气氛热烈,多家国外出版社表达了引进《酷虫学校》系列图书的意向。

《酷虫学校》凭着独特夸张的昆虫形象和尖端的国际漫画风格,一举将版权输出到法国、瑞士和比利时三个欧洲国家,随后还输出到越南、泰国、印度尼西亚等国。这标志着,中国原创少儿科普漫画在国际上获得了更多的认可。

既能立足本国市场,又能走向国际舞台,这是优秀出版物的高水准体现。科普图书也应讲好中国故事,传递中国声音,担负起推动社会主义文化繁荣兴盛的时代使命。

四、双效突出

《酷虫学校科普漫画系列》通过"严谨的科普知识 + 有趣的故事情节 + 爆笑的人物对话 + 传神的漫画"的形式,满足了孩子对兼具知识性和娱乐性漫画的需求。

但原创书始终离不开作家持续不断的落地推广活动。每年寒暑假,编辑联合推广、发行部门,会为作家制定下一学期的活动计划,包括地域的选择、学校的选择、路线的选择,考虑如何更合理、更节省时间，因为我们还要保证作家、画家有充裕的创作时间。这些年，作者的创作从未停歇，而我们也带领作家和画家深入校园、书店，去了北京、天津、山东、浙江、四川、安徽、广东等地，进行了90余场校园讲座活动，所到之处无不受到学生和老师的热烈欢迎。目前《酷虫学校科普漫画系列》创造了发行量近100万册的好成绩。

同时，该系列也得到了业界的高度评价。这套书是名副其实的"获奖专业户"，曾获得国家新闻出版广电总局向全国青少年推荐百种优秀图书、第十届文津图书奖少儿类推荐图书、科技部全国优秀科普作品奖、第四届中国科普作家协会优秀科普作品奖金奖、中国国际动漫节金猴奖提名奖、省级优秀出版物奖、新阅读研究所中国童书榜年度十大优秀童书、中国环境科学学会第六届环保科普创新奖等荣誉，入选"原动力"中国原创动漫出版扶持计划。

因为贴近了读者，贴近了市场，所以能取得良好的社会效益和经济效益。

五、全新挑战

酷虫学校的读者活动、书店活动、学校活动已经做了不少，我们开始尝试新的挑战。2017年8月北京国际图书博览会上，我们做了昆虫馆的主题展区，不但有主题式的场景，展区中间有大屏幕和读者讲座互动区，还有图书、原画、标本的陈列，更有活体昆虫的展示。在现场，小朋友可以亲手摸一摸独角仙硬硬的外壳，看看姬兜软软的幼虫，用昆虫果冻喂喂甲虫，体验昆虫的生活环境和习性。

2018年8月，我们又办了一场有关深度阅读的研习营，绘者夏吉安以"创意想象——从科学知识中生长出来的趣味故事"为主题，讲述他的创作经历、野外昆虫考察经历和他自己养昆虫的趣事。现场气氛热烈，从夏老师猜昆虫的互动开始，全场笑声、惊讶声此起彼伏，大家纷纷表示对昆虫"路转粉"，要回家养虫子看《酷虫学校》了。

六、仍在努力

和"酷虫"结缘四年多，我与作家团队早已是亲密无间。我们在微信上有工作群，平时的活动都在上面沟通交流，大家及时互通有无。在私下里，我们还会交流孩子的上学问题、养虫子的事项、暑假带孩子去哪儿、创作了哪些美美的图画等这些轻松的话题。因为我们知道，他们每天为了这套书一笔笔地写，一笔笔地画，每时每刻倾注着心血，十年来无问西东，手绘了3000多张图，才换来这些成绩。他们付出了常人所不能想象的坚持与辛苦，这些也时刻激励着我们这个"酷虫"团队为这套书努力。目前，"酷虫学校"还没有完结，后面"幼稚班"还在继续创作中……我们会时刻保持旺盛的热情，让《酷虫学校》这套好书走得更远更好。

没有付出就没有收获，编辑与作家团队紧密配合，心往一处想，劲往一处使，才换来了好看好读、风趣幽默的好产品。

点评人：毛红强

作者简介

李明淑：接力出版社婴幼分社副社长，副编审，广西出版传媒集团十佳编辑，童书翻译。策划出版图书《酷虫学校科普漫画系列》《蛟龙少年科考队》等。

于露：接力出版社婴幼分社编辑部主任，副编审，桂冠童书编辑。编辑出版图书《酷虫学校科普漫画系列》《第一次发现丛书》等。

6. 从平视的角度做幼儿科普

——《好奇宝宝科学绘本》编辑手记

□ 邱　天

【提要】

　　在丰富多彩的童书世界中，原创幼儿科普绘本的发展还处在初级阶段。这套科学绘本在编辑出版的过程中，始终坚持从幼儿的审美和认知特点出发，在此基础上调整文图细节，营造易于情景代入的阅读体验。全套书以兴趣引导为主旨，意在让学龄前儿童感受到身边的知识，学会用正确的好奇心对待世界、探索科学。

　　对于《好奇宝宝科学绘本》能获得中国科普作家协会优秀科普作品奖金奖，实在是深感荣幸。这是一套为学龄前儿童创作的科普绘本，出版之前并不被看好。它最终得以出版，并获此殊荣，让我们庆幸自己的坚持终有收获。

一、选定科学绘本的风格：以小见大，以轻御重

　　说起科学绘本，这是一种新鲜而又不太新鲜的出版物。

　　说它新鲜，在最初做这套书的时候，市场上的科普图书不少，但科普原创绘本的数量还很少，后来成为网络书店"爆款"

的科普绘本《这就是二十四节气》当时尚未出版，科普绘本的概念还未深入人心。当时的绘本，大多数还是以讲故事、表达情感为主的人文主题绘本。

说它不新鲜，则是因为科学绘本在外版书中是一个比较常见的品种，比如著名的德国绘本《肚子里有个火车站》《牙齿大街的新鲜事》，比如日本绘本出版大师松居直先生主编的《科学之友》系列。这些绘本并没有统一的风格，它们各有特点。有的文本风趣，用故事串联起生活中的小常识；有的则类似科学教育读物，文本严肃严谨，绘画细腻仿真，请专家学者"过滤"知识点，显得非常专业。但无论怎样，这些小书都契合了一点："给小小孩讲一点知识。"

在传统观念里，一说到给孩子们"讲知识"，似乎就需要正襟危坐，需要规行矩步，需要一点点仪式感，毕竟正儿八经的学习总归是需要仪式感的。但是如果说到给孩子们讲故事，那可能就只消排上一排小板凳，喊一声"讲故事咯"，立刻就会有一群小脑袋凑过来，横七竖八往跟前一坐，叽叽喳喳开开心心。不论故事说到哪儿，总会听到小孩子们稚声稚气地问："为什么呀？然后呢？"这套小绘本的初心，就是希望孩子们能像听故事那样喜欢读它，成为能引发好奇心和探索心的启蒙科学绘本。好奇心是可贵的，是从未知开始认识世界的钥匙，对这些初来乍到的"小小孩"来说，看看有趣的画、学一些知识，并不一定比听故事来得枯燥，只要方式对了，听知识可以像听故事一样有意思。

所以，我们希望能通过有趣的情节、略带夸张的画面和对比鲜明的色彩，用这些元素给小一点的孩子们讲一讲身边的科学，也正因此，诞生了这套小书。

给幼儿讲科学知识是有难度的，关键在于怎么来引起"小小孩"的兴趣，怎么让他们把注意力放到看书或听书上。听知识不比听故事，所以更要精心策划和设计，这是在一开始就要面对的问题。

二、把握幼儿审美与阅读的特点，将趣味性与引导性作为标准

给小小孩讲知识，和给大一点的孩子讲是不一样的，我们认为，对学龄前的孩子来说，以下几点非常重要。

首先，以日常生活为参照，从看得见的知识过渡到看不见的知识。

这套科学绘本的主题分别是头发、身体、风、声音和植物，包括第二辑出版的电、家和动物，这其中有具体的也有抽象的概念，它们都是孩子们日常生活中能接触到的现象和事物，是孩子们身边的科学。这套小书的目的并不仅仅是教一些知识，也是希望能从孩子们有印象、能感受到的东西说起，引起他们对科学的兴趣，引导孩子们探究身边的科学。

因此，每本书分别从"插头和裙子上的洞洞""小朋友们的头发""郊游的风""小动物的叫声""让人流泪的洋葱"开始，这些场景对孩子们来说并不陌生；之后再从熟悉的事物过渡到抽象的概念，比如头发的生长周期、耳朵的结构、风的成因、皮肤的组织等；最后回归于生活中的简单常识，这种现实—抽象—现实的内容结构更容易被"小小孩"接受和理解。

其次，采用平视法，从孩子的角度联想和提问，不需要大而全。

最初接到来稿的时候，我们认为作者的绘画风格是多样而成熟的，但相对于绘画的优点来说，文本的缺点也显而易见：大人的思维痕迹过重，孩子的气息太少。可以说，这套投稿的绘画风格是适合小小孩的，然而文本却是给上了小学一两年后的孩子看的。

后来了解到，文本的作者是一位教师，因此她的文字总是带

教知识的书很多，引导的书也有，但要引导幼儿还是有困难的，这是一个挑战。此套丛书比较好地处理了这个问题。

有一种教师特有的真挚和严肃，想把知识系统全面地教给孩子们。以《了不起的风》为例，在说到风的形成的时候，最初提到了"季风"的概念。这个词汇相对来说比较复杂，涉及地形、大陆、海洋、气压等众多知识点，解释的文字也比较多。我认为，对学龄前孩子来说，文字量一多，读图的效果就降低，在阅读时容易产生疲劳感，亲子阅读的乐趣也会相应减少。所以，经与作者商讨，在不修改基本构图的基础上，我缩减了其中的知识点，简化了文字的表达。通过概括性的"夏天，风从海洋吹向陆地""冬天，风从陆地吹向海洋"这两句话，使用"陆地""海洋""夏天""冬天"几个容易理解的词汇解释风的成因，虽然没有用"季风"这个词，但仍然留下了季风的简单概念和初步印象。

另一方面，我们在整理每本书的知识点时，没有特别强调完整系统的知识结构。以《有趣的洞洞》为例，这本书从生活中的洞洞讲到脸上的洞洞、肚子上的洞洞、身体里的其他洞洞、看不见的皮肤的洞洞，通过自然的联想将知识点连接起来。这是因为儿童的联想通常是无意性的、自由的，带有夸张性，并不一定存在合乎现实的逻辑性，再加上我们也希望这套小书在阅读上趋向趣味性，而不是成为纯功能性的知识读本，因此，相较于完整的知识系统，我们选择用儿童式的单线联想和自然无意性的联想连接起知识点。

同时，我们尽量将每个跨页的知识点控制在三个以下，让知识点拉开层次，将一些相对冷僻或略微复杂的知识以"风的小秘密""声音的小秘密""头发的秘密"等形式单列，由家长进行阅读和讲解。希望借由这种略带层次和梯度的阅读，使这套小书更适合亲子共读的模式。

再次，导读的意义在于引导而不是评价。

导读是翻开这套绘本最先看到的内容，在商讨导读内容的时候，比起大多数绘本采用的知名专家解读，我更倾向于用一线教师的讲解，采用平视的角度来向家长和孩子们展现这套小书。一方面，这与图书的定位有关——平装书，低定价；另一方面，希望能通过导读实现低幼阅读的特点——互动性。最后所呈现的内容是能帮助家长设计行之有效的阅读活动的，"数一数书中有多少种颜色的头发""观察家人的头发""寻找生活中的洞洞""数数画面中的洞洞""感受风的存在和风力的大小""去户外记录声音"……我们之前说过，科学绘本的意义不仅是知识的传播，而且是希望通过阅读引发孩子们的好奇心，帮助他们学会探究身边的科学，寻找生活中的科学。导读的重要性也因此显现。

最后，文本与画面是互为补充的关系。

事实上，最初的来稿有一个较大的问题，就是文本与画面的重复性。阅读时，能感受到文本一直在努力描述画面，绘画也在努力表现文本的内容，但对于图文并茂的绘本来说，这种努力并不是必要的。画面和文本应该互为补充，而不是共同进退。在编辑与沟通的过程中，我尝试将一些叙述转为对话，或者调整为发散性的知识点，让文本成为画面的引导者而不是叙述者，使文本和画面的配合获得了 1+1>2 的效果。一方面，让儿童可以通过读图达到阅读的效果，另一方面，则为家长提供有层次的文本内容和活动设计，让每一本都可以实现多层次的阅读。

在排版的过程中，我们非常关注文字呈现的细节。考虑到学龄前儿童的阅读特点和认字需求，一般叙述性的文字我们尽量选用常规字体——即笔画较为规范的字体，这一类的文字字号也相对较大。以《了不起的风》为例，普通的叙述性文字采用了大字号，突出了和"风"有关的文字，比如"风""电风扇""吹风机"等，并在不影响画面的情况下，通过对语句的变形——这种变形通常与画面中的"风向"一致，让小读者能在阅读中感受到

"风的流动"。

《有趣的洞洞》一书中，我们却并未使用常规字体。这本书的绘画风格非常俏皮，为了配合这种风格，同时营造出"洞洞"的生动感，我们使用了珊瑚体等字体。所以仔细看，书中"洞洞"两个字是不是有一点山洞的感觉呢？

这些编辑中的小细节，让文本与绘画成为整体，实现不同表现形式的"通感"，提高了阅读的趣味。

综上所述，这套科学绘本在编辑出版的过程中，始终坚持以平视的角度、发散式的联想架构文本，"用小小孩的思维原则"调整文图细节；用和孩子蹲下来说话的方式来看待问题，营造易于情景代入的阅读体验，删除难度较高较为复杂的知识点，舍弃面面俱到的知识体系，不采用名家导读，坚持平装——精装版对孩子来说太重了……全套书以兴趣引导为主旨，意在让学龄前儿童感受到身边的知识，学会用正确的好奇心对待世界、探索科学。

三、反思与前行：坚守幼儿原创科普阵地

这套小书出版后也有不少的遗憾。我们的幼儿科普图书出版还在刚刚起步的阶段，市场很大，难度也很大，原创幼儿科普图书的发展还远远未跟上市场的要求。我认为，原因有以下几个方面。

1.优秀的科普文本可遇而不可求

幼儿科普的创作要求较高，一方面，要求作者具备扎实的科学素养，另一方面，作者还要会编故事、设计画面，了解幼儿认知发展的规律。趣味性和知识性的平衡其实正是科学素养和幼教知识两种元素的角力，兼具两者的作者可谓可遇不可求，同时也需要编辑的引导和培养。同时，科普图书的创作不算科研成果，

小小图书大大匠心，编辑做了充分准备，以高层次多角度切入"小"选题，使普通的幼儿图书做出了不一样的效果，设身处地为幼儿着想，本着为读者服务的精神，认真做好了此图书的出版。

创作回报也远不如文学创作，难以激发创作者的热情，因此，在幼儿科普创作方面，始终缺乏水平较高的大家名家。

2.科普绘画需要科学与艺术的统一

幼儿科普绘本对绘画的创作要求同样很高，对形象、色彩的把握要符合儿童心理特征和审美的发展，同时还要求能准确、细腻地表现内容。举例来说，动植物的绘本对动物身体结构、形态细节等各方面都有所要求，需要绘画者在认真观察的基础上，实现科学性和艺术性的统一。需要指出的是，由于绘本、插画专业的火热，近年来新人插画作家在数量和水平上都有较大的提升。但是，大多数作者热衷于进行文艺创作，而不愿参与科普绘本的制作。一位年轻插画家告诉笔者，"科普绘画对风格的掣肘大，回报低，出版周期长，对创作的要求还非常高，还不能代表创作者的个人风格，所以没什么兴趣"。

3.原创科普的市场认可度还有待我们努力去提高

目前，引进版科普童书更受到市场的推崇，大多数出版社将着力点放在引进版科普书的编辑和营销方面，甚至还出现了专门做科普童书引进的民营公司。我认为，引进版的科普书当然有很多值得借鉴和学习的地方，但原创科普更不能放弃，如何针对中国家长和孩子的需求，做出契合市场需求、获得读者认可的原创科普图书，这既需要编辑自身的努力，也需要出版社的支持和鼓励，还需要国家相关政策的引导。

4.多媒体出版是挑战也是机遇

随着网络文化的发展和全民学习时代的到来，各种学习型有声书、读书 App 发展得如火如荼，我们在幼儿科普方面也有了新的尝试。目前，我们正在为《好奇宝宝科学绘本》录制讲解音频和"指偶讲解课"，希望通过有声导读的方式，引导幼儿全面、细致、有趣味地进行科普阅读。

要想将图书出版做深做强就得全方位服务，全方位切入，多方位营销。

习近平总书记曾在全国科技创新大会上强调，"科技创新、科学普及是实现创新发展的两翼，要把科学普及放在与科技创新同等重要的位置"。在幼儿阶段树立正确的科学观念，为未来学习打下基础，对我来说，这是一件有趣又有意义的事。现在的原创幼儿科普出版工作困难较多，路也很长，但相信通过学习引进的科普图书，培养优秀的作者队伍，提高自身的科学素养和科普编辑能力，随着市场的深层次发展和读者眼界的逐渐开阔，原创儿童科普一定会有大放光彩的一天。

点评人：毛红强

作者简介

邱天：江苏凤凰少年儿童出版社编辑。

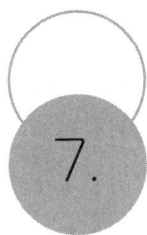

7. 原创科普绘本：中国传统文化大树上结出的新果实

——《这就是二十四节气》编创手记

□ 王　然

【提要】

　　党的十八大以来，以习近平同志为核心的党中央高度重视中华优秀传统文化的传承发展。中国传统文化底蕴深厚，是原创少儿科普读物孕育生长的沃土，与此同时，少儿科普读物在阐释传统文化中的科学内涵、促进其活态利用方面也能发挥重要作用。少儿科普绘本《这就是二十四节气》采用国际流行的图画书形式讲述具有中国地域文化特色的科学故事，取得巨大成功。本文从选题策划、编创互动、图文创作、内容编排、阅读推广等方面回顾了这套书的出版历程，以期为我国原创少儿科普图画书创作出版提供借鉴。

一、缘起——做原创的共同信念指引作者和编辑走到一起

1. 编辑的心声："不能总跟在国外作家的屁股后面跑"

　　开始做原创科普绘本前，我做了几年引进版绘本的编辑工作，国外的科普绘本是非常适合3—12岁儿童阅读的科普作品。大约自2005年起，国内掀起了引进和阅读推广国外优秀绘本的风潮。

据当当网 2012—2014 年少儿科普图书年度畅销榜显示，前十名绝大部分被引进版占据，其中长期在榜的畅销书如《神奇校车》《看里面》等都是科普绘本，而国内鲜有能与引进版作品媲美的科普童书。我供职的海豚出版社当时也引进出版了一批国外绘本。在这些童书中，我个人接触最多也最感兴趣的领域，就是科普绘本。绘本不同于其他图书形式，它用图画和文字一起讲故事、表达情感、传递知识、营造意境，吸引读者阅读。小读者通过读图，往往能比阅读文字获得更多的信息和乐趣，这极大降低了科普读物的阅读门槛，为低龄儿童提供了从小接触和喜爱科普读物的可能。

然而，在做了几年引进绘本的出版工作后，我渐渐也发现了一些问题。外国人的钥匙有时候开不了中国智慧的锁，外国人的营养有时候不适合中国人的胃。比如，从国外引进的一些自然科普绘本，虽然文字优美、画工精良，兼具科学性与艺术性，但其中讲到的一些动植物，都是外国常见物种，在中国不常见到。面对这种状况，我们要么对外国的图书进行改造，使之中国化；要么干脆做原创，做原汁原味的具有中国特色的科普绘本。我们从国外优秀童书中借鉴学习，但不可能永远都引进国外的图书，不然我们就会永远跟在国外作家的屁股后面跑，永远也不会跑到前面去，无法让中国和世界上其他国家的孩子看到具有中国风格、中国智慧的中国童书。因此，做原创是早晚的事，与其晚做，不如早点做。头脑里有了这种意识，我就对国内作者的投稿格外地留心，开始带着发掘宝藏的期待去看待这些投稿。当一个人用心去寻找某样东西的时候，假以时日，十有八九是可以找到的。

2. 作者的担当："市场上居然没有这种书，那我们自己写吧"

2014 年春，我们的总编辑将一位想做原创地理科学绘本的作者介绍给我，他就是中国科学院地理科学与资源研究所的齐德利博士。他给我讲述了为什么想做中国元素的地理科学绘本，许多想法与我不谋而合。他和他的爱人高春香老师热爱地理，热爱中国传统文化，觉得这是老祖宗留下的宝贝，不能丢，就格外重视女儿的中国传统文化教育。有一次，他们想为女儿找一本介绍二十四节气的绘本，但是找来找去，发现市场上并没有让他们满意的关于二十四节气的绘本，而他们从事的地理和教育工作，又正好和中国传统文化关系密切，于是萌生了为孩子创作一本绘本图书的想法。他们说干就干，倾注大量心血，历时两年完成了《这就是二十四节气》的初稿。我被两个作者的创作热情打动了，一心想做本土原创绘本的紧迫感和使命感也在蠢蠢欲动，我觉得我应该帮助他们完成这个心愿。

需求产生灵感，源于实际，源于小读者，源于生活，所以有了这么一个好选题，有了一个市场缺乏又有需要的出版物。

由于作者之前没有创作绘本的经验，这部书稿从成书体例到内容、设计，都有大量需要重新构思和修改调整的地方。在接受这部书稿的时候，我不是没有犹豫，毕竟做原创绘本需要的时间周期长，与新手作者磨合难度大，能否从占市场主导地位的引进版绘本中脱颖而出也存在很多未知风险。但根据市场调研和做书经验，我判断，节气主题绘本尚属于市场空白，二十四节气不但有上千年悠久历史，今天依然影响着我们的生活。它既是中华优秀传统文化的宝贵遗产，同时又是中国人独特的自然科学知识体系。这样接地气的题材，如果能以国内尚不多见的原创绘本形式呈现给读者，必定能吸引很多像作者一样迫切呼唤本土原创的人阅读。该书至少可以成为长销书，如果做得好了，也具备畅销书的潜质。

我们把《这就是二十四节气》定位成中国第一套给孩子讲述二十四节气的自然科普绘本，充分发挥绘本的形式特色和科普的内容特色。按照这个定位，我和作者、插画师、设计师一起重新讨论内容、修改插画、设计版式，不放过每一个细节。终于，又用了近两年时间，我们完成了整套书的创作出版。

2015年年底，书一上市就赢得了市场认可，成为国内近年来少有的"爆款"原创绘本和畅销童书品牌。截至 2019 年上半年，《这就是二十四节气》已销售近 300 万册，连续三年领跑当当网绘本畅销榜，读者好评留言高达 50 余万条。该书先后荣获文津图书奖、中国科普作家协会优秀科普作品奖、全国最美绘本、大鹏自然童书奖华文原创奖等多项大奖，入选 40 年中国最具影响力的 40 本科学科普书、国家新闻出版广电总局向全国推荐中华优秀传统文化普及图书等书单。更为可喜的是，《这就是二十四节气》的成功，给中国原创绘本的发展注入了一针强心剂，众多童书出版机构纷纷从单一引进国外绘本转向重点扶持传统文化类及知识、科普类原创绘本项目，童书创作出版的"中国力量"迅速崛起。我们比别人先行了一步，看到了国人对于给孩子提供原汁原味中国文化营养的巨大需求。党的十八大以来，党中央大力提倡弘扬中华优秀传统文化，鼓励繁荣科普创作，也为我们策划少儿科普选题进一步指明了方向。

二、创作历程——源于儿童生活，贴近儿童心理，启发儿童思考

1. 选题创意：孩子们的"为什么"就是我们的选题源泉

要创作出受欢迎的少儿科普图书，创作者首先要了解儿童的心理，倾听儿童的疑问，用儿童的视角去观察和感知世界。《这就是二十四节气》的创作灵感，就来自小女孩牙牙关于"什么是惊蛰"的一次提问，书中的小主人公就是以牙牙为原型创作的。故事里很多细节来自父女、爷孙之间的真实对话。牙牙爸爸和牙牙妈妈从小都是在农村长大，自小耳濡目染了许多二十四节气的知识，他们经常利用节假日带牙牙回老家，让她有机会体验农村生活，而牙牙的提问触发了他们的思考。其实，孩子关于大自

然的很多问题，都能从二十四节气里找到答案，但是生活在城市里的孩子，离亲近自然、靠天吃饭的农耕生活太远，而且现在又找不到这样的书，孩子们无从了解二十四节气。牙牙父母希望用创作绘本的方式，给牙牙和所有中国孩子讲讲他们儿时的农村生活，以及他们对二十四节气的真实感知。牙牙妈妈说，不是孩子不想知道，而是我们没有告知。这句话让我有茅塞顿开之感，对我们策划科普童书选题是一个重要启示。

从另一方面来说，二十四节气是中国传统文化的瑰宝，应该继续传承下去。2016 年 11 月，"二十四节气"申遗成功，公众对节气关注度显著提高。同时，国家大力提倡加强传统文化教育和科学教育，这也进一步说明了我们这个选题的前瞻性和正确性。

2. 插画创作：将"身边的科学"与"云端的艺术"结合起来

绘本不同于插图书，它要用图画和文字一起讲故事，并且以图画为主。《这就是二十四节气》的初稿只有 24 张画稿，它们均出自年轻的插画师许明振之手。据他回忆，在找他画插画之前，文字作者高春香老师问："你家是农村的吗？"他当时想，高老师是不是看不起农村人？后来在创作过程中他才渐渐明白，绘画中很多灵感和素材都来源于他小时候的农村生活。比如，夏季的封面图是牙牙躲在麦田里捉迷藏。许明振说他五六岁的时候，就经常在麦田里玩，大人们忙着干农活，他就在麦田里跟小伙伴们钻来钻去。他总想着躲起来可以不经意出现在爸爸面前吓他一跳，但是长大以后才知道，大人们个子都很高，而他很小，就算躲在麦田里，不管他跑到哪儿，大人也是能看到的。这种童真童趣透过图画传达出来，更显真挚动人。再比如，小暑时节，牙牙在瓜棚里看瓜田、捉蟋蟀，这是根据牙牙妈妈的儿时经历创作的。书中还加入牙牙的亲笔信和树叶手工作品，使故事更加真实可信。相比于其他童书作品，科普题材更难创作出打动人心的故事，而

因为讲二十四节气，离不开大自然背景，离不开农村特色，童真童趣通过年画般的画面表现出来，浓浓的生活气息从可爱的画面中扑面而来，故事显得又可爱又可读。

这部作品饱含三代人的乡土记忆，给知识传递增加了情感温度，很容易引起读者共鸣。

图画为小读者预留了体验和想象的空间，使他们能以轻松自然的方式感知身边的世界。科普绘本里的图画除了讲故事，还要起到传递科学知识、科学方法，启迪科学精神的作用。充分利用图画的留白和艺术表现力，也帮助我们解决了不少难题。比如，节气日期和节气气温的表现，因为每年节气到来的时间并非固定在同一天，且不同地区气温差异显著，不适合把时间范围固定下来，所以我建议插画师将日历牌和温度计画成空白可填涂的形式，留给读者观察互动，记录下当年的节气到来时间和当地气温，温度计也由一支改为两支，分别记录最高气温和最低气温，使其更符合科学观测方法。再比如，原稿中每个节气都有一幅太阳直射地球的图片，用太阳直射点变化来显示节气成因，但从画面上看，太阳直射点在相邻节气之间的变化并不明显，这张图也无法呈现二十四节气总体变化规律，多次修改仍感觉效果不理想。经过多日冥思苦想，有一天，我突然想到，节气循环往复，正像一个时钟模型，时钟是孩子熟悉的，为什么不画一面"节气时钟"呢？随即，我和插画师商量，做了这样的设计：首先，将整个表盘圆周均分为24份，春分（太阳到达黄经0°）在正上方"0点"刻度位置，逆时针每隔15°为一个节气刻度（从北极上方看，地球逆时针绕太阳运转），这些刻度用代表地球的小圆圈示意；表针共两条，绕太阳圆心转动，一条指向春分（黄经0°），一条指向当前节气，两针夹角即太阳黄经度数；表针每转动15°到达下一节气，这样就将复杂的黄道坐标系简化了，使小读者能一目了然看清节气变化与地球公转（即太阳在黄道上的视运动）的关系，认识节气轮转的规律，同时了解每个节气的先后顺序；另外，在表盘外侧手绘四季图画作为装饰，这样就有了一面生动

此书内容用图画形式来表现很好，比用文字介绍的形式更能得小读者的喜爱。

加了互动环节，更能调动小读者的兴趣。事实证明，编读互动是一个有效的手段，参与故事内容既能调动小读者的阅读积极性，还能起到促销作用。

简明的"节气时钟"。除图画外,再将有关节气天文来历的详细解说放到图书导读中作为补充,供感兴趣的读者延伸阅读。科普绘本中巧妙设计运用图画,可以起到化繁为简,增强艺术性、互动性和游戏性的作用,使内容更加通俗易懂。

3.内容编排:运用科学思维,理清知识背后的内在逻辑

从最初的 24 幅画稿开始,我们重新对这个选题进行了讨论和策划,进一步明确图书定位——它不是单纯的故事绘本,而是一部讲述二十四节气的自然科普绘本。在选题投稿之初,编辑要当好作者的第一读者,首先把最打动自身的地方告诉作者,然后帮助作者从形式和内容上不断优化。这个选题最打动我的,是作者想以父母的身份为孩子创作一个和孩子生活有关的故事,所以我建议作者在故事的开篇就用小女孩牙牙的视角引入。其实每个孩子,不管生活在农村还是城市,都是跟着大自然在成长,这就是我们跟节气割不断的联系。由此我想到,可以用牙牙过生日来引出节气,也就是孩子出生在什么节气。按照西方的说法,都说孩子出生的时候是什么星座,根据我国的传统,一个孩子出生在春天或者秋天,又会给生命带来一种什么样的体验和感受呢?这是孩子容易明白的。从节气图上找一找,你出生在哪个节气?距离一下子就拉近了。接下来故事继续发展,牙牙爸爸在过年的时候带着她回到爷爷家,开始一年二十四节气的探索。

编辑要从市场角度为作者提供建议。我跟作者讨论,如果按最初想法只出版一本单本绘本,一方面营销推广不好做,另一方面,二十四节气包罗万象,篇幅受限的情况下内容无法展开。目前,国内原创最缺的不是故事绘本,而是本土题材的自然科普绘本,二十四节气恰恰是最合适的题材之一。因此,我建议把它做成四本一套的绘本,分春、夏、秋、冬四册,每册六个节气,每个节气用四页篇幅呈现,除主线故事外,再延伸拓展一些相关知

用生日去对应节气,一下子就拉近了小读者与这本书的距离。自己出生的季节有什么特点?小读者一定想知道。有了兴趣,故事就要看一看,读一读了。

识板块。这些知识板块不能无序地堆砌，对科普童书来说，比传递知识更重要的，是要让小读者读懂知识间的内在联系，了解知识产生的过程，保护他们的好奇心和求知欲，培养他们在生活中理解科学方法并运用其获取知识的能力。

重新选材的原则就是抓住节气的核心本质，选取符合儿童阅读兴趣、贴近现代生活的科学知识，并按其内在逻辑组织编排。具体说，第一页以牙牙为主角讲节气故事，牙牙回到爷爷家体验二十四节气变化；第二页是节气概述，包括节气的名称释义、天文来历、气候特征、节气谚语及古诗词等；第三页讲节气与自然的关联，以传统的七十二候为基础，选取典型的物候现象，介绍动植物的变化特征；第四页是节气与生活，讲节气里的人文风俗、农事活动。全书以纵横两条线索贯穿，形成一套完整的节气知识体系。横看是每个节气特有的自然、人文特征，纵看是某一类主题在一年二十四个节气里的变化。读者阅读后，既能打开认知节气的多重视角，又有了对事物发展变化的深入理解。同时，我们很希望孩子能跟随节气动起来，所以把一些传统游戏和手工技艺、互动游戏也重点突出，启发小读者运用科学方法思考和探秘节气，重新验证古人经验，得出自己的结论。这些都有助于实现科普童书启迪科学智慧的深层次追求。

每个节气四页内容，按固定体例编排，看似有一点模块化，但是在创作过程中，我们也很注重全年节气之间内容的连贯性，想要让孩子们了解，我们吃的米从哪来，身上穿的衣服从哪来，书中都有它们的来龙去脉。比如，书中讲到的棉花，正好在四册书里经历了春种、夏长、秋收、冬藏的全过程。春天谷雨时节，牙牙在给刚种下的棉花种子盖被子。夏天小暑的时候，她看到棉花的成长过程图，看到农民如何整枝管理。这些农家日常活计，其实都有讲究。比如，故事里写到，白露秋收开始，牙牙的哥哥

跟随节气动起来，这个设计很好，既了解了过去和现在，还可以启发新的探索，有利于科学精神的培养。

急着收棉花，但是奶奶告诉他，不能一大早就去，要等到露水晒干以后再开始收棉花。而到了冬天，故事一开篇，牙牙的奶奶要用自己家种的棉花给牙牙缝制一套棉衣，此时我们感受到的是节气和自身生活的关联，也是平常生活的温度。

4. 知识解说：推陈出新，渗透自然教育、博物教育理念

节气涉及的各个学科门类知识十分庞杂，要确保每个知识点准确无误，并且用恰当的语言和图画加以阐释，这给编辑审稿增加了难度。解决办法就是逐一核实修改，遇到难以解决的问题请专家外审给出建议。在编辑过程中，我们对某些知识点也进行了大刀阔斧的删减和替换。比如对七十二候的解说，其中有些说法受限于古人的认知水平，有悖于今天发现的科学事实，还有些说法很难查证，或者随时间推移和环境改变已经发生变化。所以，我们只从七十二候中选取部分内容进行详解，再围绕每个节气的典型物候特征选取一些更适合当代孩子阅读的内容作为补充，旨在激发培养孩子的博物视角和兴趣爱好。再比如传统节日板块，讲到乞巧节（七夕），我跟作者商量，配图如果是牛郎织女鹊桥相会的图，一来缺少新意，二来与我们科普绘本的气质不符，可否配一张牛郎星和织女星位于银河两侧的图，启发孩子思考——两颗星在天上到底能不能相会？孩子在了解天文学知识的同时，也会对星空探索产生好奇，而文字内容还是以简述节日传说为主，通过图文结合拓展读者想象的空间。

知识点讲解和介绍时有的又出现了新的名词和未知点，如果能避免这些小问题就更完善了。

三、阅读推广——从"纸上"到"躬行"，让节气教育深入人心

"纸上得来终觉浅，绝知此事要躬行。"在阅读推广过程中，作者高春香老师始终抱有一个理念——二十四节气只阅读是不够

的，要真正读懂节气，就要让孩子们真正地走进自然、聆听自然、观察自然、记录自然，像我们的古人和科学家一样，发现自然规律并做出自己的总结。我们接触到太多喜欢这套书的老师和家长，他们普遍遇到的一个难题就是在读完书之后，不知道怎么继续引导孩子观察实践。针对这一问题，我们一边收集更多读者的反馈意见，一边构思设计，又花了近两年时间，设计出版了24册《这就是二十四节气自然笔记本》，通过更加系统全面的观察实践项目、引导性启发性的任务设计，为中国孩子开展节气教育、记录自然提供了便利，促使孩子们从"纸上"到"躬行"。

此外，高春香老师自2016年立春日起，在互联网教育平台沪江网校开设公益直播课，全国各地的孩子、老师和家长都可以在节气日当天上网听课，实时互动。沪江网校开办的"这就是二十四节气"公益课程，主要面向教育资源匮乏的偏远地区以及一些三四线城市。课程覆盖的人群并不是购买力很强的群体，但我们仍觉得做这样的推广非常有意义。高老师与我交流时说道，二十四节气是扎根在泥土里的科学文化，而我们提倡的自然教育，是真正让孩子在生活中、在大自然里发现和创造，农村孩子和城市孩子相比，虽然接触前沿科技和科学教育的机会少，但对于二十四节气的学习和探索，却可能具有得天独厚的条件和优势。今天，科技迅猛发展，再没有人通过看日影、观星判定季节，也少有人经年累月记录农时、总结农谚，但这些历史长河中沉淀下来的老祖宗们的朴素智慧，蕴藏着丰富的精神营养，相信今天的孩子们在得到这些滋养后能够不忘来路，走得更远。因此，我们倡议发起成立了二十四节气自然学院。用齐德利博士的话说，这是一所没有围墙、可移动的终身学习乐园。不管是小朋友还是爸爸妈妈、爷爷奶奶，都可以成为二十四节气的续写者和传承者，使孩子们在全家总动员、全民参与共享的氛围里，从小培养科学素养和实践能力，为地球写日记，体会到人与大自然紧密相连的感情。

四、结语

中国传统文化博大精深，蕴藏着无穷的智慧。立足于中国传统文化，借助于绘画等艺术形式，利用互联网等现代科技手段，可以帮助我们创作出并推广好适合中国孩子口味的、更具亲和力的原创科普绘本。当然，其中最为核心的因素还是人，要有爱孩子、懂科学、具有创作热忱的作者，乐于承担原创作品编辑推广工作的编辑，具有科学素养的插画师，以及这几方之间坚持不懈的通力合作。近几年来，市场上的中国原创科普绘本越来越多，虽然质量参差不齐，但这意味着原创科普绘本的创作队伍正在不断壮大，假以时日必将涌现出更多精品。

作者简介

王然：中国外文出版事业发行局海豚出版社科学编辑部主任，副编审。

点评人：毛红强

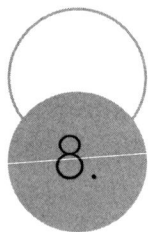

8. 做书的境界

——《思维魔方》编辑感悟

□ 王立刚

【提要】

　　本文根据作者自己从业多年的体会和感悟，阐发一个编辑的社会和文化功能，在哲学和本体论的高度，描述了编辑这一职业的巨大作用。由于人类知识至少有一半是靠文字来传承的，所以编辑作为文字的法官，对于人类知识的传承负有重大的责任。具体结合的案例就是《思维魔方》一书。面对逻辑学本身的高深晦涩、拒人于千里之外的学习难度，编辑选择了最能吸引普通读者的"悖论"作为突破点，将"悖论"话题铺展开，将内容充分下沉，使之能够进入普通读者的接受范围。编辑在图书结构、形式等方面花了很多心思，终于实现了这一目的。在这一过程中，还"一书两吃"，同时满足了作者本人想兼顾低端与高端两个读者群的愿望。毕竟编辑不仅仅要服务读者，也要去帮助作者实现其自身价值。

一、编辑是文字的法官

　　我做了几年编辑之后，忽然在某一天对我硕士论文的主题有了新的领悟。

　　我的硕士论文是关于伽达默尔的解释学。简而言之，伽氏的哲学要义就是：我所有的知识实际上都是我对世界的各种解释，经过我的解释之后，人类的知识体系因为融汇了我的个体知识而变得更为丰富。这就是个人创造与文化整体之间的关系，伽氏用了一个术语来称呼这种互动机制，叫"视域融合"。

伽氏举了个具体的例子，就是法律解释学。

所有的法官总是面临着如何把法典上的法条应用到具体案件上的问题。这个工作其实并不像木匠正确地把榫卯插接起来那样，因为后者实际上答案是唯一的，木匠只需要记住次序，而不需要自己主观加入什么。但法官应用司法解释却并非如此，必须要发挥他的创造性。现实世界中没有任何一桩案件，"正好"符合某一个法条。在这个过程中，法官必须创造性地处理法条与案件之间的缝隙。这在英美判例法系之中尤为重要，一个法官或律师的杰出创造会成为"范例"，范例本身会被作为法律，被吸收到法条里，现实与历史、解释与法律就是这样互相塑造的。是局部视域与整体视域的融合，创造了一个更大的视域。

其实编辑何尝不是如此，编辑在做的工作是一种语文解释学。

编辑的工作绝不仅仅是改正错字，编辑也时刻处在一种语文规范与现实文稿的缝隙中。如何将一个个现实的文本，处理成既符合既定的语文规范而又不阉割其时代性和个人风格的作品，这需要编辑的创造性。编辑实际上是语文体系中的法官，既遵循规范，同时也创造了新的规范。

二、如何塑造语言的时代面孔

比方说，先秦时期诸子写书根本没有注释，因为那个时期周室衰微，礼崩乐坏，无人敢称权威，所以文本中不论注明引自谁，都无助于别人的信服。读者所关注的只是文本言说的内容和方式，而非言说者的身份。

但是到了汉代，诸子中儒家独大，于是学术界从争论转变为注疏。那时的文本，从编辑的角度讲，发生了根本的变化，体例、格式、术语等都与先秦时期有很大不同，可以说编辑层面的变化塑造了今后的经学传统，以及之后两千多年的中国古代学术的基本方式。直到明清时期，如我们所见，乾嘉考据学的书写格式和汉代经学家仍然非常相似。

这思考非常珍贵，编辑的工作性质可能不会变，但随着技术的改变，必须调整自己的工作重心。

而今天，编辑面临的一个典型问题是互联网文体与官方正统文体之间的缝隙。中国互联网已经有了二十多年的历史，创造了大量的词汇，这些词汇已经成为我们的日常词汇，但是在正式出版的文本中，除了文学之外，这些词汇会被正统语文规范过滤掉。如果几百年后有人对这一时期的正式出版物进行考古，可能会误以为这代表了主流的语文规范，但实际上并非如此，我们日常生活里常说的"乌龙""逆天""拼爹""躺枪""翻墙""河蟹"等在正式文本中几乎全都被隐匿了。

要通过什么方式来创造性地解决这个问题，是今天我们这些编辑要考虑的，因为这有可能会塑造今后很多年人们的语言规范。

三、他山之石

上面迂回了很远来说明编辑对于文化生产、传统形成的巨大作用，远远超出行外人甚至编辑群体自身的想象。

不过话还是从小处说起更令人信服。

在国内出版的众多科普书中，逻辑方面的科普凤毛麟角。

这其实也并非偶然，中国自古以来的哲学，强调的是直觉、内省、情感、伦理，而不推崇逻辑和思辨。与古希腊时期大致同时代的中国先秦诸子，的确产生过一些推尚逻辑的流派，最著名的当然是以公孙龙子为代表的名家，以及庄子的好朋友惠施等。

名家的很多论题足以与古希腊的智者派相媲美。司马谈评论说："名家，苛察缴绕，使人不得反其意，专决于名，而失人情。故曰：使人俭而善失真。若夫控名责实，参伍不失，此不可不察也。"（《论六家之要旨》）司马谈对于名家的态度，也可以代表中国古代主流哲学家们对待逻辑研究的态度。不论是儒家的孔子、孟子，还是道家的老子、庄子，都对逻辑辩论进行过严厉的批评，认为逻辑推演和辩论，根本不能解决哲学根本问题。

所以，中国人的思维传统，相对而言，缺乏西方从古希腊哲学到中世纪经院哲学、德国古典哲学、英美分析哲学的逻辑传统，因而我们也对逻辑方面的科普书不太热衷。

要改变这种局面并不容易，必须寻找一个突破点。我结合自己在大学期间学习哲学的经历认识到，对于普通中国读者来说，最能激发他们对逻辑学兴趣的是悖论。悖论是英语单词 paradox 的中文翻译，指的是与公认的信念相左的"道理"，或是让人陷入两难、无所适从的命题。它虽然看似荒谬、违反常理，但却似乎论证缜密、无从反驳。悖论起源很早，如古希腊的"说谎者悖论"、中国的"白马非马"之说。历史上，众多的哲学家、数学家、逻辑学家对悖论进行了奇妙而艰苦的探索，带给他们成功的快乐和失败的苦痛，并且不断推进了人类智慧的进展，引发哲学和数学的革命。

我记得在上大学一年级的时候，讲古希腊哲学，老师就提到了说谎者悖论。这个悖论历史悠久，公元前 6 世纪，古希腊克里特岛人埃庇米尼德斯（Epimenides）提出了说谎者悖论："所有的克里特岛人都说谎"。若他的话为真，由于他也是克里特岛人之一，则他也说谎，故他的话为假。若他的话为假，则有的克里特岛人不说谎，他可能是这些不说谎的克里特岛人之一，故他说的可能是真。这被载入《新约圣经》的《提多书》中，因而在西方

编辑的工作其实就是创意工作，这种创意不是凭空而来，而是个人的专业背景与想象聚合而来。由此可见，编辑由自己的"创意"创造一本本好书，也是功莫大焉。

世俗社会和学术界都很有影响。

记得当时，同学们对这个悖论争论得特别热烈，课上完了，回到宿舍还在继续，直到深夜。想到这个，我就决定寻找一本讲悖论的书，作为突破口。

四、编辑最核心的能力是去找到最合适的人

我首先想到的是找一本外国著作，毕竟西方人对悖论研究的历史更长，更成熟。我就引进了牛津大学出版社的《悖论简史》(*The History of Paradoxes*)。这本书也的确很受欢迎，重印了四次。在出版之后，我想进行一些推广，就找到了北京大学哲学系的陈波老师写一篇书评。为此我专门拜访陈波老师，并且和他就此聊了很久。陈波老师教授逻辑学多年，而且对悖论也很感兴趣，《悖论简史》这本书的原版他很早就读过。他也提出了该书的不足，认为这本书主要局限于主流哲学领域，而且书里的很多"悖论"名不副实，其实只是一些哲学论题，并不包含什么两难。我便趁机试探陈波老师，能不能写一本关于悖论方面的书。他很痛快地答应了，并且很乐观很自信地说："肯定比这个英国人写得好多了。"

虽然如此，但为了确保这本书能符合我的预期，我还是跟陈波老师更详细具体地敲定全书的风格、读者定位、篇章结构。

起初陈波老师预想的是一本学术研究作品：基于国内外悖论问题研究现状的不足，他想要出版一本可以对国内外的悖论研究都有推动作用的专著。作为学术编辑，我当然服膺陈老师的这种勇气和抱负，但我同时也希望提高普通读者对于逻辑学的兴趣。后来经过反复沟通，我们最终决定来个"一书两吃"，也就是同一个创意，做成两个版本：一个是高端学术版，尽情展现陈老师

在这个领域前沿性、探索性的研究；另一个是低端普及版，用通俗易懂的语言来传达逻辑思维之美。

陈波老师花了一年的时间基本完成了学术版初稿，然后又在初稿基础上进行删改，形成了普及版初稿。

普及版删掉了三分之一特别艰深的学术探讨内容，增加了一些适合当代读者阅读的悖论内容。为了增加可读性，我和陈老师决定做一些插图，配了荷兰著名画家埃舍尔的作品。埃舍尔以创作的一系列视错觉作品以及"不可能"作品而蜚声世界，这些作品非常适合本书的内容。同时，我们还根据每一章的主题，配了一些著名哲学家的格言警句。当然，在标题拟定、版式、字体等方面也尽可能采取亲民、舒适的风格。

经过这样的改造之后，一本清晰可读、饶有趣味的逻辑科普著作就呼之欲出了，但还差一个书名。学术版的书名比较简单直接，就叫《悖论研究》，但普及版的著作取个什么书名才能吸引读者的兴趣呢？记得当时电视里最火的一档节目是《最强大脑》，其中有一些参赛选手以神乎其技的魔方技能震惊四座，我当时联想到，悖论里面逻辑纠缠的情况不就像一个难解的魔方吗？悖论其实就是人类思维深处的逻辑魔方，哲学家、数学家和逻辑学家其实就是解魔方的人。于是，我建议普及版的书名就叫《思维魔方》，副标题叫"让哲学家和数学家纠结的悖论"，主标题吸引眼球，副标题解释本书的内容。

陈波老师后来在序言里又深入解释了"思维魔方"的内涵。他说，"悖论"给我们打开了一个新的思维世界，提供了一个新的思维空间，里面有很多"暗道机关"，有许多"曲径通幽"，也有很多"死胡同"，有难以计数的"可能性"，智者、能者在这里可以找到腾挪滚打、尽情折腾、施展才华的舞台，他们有时会面临"山重水复疑无路"的困境，有时则会获得"柳暗花明又一

作者的解释真有让人一读为快的感觉。

村"的欣悦。在这方面，"悖论"是多么地像魔方啊！一个小小的"魔方"，置于你的手中把玩，它对你来说意味着：困难，诱惑，挑战，神奇，舞台，空间，思考，尝试，失败，成功，沮丧，喜悦，几乎是"一切的一切"！这就是本书书名——《思维魔方》的由来。

五、真正的好书永远不会让读者穷尽所有秘密

一本好的科普书，并不仅仅让你"知道了很多"，更重要的是激发你思考更多，所以陈波老师在书里激发读者："读者诸君，这本《思维魔方》已经摆在你的面前，准备迎接挑战吧！"

本书面世后收到了读者的良好反响，加印了四次，销售了三万多册。陈老师经常在国内各大学访问、举办讲座，几乎每到一处，都有很多学生拿着《思维魔方》找陈老师签名，很多读者也是因为这本书而开始对悖论和逻辑学产生浓厚兴趣。

华南师范大学的逻辑学老师熊明首先称赞了这本书的"亲民性"。陈波老师反复强调自己首先是一个知识的传播者，他说知识的传播就是要用最通俗的话语把最深奥的道理讲明讲全，"这一点在《思维魔方》体现得淋漓尽致"。

但"亲民"绝不意味着迎合读者既有的层次，还要旨在激发、启示和提高，所以熊明这样评价这本书："悖论常常被比喻为思维的迷宫或魔镜……此书最后定名为《思维魔方》。我猜想，魔方一方面保持了迷宫的奥妙性但又降低了后者的杀伤力，这似乎表明此书不是用来折磨读者的，读者不必担心那位古希腊诗人的悲剧会在自己身上重演。另一方面，魔方相对于魔镜更加多面而且还被分割成相互制约、相互转换的方块，这又似乎意味着此书也不是用来取悦读者的，读者不能用它来梳妆打扮，给自己的

迎合做不出真正有价值的内容，优秀的编辑应该创造和引导读者的需求。

思维'搽脂抹粉'。相反，陈波老师是想把一个个思维的魔方扔到读者的神经末梢，激发其对悖论的好奇心，读者为此必须活动心智之突触，腾挪移转，迎接一个个理智的挑战。"

作为编辑，更高的境界，也绝不止于出版书籍来传播知识，更重要的是激发读者对知识的热爱，将已知作为跳板，跃向未知的深海。

好编辑抵得上"好老师"。

作者简介

王立刚：北京大学出版社文史哲事业部编辑，《思维魔方——让哲学家和数学家纠结的悖论》一书责任编辑。

点评人：杨虚杰

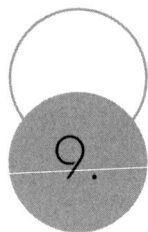

9. 十年磨一剑

——《远古的灾难——生物大灭绝》选题策划之感悟

□ 陈　静

【提要】

　　打造高质量、有品位、有生命力的科普图书是编辑孜孜以求的目标，深入的思考、充分的调研、广泛征集意见是准确捕捉图书出版价值的必经之路，与作者的充分合作沟通确保了本书更好地实现科学价值。

　　身为科技出版社从事学生读物策划的编辑，我一直把能为学生打造一本高质量、有品位、有生命力的科普图书，作为孜孜以求的目标。经过不懈努力，我终于朝着这一目标迈出了坚实的一步。说起《远古的灾难——生物大灭绝》这本书，真可谓"十年磨一剑"。

一、捕捉选题信息

　　2004年的一天，我从报纸上看到一则消息："南京古生物博物馆将于周末举办预展。"就是这样一条短短的信息引起了我的高度关注。周末一大早，我们一家人就来到博物馆，成了该馆的第一批观众。步入展馆，宽敞明亮的大厅里陈列着一组恐龙骨架，上空悬挂着若干翼龙模型，地面和周围还再造了恐龙当年的生活环境，整个设计宏伟壮观。沿着"上山之路"，我们依次参观了"化石奥秘""前寒武纪""古生代""古植物园""中生代""新生代"几个主展厅……花了五个多小时，总算走马观花地看完了整个展览。

回家路上，我脑海里不时重播着展馆中一幅幅精美的画面，但给我触动最大的还是那些记载着五次生物大灭绝的展板，引起我无限的遐想……

回到家，我问当时上初中二年级的儿子感觉如何？他回答说：不错，真的很有趣！

过后，我将这个展览推荐给许多亲朋好友，让他们参观后帮我反馈信息。在随后的两年多时间里，我带着各种问题先后去了六趟博物馆，为的是捕捉它的出版价值。其间我还阅读了大量有关地质、古生物以及生命进化方面的书籍和资料，因为在我看来，事前准备得越充分，与作者的沟通就会越顺利，成功的概率也就越大。

两年时间的准备，不可谓不长，编辑面对一个全新的学科，需要学习判断以及选择，不是一个容易的过程。

二、评估科学价值

为了评估该博物馆的科学价值，我找到了馆长冯伟民博士。他介绍道：该馆由中国科学院和江苏省人民政府共建，隶属于中国科学院南京地质古生物研究所，是一个集展览、收藏、研究和教育于一体的现代化古生物博物馆。博物馆以展示生命演化历史、宣传进化论为宗旨，兼有科学性、知识性、观赏性和趣味性，力求建成一个引人入胜并为广大青少年所喜爱的科学殿堂。这些思路恰恰与我要做的书完全吻合。

中国科学院南京地质古生物研究所，是世界三大古生物研究所之一，从这座科学殿堂里曾走出过十多位中科院院士，它的学术地位是毋庸置疑的。

该馆的展览是由中国科学院南京地质古生物研究所的数十位科学家花费了几年心血精心打造而成的，完全为原创作品，每一幅展板都经过院士们的认真审定，可见它的学术价值之高。

三、做市场调研与分析

随后的日子里，我常抽出时间去逛书店，调研此类书的出版情况，与营业员交流信息，倾听他们的建议。通过调研得知：市场上这类图书大多是些《生命百科》《地球百科》之类的内容，而专门以生命进化为主题的图书并不多见，况且这些"百科知识"主要以文字叙述方式呈现，字数多、本子厚是它们的特点，这样的图书早已不能适应"读图时代"孩子们的需求。

有了这些信息之后，下一步我决定去学校开座谈会以听取师生们的意见。从学校的调研中我了解到：生命起源与进化的知识已进入了初中、高中的生物教科书，是未成年人学习阶段需要了解的内容。出版一本反映生命进化的科普读物，是学校教育的重要补充，将有利于培养学生的科学兴趣，启发其探索科学奥秘。而当时，市场上同类书尚缺。

我们经常说现在市场上不缺书，而是缺少好书，再补充说，其实是缺少满足读者需求的书！

四、选题策划

经过一系列的前期准备工作之后，我打定主意要做一本有关生命进化的科普读物，就以五次生物大灭绝为切入点，其内容以南京古生物博物馆为基础，并进行适当的补充和提炼。该书图文并茂，以图片为主，版面字数控制在15万字左右，全彩版印刷。

这是一个颇为吸引人的切入点，生物演化的证据在时时更新，现在已经有专家提出了第六次生物大灭绝。

图书的编排结构一定要独具匠心，以科学和艺术相结合的方式，为读者构建一幅波澜壮阔的远古生命画卷。

1. 设计原委

生物大灭绝与复苏、辐射的研究是当今古生物学的前沿科学，尤其在地球面临生态环境逐渐恶化、大批生物遭遇灭顶之灾或濒临灭绝边缘的今天，更引起各方面的广泛关注和重视。因此，推出这一内容的科普书籍意义重大。

普及地球与生命的自然科学知识，不仅能让人们树立正确的自然观和人生观，而且对更好地保护当今地球的自然环境和生物多样性，协调人与自然的关系，维持社会可持续发展具有极大的现实教育意义。

2. 设计思路

该书应以展示地球显生宙以来历次重大生物灭绝事件为主线。地球生命演化史就像一部跌宕起伏的历史剧，演绎了许许多多震撼人心的事件。其中，最令人关注的当属地球生物的五次大灭绝：奥陶纪末大灭绝、晚泥盆世大灭绝、二叠纪末大灭绝、三叠纪末大灭绝和白垩纪末大灭绝。这五次生物大灭绝是全球性的，是来自地球内外的因素综合影响的结果。然而，每一次大灭绝的生命灭绝程度、规模、强度以及引发灭绝的各种自然环境因素都是不同的。对此，书中都应详尽梳理，给予最新研究成果的展示。

系统而又简明通俗地讲述生命进化的过程，并着重于一些重大生物进化事件的描述，突出近二十年有关生命进化的新成果，尤其是我国在这一领域的一系列贡献，为的就是让人们能更多、更好地了解地球上发生的生物大灭绝事件，从而促使人们更加爱护当今地球的生态环境，更加关注生物的命运。这些内容应该是本书的核心。

戎嘉余院士多年来一直关注这一问题，并于 2000 年开始领

用大灭绝事件串联起各种古生物知识，是匠心独运的策划。

衔了国家重点基础研究发展计划（"973计划"）项目"重大地质历史时期生物的起源、辐射、灭绝和复苏"，组织国内外学者39人从事专项研究，并于2004年出版了专著《生物大灭绝与复苏》（上、下卷）和国际刊物论文专集。如果能由他担任主编，应该是再合适不过了，此书将为读者带来十分丰富的科学内容和最新的国际前沿信息。

3. 选择作者

有了书的设计思路后，我再次找到冯伟民馆长，想请他帮我邀请戎嘉余院士担任这本书的主编。没想到，这一要求竟然让他很为难。其一，院士们都承担着非常繁重的科研任务，哪有工夫帮你写这种科普读物；其二，科普工作也是一项创造性劳动，需要一定的写作技巧，还要投入极大的热情，因而这件事不是随便哪位院士都愿意做的；其三，动用院士参加一些项目，须经所里同意，并不是院士的个人行为。听了他这番话，我的心顿时凉了半截。说实在的，当时我的确打了退堂鼓。可转念一想又不甘心，为这个选题我已折腾了两年多时间，怎么能轻易放弃呢？

有志者事竟成，我在心里暗暗地给自己鼓着劲。其实我非常明白，要做成这件事，首先必须说服冯馆长，取得他的信任与支持。随后的日子里，我加强了与他的联系和沟通，反复强调做这本书的目的并不是为了追逐名利，而是想做一件有意义的事情。在科学技术日益发达的今天，公众科学素养的提升已经是世界上许多国家都非常重视的问题。对个人来说，它关系到每个人在现代社会中的发展和生存质量；对国家而言，提高公民科学素养对于提高国家自主创新能力、建设创新型国家、实现经济社会全面协调可持续发展、构建社会主义和谐社会，都具有十分重要的意义。

我还列举了国内外许多大科学家积极从事科普图书创作的事

例，比如，我们大家所熟知的霍金、卡尔·萨根、高士其、华罗庚等。他们的科普工作，同样得到社会的广泛承认和尊重。

再说，科学普及和科学研究两者是互补的，缺一不可。科学研究工作是在科学技术的前沿不断探索突破，而科学普及是让全社会尽快地理解和运用科学研究的成果。没有科学研究，将无所普及；没有广泛的普及，科学研究也将得不到社会的最广泛支持和认同。我请院士做这本书是想让他们在学术上把把关，提高该书的科学价值和品位。

的确，一线的科学家都很忙，能够说服他们还是需要诚心与耐心。

我的真心诚意终于打动了冯馆长，他开始帮我在南京地质古生物研究所协调此事，没想到想法一提出就得到了杨群所长的大力支持。经所里研究决定，由戎嘉余院士担任该书的主编。得知这一消息，我真是喜出望外。随后，我还邀请了南京地质古生物研究所的许汉奎研究员和傅强博士，连同我一起组建了四人的编写团队，共同编写这一科普图书。

编辑用自己的诚心和专业去打动作者，打动合作方，是做好一本书的起点。

4. 申报选题

在我社，申报选题历来是一项严肃而慎重的工作，常常通过率不足 50%。经过深入思考，我提交了一份详细的选题报告。这个报告中对图书的定位、书名、开本、版式、定价、成本预算、印制、宣传、发行、作者介绍、作者样稿等都有涉及。比如，关于书名，我综合各方面的意见草拟了十几个书名，把它们一一写下，拿到发行部门让业务员来评价，拿到学校去找老师和学生评价，拿给这方面的专家来评价……并在网络上请网友们投票，最后确定书名为《远古的灾难——生物大灭绝》。

对报告涉及的一些重点内容，如样稿，经过一番设计，做成了图文并茂的幻灯片，当场给大家演示。最终，我的选题在论证会上得到了大家的一致认可，并且社长还给了我很高的评价。这个选题还入选了江苏省金陵科技著作出版基金资助项目，并被列为重点图书。

5.实现双效

《远古的灾难——生物大灭绝》刚一面世就受到媒体的广泛关注,《扬子晚报》《现代快报》《金陵晚报》《南京晨报》《科技日报》以及中国新闻网、科学网、中国江苏网、南报网、凤凰资讯和凤凰视频等多家媒体纷纷给予报道,引起了很好的社会反响。

《远古的灾难——生物大灭绝》获第四届中国科普作家协会优秀科普作品奖银奖、2015年中国科学院优秀科普图书、第28届华东地区优秀科技图书奖二等奖、2015年江苏省优秀科普作品二等奖,并被确定为2015年度向社会推介的江苏省优秀科普作品。该书还被教育部列入全国中小学图书馆(室)推荐书目。自2014年12月出版以来,该书得到了广大读者的认可,多次重印,实现了双效。

点评人:杨虚杰

作者简介

陈静:江苏凤凰科学技术出版社编审。

10. 在"失败"的土壤里
开出"成功"的花

——《神奇科学》编辑感悟

□ 李玉帼

【提要】

在出版界，成功的案例都是相同的，都得具备天时、地利、人和；失败的案例，却各有各的原因。打造成功的科普图书，需要出版人寻找到真正懂科普的作者，需要出版人整合并利用好身边的优质资源，更需要出版人肩负起时代使命，学会抓住新的机遇。

《神奇科学》荣获第四届中国科普作家协会优秀科普作品奖银奖、全国优秀科普作品奖、第六届中华优秀出版物奖图书提名奖等；自2014年5月出版至2018年，图书累计销售19万册。《神奇科学》属于社会效益和经济效益双丰收的图书项目。

做出版的业内人士都知道，要做到两个效益都好，是不容易的。

那《神奇科学》是怎么做到的呢？

我首先想到的是有更多失败的教训可以分享。这些失败，从选题到作者，从图书内容到营销推广，包罗万象，应有尽有。把每次失败连接起来，可以清晰地看到一名编辑的成长路径。其中的艰辛不足为外人道，但是失败的原因和吸取的教训却可以与大家分享。下面，我将就《神奇科学》这个成功的案例，把这些失败和教训一一呈现给大家。

一、人和——作者的初心

"人和"中的"人"绝不是单数的，否则没法体现"和"。"和"是人与人之间的关系状态，要多个的"人"，才谈得到"和"。一本书、一个项目的"人和"，涉及多个的"人"：作者、出版者、设计者、印刷者、发行渠道上的人员、推广者、读者……缺一不可。

其中，作者是第一重要的。一本优秀的科普原创图书，从开始策划就离不开作者，甚至有时候就是作者策划的，出版者只是锦上添花而已，《神奇科学》就是这种情况。出版者也许更加了解市场和读者，但是在某一专业领域的学识，一定远逊于优秀的作者。只有发挥了作者主观能动性的作品，才有可能出类拔萃。所以，一个出版者（包括出版机构和出版人）认识什么样的作者，具备了怎样的眼光和见地，能去欣赏和理解什么样的作者，决定了出版者能够拥有的选题和稿件的质量。

那么，想要策划出版一部优秀的原创青少年科普图书，作者应该具备怎样的素质呢？

我是学生物出身的，接受的是纯理科教育。这样的教育背景和思维习惯体现在做书上，就会先入为主地选择专业人士来当作者，以保证科学性。比如：生物学方面的图书，会选生物专业的作者；数学方面的图书，会选数学专业的作者。

这样做面临的困难就是，专业性很强的作者写出来的东西，读者看不懂或者不爱看。这种困境对于编辑来说，有两个解决方法：和作者去磨；找懂专业的科普作者来改写。

并非所有作者发挥主观能动性就都能出类拔萃，优秀作者是稀缺资源，就像优秀编辑也是稀缺资源一样。好作者和好编辑是相互吸引的，编辑的素质、品位和能力，也决定着其能撞得上、留得住什么样的作者。

这两种方法，我都试过。

1. 和作者磨合的真相

2012 年，做《设计的真相》时，接触了一批工业设计专业的作者。这是一部得到北京市科学技术委员会资助的图书，北京市科学技术委员会的肖健老师和北京出版集团科普策划总监赵萌老师参与了图书创作的全过程，给予我们极大的帮助。这个选题的立项，是因为北京当时正在申报世界设计之都，政府有意愿向公众普及设计知识和理念。

这个项目前期的策划会开了多次，由主创给我们讲什么是工业设计，这是第一轮科普。然后，开始了艰难的样张磨合过程。因为设计师们都非常繁忙，所以只好把稿件分给很多作者。开始的时候，作者队伍多达三十多人。先让作者们都来开大会，一起讨论策划案和体例。然后让几个主创来开小会，选一个人来做样张，反复讨论。终于第一个样张确定下来了，但是"磨"的过程才刚刚开始——三十多位作者要分头来写自己的样张。从此以后，我每天的工作就是：一早来了，查邮箱（那时候还没用微信），收大家写的样张；细读；一一反馈意见，细数不足之处和改进意见。改了两三次，还不上道的作者被淘汰，转向幕后，负责提供写作素材。最后执笔的作者只剩下六七位。

这样的过程既漫长，又劳心劳力。

这群设计师们，还是我接触过的最善于学习和最容易沟通的专业作者群体之一。因为工业设计师和编辑在本质上都是同类人，干着类似的工作——都是搭桥的。编辑要在作者和读者之间搭建一座桥梁，而工业设计师要在科技材料和用户之间搭建一座桥梁。所以，编辑和工业设计师是彼此理解的。理解是从此岸到彼岸需要走的路、需要经过的转变。

和专业团队的磨合，我经历过数次，涉及的专业有生物、数

一旦进入"磨"的状态，作者和编辑都很辛苦，也都很痛苦。

如果说编辑和设计工作有某种相似性的话——"都是搭桥的"，那么撰著和设计则是完全不同的工作。设计是形象艺术的表达，撰著是文字的表达。这决定了好的设计师未必能成为好的作者。

编者感悟　169

学、军事、医学等。

有时候自嘲，我们做科普图书的编辑，必须要经受住科普的考验：一是接受科普，作者把他的专业知识向你普及，这是学习的过程；二是传递科普，把科普的原则和实操细节向作者普及，这也是学习的过程，学着怎么向优秀的专业人士表述清楚——科普也是一个专业，您需要从头学。

这种"科普培训班"，可是不好办。

首先，能够著书立说的作者，在本领域都是佼佼者。这是他们的优势，也是劣势。正因为术业有专攻且其成绩斐然，本专业的逻辑思维方式早已深入骨髓。让他们学习一个新的专业、新的逻辑思维方式，是有很大障碍的。

其次，编辑本身的能力问题。每个编辑，甚至在每个编辑的不同成长阶段，能力都是不一样的。我们对于科普的理解达到了什么水平？真的足以指导那些各学科的专家吗？这些问题，专业作者们会反复质疑，他们不会用语言质疑，而是使用表情和行动。对于这些问题，我们也要不断自省，从而产生动力，持续地学习并成长。

从相互科普的角度来看，《设计的真相》是成功的。最后图书呈现出来的面貌富有亲和力，文字流畅生动，案例丰富。作者们都觉得，在他们的专业领域，这已经是非常优秀的科普读物。图书还获得了当年的北京市科学技术协会优秀科普作品奖。但是，从推广角度来看，它是失败的。这本书总共印了5000册，没有再加印。销量不光代表市场利润，更重要的是代表了有多少读者看到了这本书。

这促使我们去反思：工业设计领域的专业人士会读这样的科普作品吗？大众有需求来读工业设计领域的科普作品吗？把某个领域的专业知识讲得深入浅出、生动有趣，就能成为一本好的科

非常有用的经验、非常真切的体验，只有优秀的编辑才能总结得出来。

细微的观察，敏锐的感受，有益的经验，很有借鉴价值。

并不是所有好书都能得到市场的接纳，许多书就是服务于小众读者的，也自有价值。

普图书了吗?

这些问题,看起来需要选题策划来回答。

但是,我却从作者那里得到了答案。

2.《神奇科学》的神奇作者

让我们来看看,帮助我回答了这些问题的人——《神奇科学》的作者赵致真先生。

他是时任北京出版集团董事长钟制宪和集团科普策划总监赵萌老师的老朋友。钟总看到了他创作的《造物记》,爱不释手,再三邀请他为北京出版社创作作品《播火录》,长达九年的合作就此拉开序幕。

赵致真先生是一位非常特别的、可遇而不可求的作者。

他是一位三栖作者:一位优秀的文学作家,一位资深的科普电视人,还是一位极难得的科普作家。

他主导策划了《神奇科学》——某天上午,我在办公室接到赵致真先生的电话,他说,中国科协资助他拍摄了81个科学实验的微视频,他想变成图书,问我们要不要。我去请示北京少年儿童出版社的社长赵彤,他当即拍板,《神奇科学》立项。

他决定了《神奇科学》中81个实验微视频的质量——尽管从武汉电视台台长的职位上退休多年,但他依然有一支能打硬仗、非常专业的科普摄制团队。赵致真先生自己曾说:"(我们)把小儿科和微视频当作重头戏和大制作。调动了摇臂、轨道、高速摄影、微距摄影、逐格摄影、无影照明、动画特技、虚拟现实等手段,力求制作精良和品质上乘,让科学的真和艺术的美结伴走进孩子的心灵。"科普专家范春萍老师说,这是她看过的最美的科学实验视频。

他决定了《神奇科学》中实验原理讲解的科学性——赵致真先生对实验背后的科学道理认真推敲、反复考订,每个实验都查

这样有深厚积累和转化价值的选题,也是可遇不可求的。但机遇只垂青有准备的头脑,作者与编辑、出版社之间的选择是双向的,有强大营销实力又有优秀科普编辑的出版社,得到这样好选题的概率更大一些。

阅大量国内外资料，尽量避免谬种流传。许多看似简单的现象有不同的解释，实验人员都认真地做了对照组实验。撰写科学道理的过程成了一个通过实验做科研的过程。

他甚至决定了《神奇科学》的趣味性——所有的实验都有悖直觉、有违经验、有拂常识，共同的特点是意外和有趣，引发孩子们"从惊讶到思考"。

刚拿到稿件的时候，感觉乱——没办法整理出一个条理清晰的目录来。81 个科学实验，按什么顺序排列先后，怎么分类，完全没有头绪。因为从挑选实验之初，就没有顺序，就没有按学科分类！

关于这一点，我们有目击证人——这套书的另一位责编张亦婕，她原本是赵致真先生的助手，参与了微视频拍摄的全过程。在大部分的实验视频中，那双操作实验的灵巧双手，就是她的。后来，因缘际会，亦婕来到北京少年儿童出版社，做了这套书的责编。她提供了有力的证词：赵致真先生在长期科普工作中，留心收集了几百个有趣的实验素材，早有打算做成系列片。这次终于厚积成器，经过反复甄选、比较异同、权衡难易，最后确定了100 个实验，出书时收进了其中的 81 个。

由此看出，在挑选实验之初，作者完全没有从学科和分类的角度来选择，而主要依据实验的趣味性。这在编辑加工之初，带来了编制目录的困难；却在印制出版之后，得到了小读者们的喜爱。图书没有在版式和文字风格上特意去迎合青少年的喜爱，只是力求简洁明了，但是实验本身的出乎意料带给了孩子们惊喜。我永远记得当时 4 岁的儿子，看到吸水珠在水中完全消失的时候，瞪圆了眼睛，张大了小嘴，发出惊呼的声音（详见实验"隐身的珠子"，这个实验又安全，又简单，还好玩，我自己买了材料，在家里带着孩子们一起做过）。他现在四年级了，最喜欢的课就是科学课，每学期必选的选修课就是科学小实验。

回过头来看，当初编制目录的困难，不是作者造成的，而是我们头脑中的条条框框造成的。我们先入为主地认为科普内容就应该按学科分类，不这样做就是错的，但其实大错特错的是我们自己。小读者们根本不在乎那些实验是否按学科分类，他们对于世界的认识是整体性的。人为地把完整的科学世界割裂开的，恰恰是我们这些自诩接受过专业训练的专业人士。

赵致真先生是学文出身。他作为一名科普作家，因为这一点，曾被诟病。但我认为，赵致真先生在科普界的价值和影响力，得益于这一点良多。文学即人学，作为文学家的赵致真先生，本能地就会从对人、对社会的关注出发；科学需理性，作为科普作家的赵致真先生，又能以严谨的治学态度、缜密的逻辑思维探究问题的答案。而绝大部分的专业人士欠缺了前者。不忘初心，前者正应该是初心的所在啊。

对科普图书作者而言，语言能力与专业能力同样重要，甚至更重要。

小到科学实验（《神奇科学》），赵致真先生会从孩子的兴趣出发。在《神奇科学》的前言中，他写道：把被动的灌输变成主动的学习，最好的途径莫过于唤起孩子对知识的兴趣和渴望，这组《神奇科学》实验的选题理念便是"神奇"二字。

大到科学史（《播火录》），赵致真先生会从国家的需求出发。在《播火录》的前言中，他写道：历史是一面镜子……中国的历史太悠久而浩瀚了……大到治国安邦，小到修身涉世，都有足够的历史资源可供借鉴……然而，我们民族的历史也有欠缺，翻遍卷帙浩繁的黄卷，鲜有近代科学实践的内容……我们向历史学习，还需要打开另一扇门户——世界近代科学史。

或大或小，一以贯之，初心不改。这便是赵致真先生的风骨，也是他作为科普作家，可遇而不可求之处。

科普图书也是个大家族，不同类型、不同层次的科普图书，对作者的要求不同；作者也有不同的个性特征。思考和辨别是有价值的，也是科普图书编辑的基本功。

我花这样多的篇幅来讲作者，意在探讨：在我们这个时代，在我们的国家，什么样的作者，是真正优秀的科普作者，他们应该具备怎样的素质。

如果您有幸，找到了这样的作者，请加倍珍惜。

二、地利——中国的国情

从全球的大环境来说，其实我们做原创科普，没有什么地利。

整个现代科学在西方发源。从科学知识到科学方法，从科学思想到科学精神，全部是在西方播种、发芽、生长、开花的。直到结出了丰硕的果实，才引起了东方的注意——西洋人的坚船利炮终于让中国人认识到了现代科学的威力。从此中国在拿来主义的指导思想下，开始了师夷长技以制夷的艰难征途。

中国的科普在这样的大背景中诞生。所以，中国的科普难做，优秀的原创科普作品难得。我们没有西方在漫长的岁月中，在种子发芽、枝叶生长、鲜花盛开、果实累累的过程中，现代科学与人文环境相互塑造所形成的大环境，没有那样的阳光、空气、土壤和水。

这样的环境对于科普出版来说：在读者层面，就是缺乏某种需求；在作者层面，就是缺乏某些素质。

中国的青少年读者需要科普读物吗？需要的。比如学前的动物认知，这类图书确实是出于儿童热爱动物的天性；而其余大多数的图书，包括学龄段的各学科趣味图书，比如数学游戏，那都是出于家长功利的需求。

中国读者缺乏的需求就是热爱，是不因任何实际的功利目的而存在的需要——热爱科学，喜欢读科普作品，能从中得到精神上的滋养和智慧上的成长，能从中得到快乐。这种简单的、本质的需求，我们的读者缺失了。

中国的科普作者素质高吗？无疑的。我们不少科普作品的作者都是本领域数一数二的领军人物。但是，他们创作的科普作品就是优秀的原创作品吗？不一定。首先，作品需借文字表达，他们的文笔怎么样？这是读者阅读快感的来源。其次，一个事物有三个维度，再加入时间的线索，成为四维。他们描述这个事物，是从哪个维度切入的？体现了几个维度？是宏观、中观，还是微观？这是读者智识启迪的来源。最根本的，他们关注了读者、社会的需求了吗？他们创作的出发点，也就是他们的初心是什么？这才是读者和作者之间沟通的桥梁。中国的科普作者最缺乏的素质就是关切——对人、对社会的关切，并把这种关切与他们的专业相关联。非专业的普通人，能从他们的专业中得到什么？为什么普通大众要了解他们的专业？不问自己这样的问题，就没办法创作出一部好的科普作品。

这是我们在科普领域的国情，这些客观因素会带来强烈的挫败感。相信每个从事科普出版的编辑都有机会接触优秀的引进版权图书，对照我们的原创图书，挫败感是不可避免的：从文字到配图，从素材到设计，差距巨大。

现代科学的历史，我们无法改变。营造科普良好的大环境，不可能一蹴而就。我们能做的是什么呢？挖掘、使用身边的科普资源，利用局部优势，创造地利。

以北京而言，在全国环境中，实实在在地占据着地利。北京，无疑是全国科学素养很高的城市之一。北京的科学文化环境，无疑是多样、包容、有活力的。因此，北京也有着最多、最好的科普作者。

赵致真先生，长年在武汉工作，但是退休后来到北京居住。

他的摄制团队人员来自五湖四海，那时齐聚北京。张亦婕，既是实验操作者，又是责任编辑之一，她是河北人，天津外国语大学毕业，英国媒体专业硕士，选择在北京出版集团工作。郭宇，《神奇科学》的版式和封面设计师，河北唐山人，毕业于中央美术学院，在北京成立了自己的工作室。

正是由于这些人的齐心协力，《神奇科学》才得以面世。

当然，北京在中国独一无二，如果我们身在其他城市，还有地利吗？有的。每个地方，总会有自己的长处，这便是局部优势，善加利用，这便是地利。

其实，如果从发展的角度来看，作为一个中国的科普出版人，我们都占据着极大的地利。这是中国作为一个快速成长的、强大的经济实体，在互联网经济上的高度发展、在新媒体技术上的快速迭代带给我们的。

三、天时——时代的使命

互联网、新媒体的发展，让我们能与发达国家的媒体人站在一个新的起跑线上，重新起跑。

2014 年，我参加了意大利的博洛尼亚国际童书展，感慨颇多。首先，传统童书，西方做得非常好、非常专业。其次，跨媒体图书，寥寥无几。和参展的西方同人交流，他们对于使用新媒体技术也不甚感兴趣。在一个已经发展到极致的旧形态里，没有给新形态留下太多生存的空间。西方的同人们，似乎没有意识到，历史正在翻篇，新的起跑线已经画好了，新的比赛规则正在形成中，我们要重新起跑了。

反观国内，我们对于新媒体技术的重视是由上而下的。2014 年，《神奇科学》出版的时候，我对它的推广不抱太大的希望。它原本就不是从常规的市场调研、选题策划而来的，它并没有刻意地与市场对接，但是结果出乎意料。新书发布会后，原任集团董事长钟制宪和时任集团董事长乔玢聊起了这套书。乔玢立刻意识到了这套书在融媒体方面的创新价值。他亲自操刀，对全集团的发行人员进行了营销总动员，他带动集团的宣传部门展开了对《神奇科学》铺天盖地的媒体宣传。他像一个指挥作战的将军，调用了全部的兵力，发起了总攻。在出版一年之内，图书销售了8万多册，并作为国内真正意义上的第一套跨媒体青少年科普图书，深入人心。

乔总为什么会如此重视这本书呢？因为他对国家政策的敏感性，因为国家一直在大力提倡并资助新媒体、跨媒体、融媒体图书。我为什么没有这样的觉悟呢？因为当时我对国家的相关政策关注不够。知错就改！在《神奇科学》之后，北京少年儿童出版社形成了一条融媒体产品线，其中的很多项目都得到了国家的资助。

这种战略上的重视，从国家，到集团，到编辑，从上至下，层层传递。这种政策上的倾斜，从资助，到项目，到推广，由点及面，圈圈辐射。

政策，是最好的风向标，它已经为我们指明了方向，发出了起跑的枪声。

我们作为中国的出版人，身处在这样的时代，怎能闭目塞听，不去关注、顺应国家政策、历史潮流呢？

这便是我们最大的出版资源。

这是我们的天时。

结语

从对人、对社会的关切出发，回到对国家政策、对时代使命天道酬勤，时间会厚报奋进者。本文作者所遭遇的情况，是成熟科普图书编辑都经历过的痛，也是科普图书编辑经常要面对的棘手问题之一。但是，能清醒地面对，又能比较好地解决，却需要有足够的经验积累和足以应对此类局面的素质和能力。从文中典型案例的对比总结，可以看出作者做事的用心和协调合作能力。所总结的经验、真切深刻的思考，以及所喟叹的遗憾，也是生活和工作的本真。《神奇科学》是很成功的融媒体科普精品，是中国科普出版界将纸质图书与网上资源相链接的第一次尝试，被后来者追捧效法，开风气之先，非常值得称赞。

点评人：范春萍

的关切和顺应，这似乎是走完了一个完美的闭环。但是，生活不会停止，职业发展仍将继续。只要我们在不断前行，总是会有新的探索、新的失败、新的感悟、新的成功。

在未来，我们依然会遭遇各种各样的原因造成的失败，而我们也总能从中汲取经验和力量。

所有"成功"的花，都是开在"失败"的土壤里。

作者简介

李玉帼：北京出版集团北京少年儿童出版社科普编辑室主任，《神奇科学》的策划者和责任编辑之一。参与策划、编辑上百种原创科普图书，曾获国家科学技术进步奖、"五个一工程"奖、中华优秀出版物奖等。

11. 编辑的铠甲与阶梯

——《嗑：做一只会吃的松鼠》
编辑手记

□ 乔　琦

【提要】

以贴近读者生活的点切入，讲述硬核植物学知识；以轻松的文风，将自然科学和历史人文甚至名人轶事、古诗词分话题讲述；把科普书做成一本强调小时尚、小趣味有审美的图书产品……所有这些，都是我们对优质原创科普图书怎么做这个问题的感知和阶段性答案。

一、缘起：花生、瓜子与中国人的春节

那是 2014 年年底，刚刚启动的"中国国家地理·地道风物"项目正在进行春节内容的选题讨论，桌子上摆满了各种年节热销零食产品，会议结束，我们发现被吃得最干净的是瓜子（葵花子）、西瓜子和蒜香花生。

一屋子的编辑凭着职业本能，对着果皮堆开启了关于这本书最初的脑洞：瓜子是从什么时候开始被国人接受并由此发育出"嗑文化"的？影视剧里动不动就能用来自杀的杏仁跟零食杏仁是同一种吗？零食"新贵"夏威夷果真的出产自阳光海滩夏威夷吗？……对这些美味的、被统称为"坚果"的零食，大家都喜欢

好奇心是创新的原动力。

吃，更有着太多好奇，背后也可以挖掘出一系列可讲述的科学、历史、文化故事——那就做本书吧，解己惑以及人之惑。

二、策划：从好选题到好产品中间的万水千山

"从好选题到好产品中间隔着万水千山。"这是我们领导经常用来"激励"我们的一句话，对于科普图书产品来说，这中间的山和水有着不同的风景。

和所有图书一样，选题、作者和产品形态都是决定好产品的关键因素，但科普图书在实现传播科学使命的同时，还须具备作为阅读产品的吸引力和市场竞争力，让读者在喜欢读的过程中潜移默化达成科学观点、理念的传播和科学思维习惯的引导，任何一个关键因素用力过猛或不足都会影响其最终的产品价值。

在本书的选题策划阶段，我们做的第一件事是定位目标受众，挖掘他们的阅读需求。我们分析开卷同类书数据，比较不同购物网站坚果类零食的销量，分析产品评价，访谈了知名坚果类零食品牌，最终"画"出了本书的受众画像——有好奇心、喜欢阅读、热爱美食、对生活品质有追求的青年人群，以女性为主；得出了本书的产品定位——科学、轻松、趣味性地讲述与坚果相关的植物学知识和历史文化、特色美食、逸闻趣事。我们希望这本书可以立足植物学，结合历史文化，发散生活情趣，传播受众的自然分享。

那么，面对专业的植物学，具体讲什么？讲多深？以什么方式去讲？作者，便是我们第二步要考量的点了。十分幸运，我们很顺利地同当时已经在豆瓣颇有名气的植物科普达人"布瓜"，也就是陈莹婷老师，建立了联系。陈莹婷刚从中国科学院植物研

准确的读者定位是科普图书策划的基础和关键。找准了读者，才能找到创作的方向。

究所毕业，在所里负责科普项目，与我们合作之前就已经有了丰富的科普写作经历，创作了大量优秀科普作品。

陈莹婷是植物学专业的研究生，同时也是一名爱生活、爱美食的"吃货"，虽然之前对坚果类零食的"探索"不多，但她非常有热情去探寻美味零食背后的植物学知识。我作为一名坚果零食爱好者，因为好奇心旺盛——这一科普策划编辑的"职业病"，内心早就积攒了很多关于坚果的"灵魂拷问"，不吐不快。我们第一次见面一拍即合，双方对选题和操作理念观点一致，合作就从这本书开始。

我们首先列出这本书要讲的坚果种类表格，又设计了读者的阅读场景——嗑闲、珍馐、时令和年节，几乎包括了生活中所有与坚果零食有关的场景。我们希望读者可以"带着场景感去阅读，边读忍不住地边想吃点儿什么"，这是后来我们收到的读者评论原文，说明我们情境创设的编排方式确实可以放大文字感染力，增进读者阅读感受。当然，要实现这点，图书的整体装帧设计也要搭配得好。

在具体写作中，针对每种坚果，我们把自己已经了解的和想要了解的信息点列出来，再通过搜集的评价和访谈信息，增加认知误区辨析和特色话题点，最后整理出每种坚果的知识点、科普线和故事面。陈莹婷的讲述非常真诚，更像是一场分享盛宴，她的文字略带古风，在追根溯源时常会加入一些文化典故和名人逸事，让这本书读起来逻辑通畅、信息量大、层次丰富，又丝毫不觉压力。她还为每种坚果创作了小打油诗，比如，椰子：形似怪脸名瘆人，内外是宝可装萌；夏威夷果：取名溯源也是事，空手无喙咬磐石；西瓜籽：中华独创嗑子法，瘦花转身变巨瓜……每每读完内文再来回味标题，不由与作者隔空会心一笑——坚果的秘密尽在其中，"知识+萌趣"，我们领悟到了。

这是让读者成为书中的一个角色，从而获得不同寻常的阅读体验。

科普创作需要寻找生活中的有趣元素，调动各种通俗化的手法。

在图书整体文字部分编辑过程中，我们征求了市场部、发行部同事对这本书的期待和建议，然后反馈给作者，稿件也进行过几次大改大调，每次我们都特别坦诚地阐述彼此的思路，沟通频繁，深入且有效。可以说，策划编辑与作者之间正向的脑力碰撞，是一本原创科普图书骨肉丰满、内外双修的关键。

在这里还要特别感谢一位科普领域的"大咖"——史军老师。本书中《榛子》一文正是史军老师的作品，他对科普内容深度和选点的把握都让我和陈莹婷深受启发。

稿件审读完毕就正式进入产品形态设计环节。事实上，第一稿设计是与稿件编辑加工过程同步进行的。我们的设计师针对这本书的产品定位和图片素材，做出了一份新颖的内文和装帧设计方案。这份设计几乎是一次性通过的，它就是我们心中所期待的样子——科学特质与文艺气息结合，传递着我们对科普图书的态度——美且有品、有用。

三、探讨：好产品的三个要素

做《嗑：做一只会吃的松鼠》这本书的过程，是我作为科普图书策划编辑的一次很重要的成长经历。从这本书开始，我不断思考好的科普图书产品的标准和达成方式。在我的理解中，选题，体现的是对科学传播点和受众需求的挖掘程度，决定着一本科普书的核心价值；作者，考验的是专业能力、表达能力和科学传播思维，决定着一本科普书的可读性以及社会价值能否实现；产品形态，决定着一本书能否实现作为商品的价值，要实现的是理性与感性间的平衡之美。这三个方面之间需要尽力保持一种良好的协调和平衡，任何一方过强或过弱，都会让一本科普书读起来不够舒服，而没有人会为不舒服的阅读体验埋单。

共同的兴趣，高屋建瓴的追求，是作者和编辑形成珠联璧合般合作的基础。

在实际操作过程中，原创科普图书难免会受到成本、时间、作者档期等条件的制约，有些策划思路可能会受到影响，如何能坚持初心并适当调整也是一门必修课，我将继续求索，也期待与更多老师、同行探讨。

四、后记：一本科普小书的传播心路

不知不觉，《嗑：做一只会吃的松鼠》这本书已经面世四年了。四年中，我们在营销和版权贸易方面也做过很多尝试：与知名零食品牌合作过"书＋零食"的礼盒；书中附赠5—30元电子优惠券。我们还通过版权输出机制，将这本书的版权售至台湾，于2016年出版了中文繁体版。最让我们受到鼓励的是这本书参评并获得了第四届中国科普作家协会优秀科普作品奖银奖。

所有这些努力、尝试和荣誉都让这本科普小书在市场上有了不错的成绩，使我们的团队收获了更多的原创科普图书编创经验。每每看到网站读者们的评论，都更让我们心中感动，坚定了我们认真做原创科普图书的信念。

做一本书的过程，就好像一段旅程一样，出于一个美好的设想，我们规划路线、安排行程，然后兴冲冲地上路。但这段旅程往往不会一帆风顺，甚至会让人咬牙切齿发誓不会再来，可结束之后呢？我想应该没有编辑会拒绝自己下一个灵光一现的时刻。关于这种收获，杰克·凯鲁亚克的《在路上》是这样说的："世界旅行不像它看上去的那么美好，只是在你从所有炎热和狼狈中归来之后，你忘记了所受的折磨，回忆着看见过的不可思议的景色，它才是美好的。"对于编辑来说，做一本书时所有经受过的质疑、否定和修改，都不是需要被忘记的"折磨"，那些正是一个编辑的铠甲和阶梯，记住它们会让我们更具能量和敏锐度。

编辑在雕琢他人的"宝石"时，也在雕琢自己，不断丰富自己的人生积淀。

感谢中国科普研究所，使我们这本小书可以被收录在《科普创作与编辑——第四届获奖科普作品佳作评介》一书中，让我能够有此机会与本书作者陈莹婷和专业书评人对谈畅聊。当然，更具收获的是，在构思此篇编辑手记过程中，我得以重温策划心路，剖析产品思维，体会过往经历，重新唤醒那曾坚定过我信念、鼓励过我成长的能量。这对我来说，无比珍贵。

点评人：陈芳烈

作者简介

乔琦：自然爱好者，科普策划人，绘本翻译，中国国家地理·图书科普策划总监。

12. 融合发展背景下的科普出版创新实践

——以《中国公民科学素质系列读本》为例

□ 郑洪炜

【提要】

推动传统媒体和新兴媒体融合发展，是党中央巩固宣传思想文化阵地的重大战略部署。将融合发展的精神贯彻到出版实践中，"立足传统出版，发挥内容优势，运用先进技术，走向网络空间"，是出版业提高自我发展水平和服务大局能力的有效路径。本文以《中国公民科学素质系列读本》为例，分享融合发展理念引领下创新科普出版的实践经验。

2014 年 8 月，中央全面深化改革领导小组第四次会议审议通过《关于推动传统媒体和新兴媒体融合发展的指导意见》，强调"要遵循新闻传播规律和新兴媒体发展规律，强化互联网思维，坚持传统媒体和新兴媒体优势互补、一体发展，坚持先进技术为支撑、内容建设为根本，推动传统媒体和新兴媒体在内容、渠道、平台、经营、管理等方面的深度融合，着力打造一批形态多样、手段先进、具有竞争力的新型主流媒体，建成几家拥有强大实力和传播力、公信力、影响力的新型媒体集团，形成立体多样、融合发展的现代传播体系"。这是党中央巩固宣传思想文化阵地的重大战略部署，也是指导出版传媒企业融合发展的新思路。

把习近平总书记重要讲话和中央文件关于融合发展的精神贯彻到出版工作中，关键是"立足传统出版，发挥内容优势，运用先进技术，走向网络空间"，做到"一个内容、多种创意，一个创意、多次开发，一次开发、多种产品，一种产品、多个形态，一次销售、多条渠道，一次投入、多次产出，一次产出、多次增值"。

在传统出版和新兴出版融合发展的大背景下，多家出版单位进行了有益的探索与实践。中国科学技术出版社（暨科学普及出版社）立足于自身在科普传统出版领域的优势，率先探索构建起"互联网＋科普"的新型工作模式。"互联网＋"是以互联网为主的一整套信息技术，在经济、社会生活各部门的应用、扩散过程，具有跨界融合、创新驱动、重塑结构、尊重人性、开放生态、连接一切六大特征。"互联网＋科普"出版模式实现了围绕科普核心内容资源的创意立体开发、产品多维呈现、渠道精准投放、产出迭代增值。

本文以《中国公民科学素质系列读本》为例，分享融合发展理念下创新科普出版的实践经验。

一、选题立项背景

党的十八大明确提出：要坚持走中国特色自主创新道路、实施创新驱动发展战略。习近平总书记在"科技三会"作重要讲话："科技创新、科学普及是实现创新发展的两翼，要把科学普及放在与科技创新同等重要的位置。"建设创新型国家关键在科技创新，基础在全民科学素质的提升。中国科协 2015 年 9 月发布的

一个"融"字，可以用老话"多快好省"来剖其内涵。形态多、传播快、效益好、成本省。

第九次中国公民科学素质调查结果显示，我国公民具备基本科学素质的比例为 6.2%，距实现到 21 世纪中叶我国公民具备基本科学素质的目标还有很大差距。

在此背景下，为深入贯彻实施创新驱动发展战略，服务公民科学素质提升，我社在中国科协指导下，经过反复论证，决定启动《中国公民科学素质系列读本》出版工作，并在立项之初即确定了基于融合发展理念构建"互联网＋科普"出版模式的工作原则。

二、创意立体开发

《中国公民科学素质系列读本》出版项目立项后，由中国科协牵头，中宣部、中组部、科技部、教育部等全民科学素质行动计划纲要实施工作办公室成员单位参与，相关学会和科研院所推荐院士、专家，成立学术指导委员会，对内容定位、读者定位进行多次论证。最终确定内容定位为：围绕创新驱动发展战略，从科技创新的驱动作用、科学精神和科学思想的引领作用、科学与社会思辨性命题等视角组织丛书内容。读者定位为:《全民科学素质行动计划纲要（2006—2010—2020 年）》确定的领导干部和公务员、农民、城镇劳动者、社区居民、青少年五大重点人群，并根据青少年认知水平和接受能力的差异化特征，将青少年群体细化为中学生、小学生。

在内容定位和读者定位明确后，项目组根据我社科普传统出版和科普信息化项目（科普中国）的聚合优势，根据细分受众的阅读（使用）需求，制订了"立体开发、梯级实现"的选题创意研发计划。《中国公民科学素质系列读本》的选题创意涵盖：纸质出版物选题（图书、挂图），音像电子出版物选题（动漫、科普微视频、电子挂图），融媒体选题（融媒体图书、融媒体挂图），两微一端选题（微博、微信、App），在线获取资源选题（科普中国云、科普中国网在线资源），活动创意（科技阅读活动、科学素质大赛、科普公益活动）等。

三、产品多维呈现

根据《中国公民科学素质系列读本》出版项目的创意立体开发计划，项目组采用"1+X"全媒体生产方式（"1"指核心内容，"X"指呈现方式），在打造核心内容的基础上，实现了产品的多维呈现。

（一）精心打造核心内容

《中国公民科学素质系列读本》出版项目的内容定位与读者定位明确后，项目组委托国务院发展研究中心国际技术经济研究所、中国农学会、全国总工会及其直属单位、上海市科学技术协会、中国科协青少年科技中心等单位，分别组织开展了针对本项目读者对象的需求调查。调查以问卷、座谈等形式开展，信息经汇总、分析后提交专家委员会论证，据此确定核心内容研发思路，以及创意立体开发的实现路径。

《中国公民科学素质系列读本》出版项目核心内容研发团队由科学家团队、作家团队、编辑团队共同组成。科学家团队由林群、秦大河等院士领衔，由具有丰富创作经验的百余位科研领军人物、一线科学家组成，负责科学化文本的撰写工作，保证文本的权威性和科学性。作家团队由叶永烈、卞毓麟等知名作家领衔，由在科学文艺领域具有深厚创作积累的十余位职业作家组成，负责对科学化文本的二次创作和加工，提升内容的通俗性和艺术性。编辑团队由科普图书编辑、数字编辑、美术编辑组成，

"X"的出现，打通了纸媒与网媒的天堑，把媒介之间的边界由清晰变得模糊，把利益的冲突关系变成共赢关系，从而华丽转身为传播上的"共同体"。这是传播理念和模式的创新。

权威性、科学性和通俗性、艺术性是科普读物飞入寻常百姓家不可或缺的两翼。因此，在产品的设计阶段就考虑研发团队的专业性并使之特长互补，是保证产品接地气的好办法。

根据不同产品形态对内容的要求，对本项目的核心内容资源进行专业加工。

（二）实现产品多维呈现

经过对核心内容的精雕细琢，项目组根据《中国公民科学素质系列读本》出版项目选题创意梯级开发计划，逐步实现了产品的多维呈现。截至 2017 年 9 月，本项目实现开发的产品包括：

纸质产品：《中国公民科学素质系列读本》（6 种），《科普中国》系列宣传小册子（32 种），科普挂图（1 种）。

音像电子产品：科普微视频（300 余条），电子挂图（1 种）。

融媒体产品：融媒体版《中国公民科学素质系列读本》（6 种）。

两微一端产品：两微一端推送文章（400 余篇）。

在线获取资源：《中国公民科学素质系列读本》电子书、科普微视频在科普中国云、科普中国网的开放获取资源，公民科学素质大赛题库。

公益活动："科技书香·科技创新院士公开课""科普图书公益漂流"和科学素质大赛等科普公益活动。

四、渠道精准投放

《中国公民科学素质系列读本》及其衍生的立体资源，通过线下、线上渠道实现了向细分受众的精准投放，收到良好的传播效果。

线下渠道：在实体书店、网店渠道基础上，充分发挥中国科协及全民科学素质行动计划纲要实施工作办公室成员单位的渠道优势，通过中组部干部教育培训系统、科协系统、工会系统，以及农家书屋、中小学图书馆配书等渠道，实现图书针对《全民科学素质行动计划纲要》重点人群的精准投放。

媒体的跨界融合，为用户提供了多样性服务。跨了界的内容表达，以其真实性、互动性、便捷性、多样性的服务，可大大增强用户的黏性。

线上渠道：依托科普信息化工程科普中国云、网、端进行推送。科普中国云平台根据精准的用户数据分析，对不同年龄、教育水平、职业背景、阅读需求的受众进行定向精准投放，并通过科普中国网和科普中国移动端所聚合的媒体矩阵（包括人民网、光明网、新华网、求是网等主流媒体以及腾讯、百度、新浪等商业网站），实现本项目在线资源的有效分发。

五、产出迭代增值

《中国公民科学素质系列读本》于2015年9月全国科普日期间，在科普日活动北京主场首发，刘云山等党和国家领导人莅临科普日主场，对丛书给予高度评价。

图书自2015年9月出版至今，累计印刷12万套（72万册），累计销量10.8万套（65万册），先后获得中国科普作家协会优秀科普作品奖金奖和科技部2016年全国优秀科普作品奖，收到广泛而良好的社会反响。

线下的渠道优势、精准投放优势、线上的直观立体优势、便捷开放优势，整合在一起，增加产品的厚度，延长产品的生命，实现社会效益和经济效益的最大化。

除汉文版图书外，《中国公民科学素质系列读本》的内容受到新疆、西藏等少数民族地区的广泛欢迎，书中内容被翻译成藏文、维吾尔文、哈萨克文等版本，在少数民族地区传播。

根据丛书内容开发的动漫微视频《阿U学科学》，获得国家新闻出版广电总局2016年第一季度优秀国产电视动画片、2016年"中国梦"原创网络视听节目获奖作品等奖项。微视频全网播放点击量突破2.4亿，其中在腾讯、爱奇艺、乐视等视频网站的点击量超过1.1亿次；视频同时还在央视少儿频道、金鹰卡通卫视、上海炫动卡通卫视等电视台播出，视频英文版在美国、印度的各类媒体和星空卫视海外版播映。

为最大限度发挥《中国公民科学素质系列读本》的社会效

益，科学普及出版社组织开展了"科技书香·科技创新院士公开课"和"科普图书公益漂流"等公益阅读推广活动，协助一些省区组织了科学素质大赛。院士公开课主要针对党政领导干部群体，从院士专家视角，对"创新驱动发展"等国家战略予以深入解读；图书公益漂流以贴近普通公众的公益活动形式，让《中国公民科学素质系列读本》通过读者的爱心传递，进校园、进社区、进乡村，让社会效益在读者一棒接一棒的传递中得到累积和放大；科学素质大赛采用有奖竞答形式，吸引公众参与科学主题益智游戏，寓教于乐，在多个省区得到广泛开展，深受欢迎。

《中国公民科学素质系列读本》出版项目是我社基于融合发展理念，对"互联网＋科普"出版模式的有益探索。项目成果丰硕，实现了社会效益与经济效益的高度统一，对公民科学素质提升发挥了积极作用。

作者简介

郑洪炜：科学普及出版社大众科普编辑部主任，副编审，中国科普作家协会常务理事，科普翻译专委会副主任兼秘书长。策划及参编的图书曾荣获第四届中国出版政府奖提名奖、科技部全国优秀科普作品奖、国家新闻出版广电总局向全国青少年推荐百种优秀图书等奖项。

在大数据、云平台、人工智能等技术快速进步的时代，媒体传播的一些传统规律、法则亦处在颠覆、重生、再造之中。如何进一步使媒体融合突出内容价值导向、提升平台用户体验，叫好又叫座，任重道远。

点评人：石磊

13. 传递科学的人文情怀

——BBC"奇迹"系列编辑手记

□ 韦　毅

【提要】

BBC"奇迹"系列三部曲，衍生自BBC知名科教纪录片，它以科学哲学的理念和浪漫的人文情怀，带着我们探寻太阳系、宇宙以及生命的奇迹，跨越学科的界限，让我们真正体悟奇迹之美、科学之妙以及探索之趣。本文记录该丛书的策划出版过程，分析图书的成功之处，从而深入思考科学人文的内涵，以及下一步要走的科普出版之路。

首先，编辑抓到了好的选题，精选了BBC公司有较好评价的图书。即便是引进版图书，选题上也会有不小差距。

2014年，我策划出版了英国广播公司（BBC）"奇迹"系列：《太阳系的奇迹》《宇宙的奇迹》《生命的奇迹》。这套书是BBC科教纪录片三部曲的同名衍生读物，融合了天文、物理、生物等各个领域的科学知识，用科学原理带我们领略太阳系、宇宙乃至生命演化过程中的种种奇迹，作者是英国最知名的科普大使、被誉为"科学化身"的考克斯教授。这套书获得了《舌尖上的中国》制片人陈晓卿、北京天文馆馆长朱进、《新发现》杂志主编严锋、北美古脊椎动物学会罗美尔奖得主苗德岁教授等人，以及科学松鼠会、果壳网、凤凰网、天翼读书、百道网等媒体推荐，还有幸荣获了第四届中国科普作家协会优秀科普作品奖。回顾当时整个策划出版过程，有颇多感悟，亦有诸多思考，如今重拾一二，记录如下。

一、出版历程

1. 源于瞬时的心动，调研用信息说话

2012 年，我正在做《冰冻星球——超乎想象的奇妙世界》《地球脉动——前所未见的自然之美》。这两本书是 BBC 制作的、享有盛誉的自然史纪录片的同名衍生图书。因为这一点，同事向我推荐了《宇宙的奇迹》一书，这是 BBC 科教纪录片的同名图书。翻看原版，编排如此精美，图片如此惊艳，让人怦然心动。然而，编辑决策不可仅凭心意，须调研为先，用信息说话。

在英国亚马逊的网站上，有同系列书《太阳系的奇迹》和《宇宙的奇迹》，排行均在 2000 多名，很靠前。从网上搜集的资料来看，2010 年，《太阳系的奇迹》在 BBC 上映，大获好评，2011 年，《宇宙的奇迹》上映，拥有超过 600 万的观众。这两部片子都被中央电视台引进播放，在国内也有很好的评价，被誉为有可能改变你的人生轨迹或是职业道路的经典巨制。可以判断，这两本书有不错的读者基础。

BBC 的品牌自不用多言，在业界和读者群中皆有口碑。第一作者考克斯教授的背景也很是传奇，身上有各种跨界标签：摇滚乐团的键盘手，英国小镇的摇滚少年；物理学教授，大英帝国勋章获得者；BBC 荧幕上的科普大使。这位来自英国曼彻斯特大学的物理学教授，凭借俊朗迷人的外表，深入浅出且不乏幽默的精彩解说，在全球拥有大批粉丝。作为一名学者，他甚至当选过《人物》杂志"年度百大性感男士"，超高人气可见一斑。还有报道称，在"奇迹"系列纪录片播出之后，受他的魅力影响，曼彻

能挖掘原作者除学者之外的其他特点，编辑真是有心了。事实上，作者有这样那样好玩的人物或性格特点，或是有一定公众知名度，对图书也会带来侧面的影响力。

斯特大学物理专业的入学成绩大幅提高。这也是非常好的一个宣传点。

科普名家，权威作者，经典领域，精良制作，以上原因促使我下定决心，选题由此确定下来，接着就是洽谈版权。

2. 版权之事一波三折，洽谈过程不言放弃

获得这套书的版权颇为不易，真是一波三折，历时甚久。彼时，正值原书出版社英国柯林斯版权部门人员更替之时，发出的邮件先是石沉大海，继而断续回应，几番询价报价，调价砍价磨价，各种细节商讨，眼见到了最后阶段，却又寂寂无声了。此间波折，这么多年后回忆起来都满是感慨。犹记得每欲放弃，总舍不下。2013 年大年初一，我还在给对方写邮件，催促回复，其后数月终于等来了版权经理的邮件。她不仅接受了我们调整了 N 次的报价，还给我带来了好消息——新书《生命的奇迹》正在制作中，于是三部曲完美收官，引进顺理成章，水到渠成。此间事了，现寥寥几句记下，但当时苦处真是难以言表，幸而最终结果足以慰藉，可谓功夫终不负有心人。

3. 寻求靠谱好译者，专业与美文兼得

第一位定下来的译者是曾与我社合作过的李剑龙老师（也就是现在特别有名的 Sheldon 漫画的主创）。他当时已经极少翻译图书，但因喜爱《宇宙的奇迹》，欣然接手，还推荐了同是科学松鼠会成员的叶泉志（网名"小龙哈勃"）这位年轻、热情、专业的天文学博士与我社合作。

就《太阳系的奇迹》一书，我找到了《天文爱好者》杂志社原社长齐锐老师，他推荐了当时北京古观象台的万昊宜老师与其携手共同翻译，这两位都是天文学领域在科普方面颇有研究和建树的专业人士。

我在搜集资料的过程中，发现果壳网"科学人物访谈"栏目

确实，好作品还需好译者。专业人士翻译专业作品更有优势，知识表达能更准确。所以，知识性读物的译者一定要具备知识档次。

曾经采访过考克斯，这个栏目曾与世界知名科学人物对话，包括侯世达、迈克尔·舍默、布兰德等人，于是我找到了做考克斯访谈的闻菲。巧的是她不但文笔优美、英文水平出众，而且还是考克斯的粉丝，对图书的内容有很深的感悟和把握，翻译事宜一拍即合。

在这套书的翻译过程中，我与译者们随时进行沟通，力求保留原书的风格，既表现出作者对科学的热情，又尽力符合国人的阅读习惯。或许我的编辑工作还有欠缺之处，但是在作者唯美叙述的基础上，这套书的翻译可以算得上内容专业、文字流畅，浪漫又富有细腻的情感，读起来有些口舌生香的意味，很是享受。

对原作者有一定了解的译者，对把握原作者的著作内涵有较大帮助，对原作者思想观点的表达会更贴近。

二、剖析内在

说起来，我在科普出版领域的七年间策划出版的图书不算多，这套书可以算得上是我的"心头好"之一。作者从自身熟悉的视角看世界，同时融合诸多方面的学科知识；由小及大，让宏大的主题与读者产生了关联，体现了科学哲学的理念和科学人文的情怀。这是最打动我的地方，也让我自己有了新的努力方向。

1. 跨界与融合

这套科普书将近年公众关注的热点"物理"与"生物""宇宙"等热门话题融于一体。考克斯从他最熟悉的物理领域出发，对基础理论和经典实验信手拈来，比如热力学定律，比如熵的定义，比如广义相对论，比如杨氏双缝实验，比如用一支温度计、一把伞和一罐水就演示了太阳释放的能量。用这些基础科学解释诸多现象，也正体现了基础科学的重要性和魅力所在。难能可贵的是，他还在科学现象与宇宙规律之间建立起关联，将历史（科学史）、地理（自然景观）、人文（风土人情习俗）、物理、化学（原子分子）、天文学、宇宙学、生物学等学科的知识融会贯通，从不同角度看待自然现象，通过实验将真实的体验与科学的情感完美融合。

用考克斯教授的话来说，"如果你把眼睛睁大一点去看科学，包括宇宙、生物、化学、物理、数学、工程，只要你了解了一点点，你就会发现这个世界有那么多东西可以抓住你的想象力"。他的书，字里行间就体现了这句话的含义，他在这套书里烹煮了一锅有着和谐滋味的大杂烩。

我曾经经手过多种类别的书稿，对于我来说，自始至终，最难处理的、对编辑最具挑战的就是科普图书。因为科普图书包罗万象，知识面太广，没有一点底子真心搞不了。我们大多数人是文理分科的教育体制下成长起来的一代，对于不同科目的泾渭分明习以为常，很多科普书也是专业分明、就事论事。做到以不同视角看待同一个现象，剖析同一个问题，不容出错，还要衔接自如，绝非常人可做到。

如何做到这一点，我与译者沟通过这个问题。国外好的科普书通常不会局限于从某一个固定的专业视角介绍某一个细分领域，通常传递的知识是包容的、发散的、融通的，只要能说明白内容，没有明晰的学科界限。有多少人能拥有方方面面广博的知识？很少。要做到这一点，需要一个团队的协作，或者专家队伍的支撑。BBC的团队给了考克斯教授以支撑，而我与译者沟通，也是一样，需要寻求不同专业人士的协助。李剑龙老师是理论物理学博士，叶泉志是天文学博士，他们携手翻译，交叉审阅，背后还有朋友圈里科学松鼠会的诸多年轻博学者对他们的问题给出专业回复；闻菲的背后则是果壳网众多不同领域达人的科学支持。没有捷径，学亦无止境，只有勤查常问，才能少犯错。

2. 关联与观照

科普书要吸引读者，就要让书中的内容与读者产生关联：为什么要读这本书？读了这本书能收获什么？书中的内容与我有何干系？

从人类文明之初，科学开始萌芽，人类关注的是我们周遭有限范围内的一切，于是我们生活着的这个地球以及天象成了关注的对象。科学开始发展，探测工具层出不穷，于是我们飞向太空，眼光投向了可观测宇宙的边缘。再然后，我们回过头来看看周遭，想想自我，思考生命是什么，生命从何而来，生命为什么会消亡。这是人类发展的一个历程，从观望外界到观照自我的历程。这套丛书，从太阳系到宇宙，再到生命，反映了以上所说的历程，体现了一种科学哲学观。

最有意义的是，这套书在娓娓道来科学知识、解释问题之余，宣扬了探索的价值与核心精神所在。"我们存在的真正意义在于，我们永远不会停止理解和探索这个美妙的宇宙。""科学的进步扎根于我们对大自然基本法则的理解，而这种法则支配着小到原子、大到黑洞的所有事物。""我们把自己的存在写在了地球表面。"……作者让我们认清，正是我们对太阳系、对宇宙、对生命的探索让自己的存在有了意义，相比而言，人类文明也堪称奇迹。于是，书中的内容开始真真正正与读者有了联系，产生了共鸣。

3. 浪漫的人文情怀

美的事物会自然而然散发出吸引力，科普书也是这样，这种美不仅仅体现在美图、编排上，这种美还蕴含在文字之中，体现了一种浪漫的人文情怀。

比如，考克斯教授告诉我们，宇宙不再是神秘的所在，我们自身与这个世界有这样的深切关联："我们的故事就是整个宇宙的故事。每个人，以及所有你爱的或不爱的、珍贵或平淡无奇的事物的每一部分，都是形成于宇宙生命最初的那几分钟，然后在恒

一般大家读科普书还是带有一定目的和针对性的，为什么要读这本书？除了满足好奇心和了解想知道的以外，有的读者可能还想了解一下知识表达手法，所以平铺直叙或问答式的叙述就吸引不了读者，除非是对索引类的阅读需求，这就要有一种精神吸引力。而表现手法也要设计，要能抓人。

星的心脏处或在它们壮烈的死亡中定型。"你看，能成为宇宙的一部分是多么奇妙！

再思考周遭的一切，有了更深远的意味："每一片草叶的细胞，每一只昆虫的翅膀和每一个微生物细胞的深处，都编码着一颗星球的历史。"你看，几厘米高的小草低微却又壮美，其后是宇宙年龄 1/3 的时间流转，空间的微小与时间的久远是多么和谐的存在！

读这套书，你可以看到时间之永恒，生命之恢宏；你可以体味久远的历史，匆匆的时光；更多的，你还可以感受艺术的浪漫，拥有细腻的感悟。科普工作者应该传递给广大读者这样的科学人文情怀。

三、科普思索

1. 真正的选择来自见识的多广

科普作者的见多识广很重要，融会贯通，信手拈来，文章就生动活泼起来。编辑也一样。

考克斯教授是纪录片的撰稿、解说兼主持人，被 BBC 金牌制作人大卫·阿滕伯勒视作最佳的传承者，他是非常知名的科普工作者。他做这一系列纪录片，写这些书，出发点非常值得学习。

在《生命的奇迹》的"致谢"中，他说："我希望至少有一些观众在无意间遇上了《生命的奇迹》，并像我一样意外地发现学习生命科学是度过周日晚上十分有趣和有意义的方式。"

丛书的第二作者、纪录片的执行制作人安德鲁则这样说："要是观众看了纪录片之后，再也不会用同样的方式看头顶的夜空，那么我们的目的就算达到了。"

看看我们科普图书市场的现状吧，同质化依然存在。我们现在有了大数据，它的使用极为广泛，我们可以利用大数据的分析结果给受众推送他们喜好的内容。好的方面是精准；不好的方面是，读者被固化在一个"框"内，永远只看见自己熟悉的那片天。考克斯和他的团队反对这样的做法，他认为让观众只选他们自己想看的内容并支付相应的费用，是分化隔离的做法，将带来极大的反服务效果。他提出，真正的选择来自见识的多广，偶尔发现平时一般不会选择观看的节目，这样的做法丰富了观众的体验，这正是教育的基础。

我们的科普工作也是这样。究竟是应读者所好，不停地输出热门的知识，还是应当多元化发展，在学科知识的传播之外，带来更为广阔的选择空间，引导他们去看看更多的可能，了解更多领域不一样的东西？凡事有两面，如能兼得，则近完美；或许极端不易，总是要试试看，说不定能触发一颗好奇的心呢。

2. 品牌效应与文化自信

BBC 的纪录片在大众心中就是一个字："好！"每每看到那恢宏的场景，我想，很多人会跟我一样，从心底涌上一声"哇"。这就是口碑，这就是品牌的力量。我们自己的科教片离此还有不小的距离。

纪录片《太阳系的奇迹》《宇宙的奇迹》是 BBC 与美国探索频道合作拍摄的，可喜的是,《生命的奇迹》是 BBC 与 CCTV-9 合作拍摄的，第一集首播就有 300 多万观众观看。央视纪录频道的参与让人看到一种学习的态度。

我们一直在说要打造品牌，鼓励出版原创科普图书，但是不可否认的是，国外有些资深品牌的科普内容确实制作精良，还有很多值得我们学习的地方。引进出版也是一种学习的态度。我们在树立文化自信的过程中，应当有开放的格局、合作的精神，应当包容、吸纳、学习、借鉴，这是从追赶到平齐再到超越所不能少的步骤。

五年光阴，三本沉甸甸的书置于案头，总能让我想起考克斯教授在讲解科学原理时孩童般的笑容，那背后是他对科学由衷的热爱。我也热爱科普工作。考克斯曾说："科学太重要了，它必须，也不得不成为流行文化的一部分。"这是我们科普工作者的责任与担当。与君共勉。

点评人：毛红强

作者简介

韦毅：人民邮电出版社高级策划编辑，编审。

14.

讲好中国科学故事，
弘扬中国科学精神
—— 《呦呦有蒿：屠呦呦与
青蒿素》编辑手记

□ 鞠　强

【提要】

2015 年屠呦呦研究员获得诺贝尔生理学或医学奖，这是中国科学界的一件大事。《呦呦有蒿：屠呦呦与青蒿素》作为第一本反映屠呦呦研究员和中国科学家研究历程的图书，出版的基础是对国内研究动态的关注，第一时间确定、约请作者；关键是整合全社力量，实现编印发联动；亮点是线上线下宣传推广同步跟进，同时做好国际宣传和版权输出工作。

北京时间 2015 年 10 月 5 日 17 时 30 分，瑞典卡洛琳医学院诺贝尔奖委员会宣布将 2015 年诺贝尔生理学或医学奖授予中国药学家屠呦呦，以及另外两名科学家威廉·坎贝尔和大村智，以表彰他们在寄生虫疾病治疗研究方面取得的成就。

这是中国科学家因为在中国本土进行的科学研究而获得诺贝尔科学奖，是中国医学界迄今为止获得的最高奖项，也是一件足以载入中国科学史的大事。

在这样一个重要的时刻，作为出版界的一员，笔者也亲历了一件同样可以载入中国出版史的大事——第一时间编辑出版《呦呦有蒿：屠呦呦与青蒿素》（以下简称《呦呦有蒿》），以最快的速度将这样一本介绍以屠呦呦研究员为代表的中国科学家的重要贡献和青蒿素发现历史的权威著作呈现在读者面前。

笔者能够参与这项工作，用我们出版人的方式来记录中国科学的荣耀，向老一辈科技工作者致敬，感到非常荣幸。《呦呦有蒿》出版至今，受到了社会各界的充分肯定。现在回忆围绕这本书的一系列工作，不少细节依然历历在目，其中的收获与成长值得总结，诸多感悟也在此和大家分享。

一、与时间赛跑

在图书出版的过程中，速度并不是最重要的因素。但是，在保证质量的情况下，用最短的时间把一部好的作品呈现在读者面前，确实能够实现更大的社会效益与经济效益。对于屠呦呦研究员获得诺贝尔奖这样的重大事件，一本图书能够深入、全面地介绍研究的过程和意义，呈现珍贵的史料，具有报纸、杂志、互联网和电视等媒体形式无法替代的价值。

在得知屠呦呦研究员获奖的喜讯后，中国科学技术出版社迅速行动起来，10 月 5 日当晚就建立了以社领导牵头的微信工作群，讨论、部署相关出版工作，确定选题方向。在获奖消息公布仅仅几个小时后，本书策划编辑之一杨虚杰即已同北京大学生命科学学院饶毅教授（现任首都医科大学校长）及北京大学医学部张大庆教授和黎润红老师取得联系，并相约于次日当面拜访，详细讨论出版的各个细节。

从 2008 年开始，饶毅教授和张大庆教授就指导当时还在攻读硕士学位的黎润红老师对青蒿素的研究历史进行挖掘。经过数年的研究，他们已经收集、整理了大量珍贵的历史资料，发表了一系列学术成果，这些出色的工作为本书的顺利出版打下了非常坚实的基础。杨虚杰此前就了解了3位老师正在进行的研究工作，因此能在第一时间根据选题方向找到最合适的作者。

10月6日，中国科学技术出版社召开项目工作会，编印发联动，在最短的时间内敲定了出版方案。当天，在与3位老师签订出版合同、收到书稿文件后，我们迅速开始进行编辑加工工作。与此同时，为了向读者更好地呈现屠呦呦研究员获奖的背景以及青蒿素的发展前景，探讨这次获奖对中国科学界的意义，我们还在科学网方芳老师的帮助下，联系到一直关注此事的广州中医药大学曾庆平教授，请他为本书撰写了附录中的部分内容。同时，本书还收入了科普作家张田勘和新华社记者李斌的评论。

收到书稿后的几天，整个团队分工合作，投入到紧张有序的工作中。紧张是因为希望能够抓住先机；有序则是因为出版是一项严肃的工作，容不得半点马虎，保证质量是出版的前提。在这个过程中，笔者作为责任编辑，每天加班到深夜、只睡三四个小时是"标准配置"。不过，正是得益于所有人的共同努力，本书从10月5日开始策划到10月11日晚拿到印厂送来的样书，只用了不到1周的时间。这在越发重视时效性的出版界，也堪称一个奇迹。

《呦呦有蒿》得以在这么短的时间内出版，离不开作者们的辛勤工作。饶毅教授、张大庆教授和黎润红老师对书稿质量进行了严格的把关，还不厌其烦地提供和补充图书需要的各种资料；曾庆平教授和张田勘老师无论多晚，总能够在第一时间回复编辑们的修改意见。

图书出版是一个系统工程，从策划组稿到编辑加工，从设计排版到修改校对，再到最后定稿付印，笔者全程参与，深知负责

能够以最快速度抓住社会科学热点，并策划出版相应产品，就能给出版社带来社会效益和经济效益的双丰收。

高水平图书离不开高水平作者，本书的出版充分说明了这一点。相关领域专家的把关，不仅提高了图书质量，也是图书宣发的一个重点卖点。

各个流程的同事的付出与不易。没有大家的共同努力，在如此短的时间内要想出版这样一本高水准的图书肯定无法实现。

二、好书广而告之

图书完成印刷只是整个图书出版周期中的一个阶段，在目前竞争激烈的图书市场上，做好宣传和营销工作对一本书被广大读者了解和接受起着至关重要的作用。因此，项目团队在编辑《呦呦有蒿》的同时，就制订了线上线下齐头并进的营销方案。

线下的各类活动对扩大该书的社会影响力发挥了明显的作用。2015 年 11 月 27 日，中国科学技术出版社与北京大学医学人文研究院共同主办了"屠呦呦、青蒿素与诺奖研讨会暨《呦呦有蒿》新书出版座谈会"。会上，包括中国科学院院士王志新、中国工程院院士李连达在内的著名专家学者均对本书的出版给予高度肯定，认为这是一项重要的出版成果。新华网、光明网、《中国科学报》等十几家媒体都对这次会议进行了报道。此外，我们还在科普中国"科技前沿大师谈"暨上海科协大讲坛特别活动中的"解读 2015 年科学类诺贝尔奖系列活动"启动仪式上，举行了《呦呦有蒿》新书发行仪式。在北京、上海等地开展的多项活动，对让广大读者了解该书起到了积极的促进作用。

与此同时，我们着力做好线上的宣传推广工作。除了在各大网站、微信公众号、豆瓣等平台上发布新书消息，还注意拓展一些新的形式。比如，我们邀请本书作者之一黎润红老师参加国家图书馆公开课的录制工作，为读者和观众介绍研究背后的一些鲜为人知的故事。在国家图书馆这样一个权威平台上推介该书，使读者更容易感受到这本书的分量。

另外，在本书纸质版出版上市后，有多家电子出版机构迅速

线上线下相结合，是图书宣发的新趋势，本书既组织权威专家开展线下活动，又利用互联网平台开展线上活动，充分利用各种资源，达到了很好的宣传效果。

联系中国科学技术出版社，希望能够出版该书的电子版。最终，中国科学技术出版社与国内领先的电子出版商——中文在线达成了合作协议。中文在线也非常重视相关工作，以最快的速度将该书电子版上架，使得有电子阅读习惯的读者也能够第一时间读到这本书。

三、讲好中国故事

近年来，中国文化"走出去"的步伐越来越快，中国的软实力日益彰显。作为一名科普出版工作者，应该为中国出版走向世界做出自己的贡献。《呦呦有蒿》作为"讲好中国科学故事"的优秀代表，正是"走出去"的一次生动实践。

笔者于 2015 年 10 月 11 日晚拿到《呦呦有蒿》的首批样书，10 月 12 日上午，部分样书就已经"坐上"了飞往伦敦的航班。2015 年 10 月 19 日至 23 日，习近平主席对英国进行国事访问。在习近平主席访英前夕，英国伦敦举行了"中国图书周"，60 余种来自中国的优秀图书在伦敦的多家书店进行展示，其中就包括尚带着浓郁油墨香气的《呦呦有蒿》。路透社总裁在看到本书后高度赞扬了如此高效的出版工作。

《呦呦有蒿》出版之后，立刻受到了国际同行的关注。在英国展示期间，就有多家出版机构表达了合作的意愿。屠呦呦研究员是首位获得诺贝尔科学奖的中国大陆科学家，吸引了全世界的关注，因此国外出版界也希望能够把她的研究工作介绍给更广泛的读者群体。

在项目团队的努力下，版权输出工作进展顺利。中国科学技术出版社于 2015 年年底与新加坡世界科学出版公司（World Scientific Publishing）达成了合作协议。2017 年年初，该书英文版正式出版，并很快在亚马逊网站上架。2018 年 10 月，该书获得了 2017 年度输出版优秀图书奖，这也是对该书版权输出工作的肯定。

中国不仅有悠久的传统文化，也有日新月异的科技发展，本书讲好了一个中国科学故事，对于中国国家形象的宣传、国际自信的提升具有极佳的作用。

《呦呦有蒿》英文版的出版，将青蒿素这一诺贝尔奖成果背后的故事推介到世界，展现出中国科学家团体卓越的科学成就和崇高的科学精神。成功地输出版权，超出了我们选题立项时的设想，却也非常符合我们对自身使命的期待。

四、未来值得期待

《呦呦有蒿》出版后，先后获得了一系列奖项，除了上文提到的输出版优秀图书奖，还包括 2015 年度中国 30 本好书、第四届中国科普作家协会全国优秀科普作品奖金奖等，这些都是对这本书的认可。

以屠呦呦研究员为代表的科研团队在 40 多年来的杰出工作，为抗击疟疾、造福人类做出巨大贡献，挽救了数百万人的生命。今天，中国科学发展的大好形势已经为世界所瞩目，世界级的科研成果层出不穷，这也是诺贝尔奖评委会为之瞩目并将奖项授予中国科学家的重要原因。

屠呦呦研究员获奖后，并没有满足于诺贝尔奖的成就，而是带领团队继续攻关。2019 年 6 月 17 日，新华社发布消息，屠呦呦带领团队经过长期研究，提出应对"青蒿素抗药性"难题切实可行的治疗方案。这就是中国科学家永远勇攀科学高峰的精神。

本书编辑很有情怀，没有这份对祖国的热爱，对科学、对出版的执着，就不可能有本书的高效出版。

笔者作为一名科普图书编辑，为身处这样一个中国科学蓬勃发展的伟大时代感到骄傲。回想 2015 年 10 月的一个深夜，当笔者把这本凝聚着众人辛勤工作与执着坚持的《呦呦有蒿》捧在手里时，第一个想法是，希望以后有更多的机会出版有关中国诺贝尔奖得主个人学术成长和科学发现的图书。

如果笔者能够经常在 10 月因为有中国科学家获得诺贝尔科学奖而忙碌，那会非常享受这份忙碌带来的喜悦。这说明中国科学达到了一个新的高度，同时也说明会有更多的优秀科普图书走向读者，走向世界。这是中国科学事业的胜利，也是中国出版事业的胜利。笔者翘首期盼这一天能够早日到来。

作者简介

点评人：毛红强

鞠强：副研究馆员，中国科学技术出版社人文科学编辑部副主任，全国首批科学传播专业高级职称获得者，发表各类科普文章百余篇，策划、编辑图书获得省部级以上奖项十余项。

15.

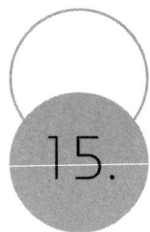

和作者一起
"聊"故事

——《大科学家钱学森的
小故事》编辑手记

□ 王　琳

【提要】

　　做一本书，如同烹饪一道菜，整个过程涉及多个步骤。对于一个新手编辑，如果有幸能参与策划、组稿、编辑、设计等出版全流程，如果有幸遇到一位经验丰富的老编辑引领，如果有幸遇到一个优秀的作者团队，请好好珍惜，你定会收获满满。一本好书，会和你相伴成长！

　　《大科学家钱学森的小故事》丛书，作者亲切地称之为"小故事"，称钱学森为钱老（后文皆沿用该说法）。该书于 2015 年 10 月钱老归国 60 周年之际出版，于 2016 年 10 月荣获第四届中国科普作家协会优秀科普作品奖金奖。专家给予的评价是，在科学家老题材的新角度挖掘方面亮点突出。

　　如今，回看过去，参与这个项目已成了我编辑生涯中的一段美好回忆，有些人、有些事还历历在目，有些话犹在耳边。

　　我于 2012 年夏从学校毕业进入北京少年儿童出版社（以下简称"北少社"），开始从事少儿科普类图书的编辑工作，2013 年 1 月加入"小故事"项目组。在此之前的半年时间里，我参加了北少社组织的各类新编辑培训，责编过一套百科类图书，除此之外，没有其他编辑出版经验。因此，"小故事"和我可以说是相伴成长的。接下来，我会回顾其中一些重要的片段，以及一个新编辑做书的体会。

一、全流程锻炼了新编辑

北少社的编辑岗位没有将策划、文稿和营销严格分开，所以一个新编辑有机会参与其中任何一个环节，这点对于一个新编辑的成长是非常难得的。"小故事"是我从策划环节就开始参与的第一个项目，主要策划人是科普室主任李玉帼。作为一名职场新人，我过去半年做的主要是文稿编辑工作，当时还不清楚策划、组稿究竟要做些什么，于是我怀揣着一颗好奇和忐忑的心，在主任的带领下参与到"小故事"丛书的策划和组稿中。

很快，丛书主编石磊老师发来了图书的分册目录和三篇"小故事"样张。我和主任分头认真阅读样张和目录，同时上网查找了目前已经出版的相同主题的图书，做好调研工作。

给青少年讲科学家的故事确实是个老题材，当时市面上关于钱老的人物传记也有不少，大都以钱老的成长历程为线索展开。为体现出差异和特色，"小故事"丛书一开始便确立了三条线索——学习、爱国、科研探索，力求将钱老一生的小故事按照这三条线索展开，做到各有侧重，为青少年塑造出一个立体、鲜活的大科学家的形象。我想这是有别于已出版的科学家传记或故事类图书的一个亮点。之所以能做到这点，"小故事"丛书的优势在于拥有一个独一无二的作者团队。

青少年是一个最贴近流行和时尚的群体，给他们做书，应该着眼于他们"想看"。

二、独一无二的作者团队

"小故事"丛书的作者都是钱老麾下的"老战士"，年轻时奋斗在航天科研生产和管理的岗位上，退休后又加入了"钱学森与中国航天"课题组。从 2008 年开始，他们花了四年的时间查阅、摘录了 100 多万字的历史资料，走访了 100 多位与钱老有过较多接触的老领导、老专家和管理工作者，出版了多部关于钱老的科技著作。正是有了这些积累，才有了今天的"小故事"。

钱老一生的很多故事在网上或已出版的人物传记中都能查到，但其中有些情节是被误传的。为了确保故事的真实性，匡正一些不确切的传闻，作者邀请了钱老的儿子钱永刚担任本书顾问，并对钱永刚进行了采访，搜集到大量翔实、可靠的第一手资料。采访的录音稿我至今还保存着。在录音稿中，有钱氏家训是怎么来的，钱老晚年用收音机听哪些节目，电视机是哪一年买的……这些细节为小故事的真实、丰满提供了有力支持。

在此后的策划、组稿过程中，有三次和作者面对面的样张交流会给我留下了很深的印象。每次与作者面对面讨论样张，主任都会让我整理一份会议纪要，明确会议讨论的内容和后期的工作安排，然后发给与会的每个人。这是一个非常好用的办法，可以帮助每个人梳理此次会议的讨论要点和结论，并且督促大家按计划完成下一阶段的工作，同时也锻炼了编辑的概括总结能力。下面就回顾一下三次讨论会是怎样和作者一起"聊"故事的。

三、和作者一起"聊"故事

2013 年 1 月 8 日，在北京航天大院的档案馆二层，我第一次

大家熟知的人物，做出新意，并且能够有避免以讹传讹的信念，从一手资料出发，值得肯定。

见到了"小故事"项目组的作者——共有九人，他们当中年龄最大的七十多岁，年龄最小的也有六十多岁，是迄今为止我所参与的图书项目中，作者人数最多、平均年龄最大的。初次见面，听了各位作者的自我介绍，我发现他们大都是航天专业背景，有的还与钱老或其家人有过密切的接触，顿时心生敬意。然而这些航天领域的前辈们不但一点架子都没有，还亲切地称呼我"小王老师"，这让我一个初出茅庐的小丫头感到实在担当不起。

此次与作者碰面，主要讨论现有样张是否符合出版要求，以及"小故事"丛书要如何编写。在会上，主任先请各位作者就目前存在的困惑和自己的看法畅所欲言。当时作者普遍存在的困惑是：科研探索方面的故事该怎么写？涉及理论技术的部分如何掌控深度？要讲清楚钱老在科研探索方面的故事，难免会涉及航天领域的专业术语，比如声障、比冲、地球静止轨道，还有一些关于火箭或导弹的发射原理或时代背景介绍，还有著名的"卡门－钱近似公式"等理论知识，这些不可能完全回避，但如果在故事中穿插大量"硬"的理论知识，势必会削弱故事的趣味性和连贯性，增加阅读障碍。

为了解决这个问题，主任提出的建议是：必要的理论知识可以通过"知识板块"的形式进行解释，而不是融入故事情节中。此外，要尽量增加感性素材，来引发小读者的共鸣。

例如，在"难道中国人就矮一截"这篇小故事中，当提到彭德怀在朝鲜战场上领略到中美两国海陆军装备的差距时，一开始仅用文字描述——"虽说志愿军取得了抗美援朝最终的胜利，但也付出了伤亡多于对手一倍以上的代价"，后来又增加了一个陆军师装备的数据对比（见下表）。这样，中美两军陆军师装备的差距便一目了然，小读者对此也会留下深刻印象，更能理解彭德怀对志愿军"伤亡惨重"的心痛和窝火。

有专业背景的作者给小读者写作科普书，最难的就是科学性与趣味性的结合。

朝鲜战场中美两国陆军师装备对比

对比内容	美军陆军师	志愿军入朝师
坦克（辆）	149	0
榴弹炮（门）	72	0
无后坐力炮（门）	120	0
高射炮（门）	64	0
70毫米以上迫击炮（门）	76	42
山炮（门）	0	24
汽车（辆）	3800	0
步兵团（个）	3	3
炮兵营（个）	5	2
坦克营（个）	1	0

第一次会面结束后不久，作者邀请我们到北京交通大学观看上海交通大学师生的原创话剧《钱学森》，以增加对钱老一生的感性认识。当晚的话剧很精彩，而且我还第一次近距离见到了钱老的儿子钱永刚，当时的心情无比激动。虽然我们没有任何交流，但感觉自己好像和大科学家的距离更近了。这算是参与策划过程的一段精彩的小插曲，也是做"小故事"丛书的一次"热身"。

2013年1月27日，我们和作者进行了第二次碰面。按上次会议的原定计划，每位作者各自按组稿要求撰写1—2个故事，就这些故事再次进行讨论、交流。这次会议上共讨论了12个小故事，有的小故事的情节安排、故事衔接都非常适合青少年阅读，完全符合出版社的组稿要求。有的小故事图文结合，而且图注齐全，给后期统稿工作带来很大方便。当然，我们也发现了一些问题。比如，不同作者写的小故事中，可能讲了同样的人或事，这点需要作者彼此之间及时沟通，避免后期出现问题。

针对该问题，丛书主编王春河老师提议，如果某些故事的重复是不可避免的，建议大家做到各有侧重，并且请每位作者列出较细的写作提纲，将涉及的核心故事罗列出来。石磊老师则将作者分成了三个小组，分别对应学习、爱国、科研探索三个主题，并要求确保本组内作者的故事素材不重复。这样，便很好地解决了这一问题。

当图书作者不是一人，而是多人时，就比较容易出现内容重复的情况。在创作初期合理分工，作者之间及时交流，就可以有效避免重复，也就避免了后期返工、耽误组稿进度。在"小故事"项目组中，主编石磊老师和王春河老师都是非常负责任的，他们会主动协调其他作者，召集大家按组稿要求抓紧创作。此次会议定下的计划是，三个创作小组在 2 月底之前列出约 15 个故事大纲，并在春节后安排一次对钱老身边工作人员（如警卫、厨师）的采访。

2013 年 2 月 28 日，第三次稿件讨论会按照原计划如期进行。作者在上一阶段的稿件撰写工作基本符合预期目标，此次会上共讨论了 36 篇小故事。其中大家讨论的焦点依旧是科研探索方面的小故事，看来如何写好涉及航天科技知识的小故事仍是摆在作者和编辑面前的难题。对此，大家又针对每个故事进行了深入讨论。为了吸引青少年读者，建议故事开篇从青少年感兴趣、熟悉的事物或场景入笔，或者采用倒叙的写作方法。

此外，这次会议对"小故事"的体例也进行了规范。例如，引言部分尽量不超过 150 字，知识板块部分也不宜过长，尽量不超过 200 字。约定了这些条条框框，为后期的编辑工作减了不少麻烦。

现在，随着编辑的工作节奏越来越快，能踏踏实实坐下来，听作者们讲故事，和作者们聊故事，然后探讨故事怎么写，这种

为一套书做如此细致的准备工作，实为难得。

愉快的编辑活动
定会传递到这套书上。
这应该是一套读来令
人愉快的书。

点评人：杨虚杰

互动显得特别难得，机会可遇不可求。如果有人问编辑工作中最有趣、最享受的部分是什么？我的回答是：和优秀的作者互动，参与创作，思想碰撞的过程。

作者简介

王琳：2012 年 7 月毕业于北京师范大学物理系，随后进入北京少年儿童出版社科普编辑室工作至今。自 2015 年，开始参与融媒体图书的策划和出版，如《大开眼界恐龙世界大冒险》（VR 图书）、《酷玩铁甲》（AR 图书）、《激发孩子想象力的 1000 个奇思妙想》（AR 图书）等。

读者品鉴

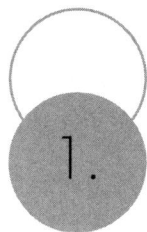

如果逝者能说话

——《逝者证言》书评

□ 刘爱琪

    让逝者说话，这如何可能？影视剧中的幻想可以让观众逞一时之快，但是在现实生活中却无迹可寻。然而，21 世纪的科学告诉你，通过应用现代医学技术，我们就能让尸体说话。《逝者证言》正是这样一部讲述法医如何让尸体说话的科普作品。在一桩命案中，尸体是整个现场的中心，施暴者所有的暴行都或显性或隐形地反映在尸体上。一谈到尸体，我们想到的可能是恐怖电影或惊悚小说中的桥段。《逝者证言》不同于这些灵异悬疑小说的地方就在于，尽管书中描绘的尸体五花八门——腐尸、残尸、干尸、浮尸、白骨尸，尽管法医检查尸体的各种方法具有十足的画面感和冲击力——解剖、开颅、锯骨，甚至高压锅烹煮，但作者的目的绝对不是"重口"，而是作为一名法医，向公众发起一场生动形象的科普。

    法医，就是那个让尸体"说话"的人。一个具有扎实知识和大量经验的法医，可以通过尸体现象来较为准确地判断死者身份和死亡时间，可以通过尸体上的损伤来推断死因。而且，通过现代医学知识加上重构现场的推理能力和行为心理学分析，我们不仅能让尸体"说话"，还能让尸体"行动"起来，在法医的脑海中演示它被施暴的经过。作为一本科普作品，《逝者证言》更注重介绍法医在让尸体"说话"时运用的医学知识，并从法医获得的尸体证据来展开案情，每一步的推理都有证可循，每一步的推理也都依赖于尸体所给出的证据，从而展现出现代法医断案的科学方法：物证和逻辑推理相辅相成、交互进行。

尽管法医的工作是重要的，但是他们常常因为长期跟死者接触而被认为是冷酷的、怪异的，甚至是"晦气的""不吉利的"。《逝者证言》就致力于揭开法医神秘的面纱，破除公众对法医形象的误解，以刑侦实录的方式塑造一个个生动、鲜活的法医形象：法医实习生赵伟和杨光作为初来乍到的"小白"，面对腐尸也会作呕，解剖尸体时也会手抖；市公安局主检法医师王小美不仅是个不折不扣的美女，作为法医大佬的她勘查现场时有条不紊，尸检解剖时冷静沉着。并且，由于法医的鉴定往往是法律仲裁中最为有力的证据和标准，有时，法医给出的死亡或伤情鉴定同家属的预期不符，因此，发生在常规医院的"医闹"现象，在法医的日常工作中也层出不穷。法医的专业鉴定与大众关于死亡的知识之间存在鸿沟。这也是本书作者秦明作为一位法医，急于向大众普及法医知识的原因之一。

除此之外，这本书让我们看到，法医工作的难能可贵之处，不仅在于他们能为常人所不能——面对、触碰各种让人见之可怖、闻之作呕的尸体，有时手上的恶臭会让他们无法端碗吃饭、几天都难以消除，更在于他们力图透过现象看实质，通过一次次的尸检和现场勘察，抽丝剥茧，力图还原案件真相。当生命已逝，我们唯一能做的也只有找寻真相了。法医让尸体"说话"，而尸体所"说"的将成为让凶手无可抵赖的证词。人们崇拜福尔摩斯这类大侦探，认为他们能凭借敏锐的观察力和清晰的逻辑推理，为无辜的受害者伸张正义。其实，法医同样甚至更加值得我们尊重。因为在找寻真相这件事上，他们始终身体力行。

用科学的方式去说"鬼"话，用现代医学去安抚人们对死亡、对未知的恐惧，这种科普题材虽然很科学，但是也很危险——一不小心就会变成以"科学家下乡"扫除愚昧的立场进行说教。因此，这类题材的科普写作是很有难度的，想要写出一部"别有天地"的科普作品实属不易。如何在大众文化和科学写作之间选取一个最佳的中间状态？如何在传播科学和引人入胜之间找到一个平衡点？这令许多科普作者绞尽脑汁。然而现实却是，神秘感和科普之间似乎生来就互不兼容。在进行科普创作的同时往往会牺牲可读性，很容易让读者觉得索然无味。

《逝者证言》作为"重口味"科普作品中的一员，其作者秦明努力尝试在故事和科普之间找寻一个平衡点。他将一个经过文学处理的、带有虚构色彩的刑侦案例与现代法医学的知识穿插讲述，这种构思可以说是科普作品为寻求可读性而进行的一种尝试。然而这种尝试却略显生硬，科普的部分仍然是教科书式的，并没有完全和刑侦案例的故事性相融合。科学性和可读性仍然是泾渭分明、相互独立，没有浑然一体的巧思和美感。在科普作品已经将可读性提上日程的今天，怎样将科普和可读熔于一炉，这仍需要优秀的科普作家去思考、去构思、去实践。

作者简介

刘爱琪：清华大学科学史系在读研究生。

2. 一套会讲故事的科普书

——评《大科学家钱学森的小故事》

□岳　熹

钱学森，这位伟大的科学家，对于我们大多数人来说是可望而不可即的。我们知道他是"两弹一星"元勋，知道他是"中国航天之父""中国导弹之父""中国自动化控制之父"和"火箭之父"，我们还知道他为中国国防科技工业打下了坚实的基础，可是我们却很少走进过他的世界，去了解他的成长之路。而《大科学家钱学森的小故事》这套丛书，便犹如指引者一般，引导我们走进了钱学森璀璨斑斓的一生，让我们有机会去感受伟大科学家一生的波澜壮阔。

整套图书以一个一个的小故事把钱学森的一生在我们面前悉数展开，在阅读的同时，我们也好似故事的参与者，一路跟随大科学家钱学森，陪伴着他走过人生的风风雨雨直至生命终结。而《大科学家钱学森的小故事》丛书的三本书，并不仅仅是对钱学森一生的记录和描写，更值得注意的是，它们以钱学森的人生为主线，描绘了中国近百年来的重要历史时期、重大历史事件，还对一些难懂的航天高科技知识进行了普及。书中除了文字的描述，还穿插了大量的图片，这些图片大多是一手历史资料，这使得这一个个故事变得鲜活丰满，极大地增强了故事的真实性，让我们在阅读过程中犹如身临其境。

一、知识寓于故事中

作为面向青少年的科普图书，《大科学家钱学森的小故事》带给我们的不仅是阅读上的享受，还为科普图书的创作指引了一条好路。

科普读物，特别是面向青少年的科普读物，内容的真实严谨固然重要，但文字的简练易懂以及知识普及的良好接纳度却起着至关重要的作用。如果我们急于把有用的知识传授给青少年或是想要激起青少年对科学世界的好奇，便一股脑儿地把科学知识灌输给他们，通常会起到相反的效果。如果我们以讲故事的方式，把一些基础但是重要的知识融入故事中，或将那些不能巧妙融入故事中的生僻、专业的词汇以注解的形式单拎出来，放在页面的合适位置，是不是更容易被青少年读者所接受？这套书就是这么做的。

《折纸飞机的小男孩》分册中有一篇故事叫作"严师出高徒"，这篇故事主要讲述钱学森在教学上严格要求学生的故事，其中有一个让人印象深刻的例子：在一次期末考试中，钱学森的一位学生把第一宇宙速度 7.9 千米 / 秒写成了 7.9 米 / 秒，受到了他的严厉批评，故事中引用了钱学森的原话："第一宇宙速度差了 1000 倍，你设计的火箭速度比自行车还慢，你要不要做这个工作了？"类似这样的情景再现，比起直接说出正确的知识内容，更容易让这个知识点扎根在青少年的脑海中。

《大科学家钱学森的小故事》中不仅仅向我们介绍了航天高科技知识，同时对艺术、历史人物、历史事件等知识都有所介绍。比如，在讲到钱学森拜师冯·卡门时，在当页就有一个小方框对冯·卡门进行介绍："冯·卡门，美国工程力学大师、航天技术理论的开拓者。……"再比如，在讲到钱学森幼时父亲并没有送他去私塾而是让他去了"当时北京最现代化的小学校"时，当页对私塾进行了解释。书中单独介绍这些知识点，没有干扰故事的连续性，使读者依然保持阅读的积极性，读者可以自己选择是否阅读这些小知识，也能时常翻阅，复习巩固。

如果这套丛书能为这些补充的知识点再做一个目录，使书使用起来更加方便，也许能在一定程度上提升这套书的"利用率"。比如书中"千里寻名师"的故事，主要讲的是钱学森拜师著名的冯·卡门教授的过程，其中涉及两个科学知识："飞机为什么能飞"和"空气动力学的作用"。作者同样没有把它们放在文章中，而是单拎出来介绍。但是，如果能在故事的目录后，再为这些知识点做一个目录，便能方便读者找寻知识点，而不至于在想找某个知识点时却不容易找到。

二、授人以鱼不如授人以渔

讲故事，要让读者得到比故事内容更多的东西。《大科学家钱学森的小故事》中除了大量知识的普及，还蕴藏了丰富的精神财富。书中展现了学习方法、教育方法、为人处世之道……还把家国情怀融入一个个故事之中。可是书中却少有直接的说教，而是通过钱学森的人生经历从侧面给予读者教育。

书中有一篇题为《不用死背书，不求得满分》的故事，就讲述了钱学森从小接受的教育方式。那时，他所在的学校——北京师范大学附属中学就有"学生临考试时不做什么准备……大家都重在理解不在死背"的风气，还有老师为了鼓励创新，设定了"五道题，学生都答对，但解法平淡，只给 80 分；如果答对四道题，但解法有创新，就给 100 分，还要另外奖励"的评分规则。这恰恰与我们现在社会追求的"应试""高分"教育形成了鲜明对比，无疑给了青少年开启新的学习思路的一把钥匙，但要使这把钥匙的作用得到更大发挥，是需要父母、学校乃至整个社会共同努力才能实现的。

值得一提的是，书中融入的爱国主义教育让人印象尤为深刻。在讲述钱学森在美国受辱，寻求新中国帮助，并最终踏上故国土地的曲折经历时，故事很容易让读者置入其中，切身体会到祖国带给我们的安心。在讲到钱学森等老一辈科学家和领导人，为了让中国不被别人欺负，在国防建设上所做出的努力与牺牲时，没有人不为之感动。相信青少年在阅读时，也能够感受到祖国强大的力量，也能激发出他们内心潜藏的爱国主义情怀，终有一日也想要为祖国的繁荣贡献出自己的一份力量。

这套书的作者们，正如钱学森之子钱永刚在序中写的那样，"他们都是父亲麾下的'老战士'"，这些"老战士"经过四年多努力收集了大量关于钱学森生活、工作的真实材料，又历时两年多为青少年编写了这套以百余个小故事组成的丛书。他们呕心沥血编写这套丛书，不仅仅是想要纪念这位伟大的科学家，更重要的是想要让钱学森等老一辈科学家身上的优秀品质能够在我们这个时代得以延续，让新一代的青少年能够手握这些珍贵的精神财富，日后成为国之栋梁。

书中一个一个的小故事如同涓涓细流，我们总能在不经意间感受到一股清凉流入心间、渗入血液。真心希望青少年们能够翻开这套书，不为获得什么，不是要达到什么目的，而是让书中的故事带领着他们去探求未知，探求更加丰富的世界！

作者简介

岳熹：首都师范大学汉语国际在读教育硕士。

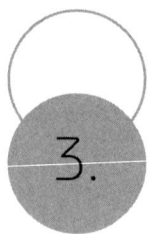

3. 亦趣亦理，稳抓科学素养提升

——评《小学生科学素质读本》

□ 史朋飞

习近平总书记在"科技三会"上指出："科技创新、科学普及是实现创新发展的两翼，要把科学普及放在与科技创新同等重要的位置。"

由中国科学技术协会牵头，中央宣传部、中共中央组织部等33家全民科学素质行动计划纲要实施工作办公室成员单位联合组织编写了《中国公民科学素质系列读本》（六分册）。《小学生科学素质读本》即为其中面向少儿群体开发的一册。

一、集百家之言

《小学生科学素质读本》的题材多取自日常生活、自然现象、前沿科技，兼顾人文与艺术，以有趣的设问形式引入了科学与社会的浅显思辨性命题。所含领域看似包罗万象、天马行空，却涵盖了"生命与健康""地球与环境""数学与信息""物质与能量""科技与社会"等内容。如"生命与健康"中的"打哈欠会传染吗"，从人们日常打哈欠讲到人类进化及人类大脑神经，看似习以为常的人类行为或平淡无奇的自然现象背后，恰恰蕴藏着令人惊叹的科学奥秘。小学生多为 6—12 岁儿童，思维活跃、勤思善问，正处于对世界充满好奇、对知识充满渴望的年纪。《小学生科学素质读本》通过对宏观大千世界细致入微的探索，解答小学生对世界的万千疑问，追本溯源，揭示事物背后的真理，激发小学生对科学的热爱和对未知的探索。正所谓"教育要从娃娃抓起"，科学普及也不例外。

《小学生科学素质读本》的执笔者包含科学家、科普作家和其他科技工作者。其中最难得的是科学家参与科普创作，特别是那些既具有科学素养，又具有文学、艺术修养的科学家。本书作者中不乏在科研和科普领域均有突出成绩的作家，如张开逊、史军等均曾获得国家科学技术进步奖科普奖，很好地体现了科学家参与科普工作的社会担当，同时也说明，本书从不同角度全面剖析了读者需求，更具权威性、科普性和趣味性。本书集百家之言，去粗取精，并配以近百幅图片，使读者在良好的阅读体验中走近科学，领略科学，体味科学，彰显了科普图书"新、奇、实、美"的特点。

二、见科学趣理

法国著名雕塑家奥古斯特·罗丹曾说过："世界上从不缺少美，而是缺少发现美的眼睛。"一位参与制定美国青少年科学教育纲要的教师曾说："我们的目标，是使孩子像科学家一样思考。"《小学生科学素质读本》通过 30 多条基于日常生活、自然现象、前沿科技的内容，娓娓道来地揭示了现象背后的科学内涵。行文言简意赅，科学知识解析透彻，条理清晰，易学易懂。

"数学与信息"中的"猫咪睡觉时为什么把身体蜷成一团"，通过生活中常见、画面感较强的猫咪睡觉场景揭示了"体积相同时，球体表面积最小"的数学原理，触类旁通；又简要介绍了设计精妙的蜘蛛网，精确纪年的珊瑚虫，黄金分割比的海星、阳桃等。内容布局张弛有度、繁简得当，抓住人们对已知和所熟悉事物更亲切、更易关注的特点，从读者的身边事物着手，通过标题疑问语句的强调作用配合科学固有的神秘色彩，激发小读者的观察力和探究精神，使科学知识有所依托，摆脱乏味的说教。"物质与能量"中的"阿基米德要是不洗澡，就发现不了皇冠的秘密吗"，通过历史传说这种故事情节鲜明、为人所喜爱的文体形式抓住读者眼球，揭示浮力定律的同时，点明了科学发现不是仅凭运气的哲理。正如爱迪生所说："天才是 1% 的灵感加上 99% 的汗水。"没有思想和积累，便谈不上灵感。

每项科学内容的展开，除谋篇布局的优势外，行文配图亦是丰富且生动，除了实景图、科学专业图，还绘制有趣味性较强的科学知识辅助解释图、装饰图等，更增添了图书的趣味性，便于小学生阅读和理解。同时，每项科学内容后的"科学探索""知识链接"等可以进一步引发读者思考，为对此项科学内容感兴趣的读者提供更多的拓展和参考。

因此，《小学科学素质读本》是一部内涵丰富、兼具科学性和趣味性的科普读物。

三、显媒体融合

《小学生科学素质读本》已于 2016 年 10 月升级为融媒体版，每项科学内容中附有二维码，利用移动设备扫描可以观看基于科学内容开发的科普微视频《阿 U 学科学》。视频中的阿 U 酷似日本漫画大师臼井仪人创作的蜡笔小新，调皮呆萌，又对世界充满好奇，非常适合小学生这一读者群体。将科学内容与少年儿童喜欢的动漫形式嫁接，更有利于吸引读者的注意力；视频时长均不超过5分钟，符合少年儿童的视听习惯。新媒体形式的介入赋予了以纸媒为载体的资源以声音和动态影像，并且，多种感官的体验更有利于读者学习和掌握科学知识。《阿U学科学》也因其形式新颖、科学趣味性较强等特点获得了国家新闻出版广电总局2016年第一季度优秀国产电视动画片、2016年"中国梦"原创网络视听节目获奖作品等奖项，全网点击量突破2.4亿。据悉，它还被引入美国、印度等国外媒体播映。

由此可以说，《小学生科学素质读本》融媒体图书的开发是一次成功的尝试，实现了同一科学资源的全面开发和利用，根据受众需求及认知特点量身打造，扩大了科普影响力，这一新的探索对公民科学素质的提升形成了很好的助力。

2020年为《全民科学素质行动计划纲要》新的起始年，最新的公民科学素质调查结果将为《小学生科学素质读本》的修订改版提出新的要求。随着新时代科学技术的发展及当代小学生的认知习惯和特点，科普读物应在增补、更新知识内容的同时，通过更为多样的形式，在出版行业供给侧结构性改革和全媒体融合背景下，力求做到创新与特色并存、多种媒体形式融入，使科学内容的呈现更为全面、立体。

《小学生科学素质读本》的出版，旨在普及科学知识，启蒙少年儿童对世界的认知，对夯实科普工作基础、助力科技创新具有重要意义。

有理亦有趣，工具书也可有大影响和大作为。《小学生科学素质读本》不是一本普通的科普书，而是一本站在大时代背景下，肩负科普任务、助益公民科学素质提升之书，是一个传播形式多样的媒体融合产物，是一扇引领青少年探索思考的启蒙之门。

科学素质提升是硬指标。在信息爆炸的时代，人人都可以成为自媒体，青少年标榜独立、个性，科学普及也需要我们去开发多样的传播形式，利用互联网、新媒体和新技术平台做好科学、科技内容的展示，增大、提升传播效果。虽然《小学生科学素质读本》中的30多项科学内容只是大千世界的冰山一角，中国公民科学素质的普及工作任重道远，但正像科学发现一样，科学普及工作也不可能一蹴而就，循序渐进、细水长流方可实现量变到质变的飞跃。相信，《小学生科学素质读本》在未来的科学普及道路上定能成效卓然，贡献显著。

作者简介

史朋飞：中国科学技术出版社有限公司大众科普编辑部编辑，主要从事科普图书的出版工作。

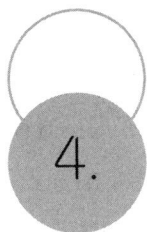

4. 天文观测初学者的
实用入门指南
——《我们去观星》书评

□ 刘　允

　　拿到《我们去观星》，不禁有点小激动。因为作者是台湾著名的追星人、人称"星星小飞侠"的陈培堃。他是台湾地区拍摄到哈雷彗星的第一人，也是我的天文引入人之一。

　　早在 20 多年前还在上中学的时候，我就曾读过陈培堃编撰的《星星俱乐部》系列天文丛书。在没有互联网的年代，当时的这套书可以说是业余天文观测入门的宝典，内容既专业丰富，又通俗易懂，还非常实用。

　　《我们去观星》同样继承了当年《星星俱乐部》的这些优点，只不过因为面向的读者群年龄更小，故而内容更为精简、通俗。即便如此，对于大人而言，透过这本精美而不失专业性和实用性的天文书，依然收获不少。

　　《我们去观星》总共四章，大体可以分为三个部分：基础天文知识、观星指南、经验分享。基础天文知识部分主要由第一章"聚焦太阳系"、第二章"漫游星际间"组成，带领读者畅游太阳系的各个主要天体，了解星座的由来、恒星的一生以及我们所在的银河系等。这两个章节通过生活化的语言、专业而精美的图片，将看起来高深的天文知识浅显易懂地讲述给读者。

太阳黑子为什么是黑的？了解的朋友都知道，这是因为太阳黑子的温度大约为 4000 摄氏度，远低于周围光球层 6000 摄氏度的温度，使得太阳子黑子看起来黑。通常的科普书，基本上都会解释到这一点。而《我们去观星》还把 100 瓦和 40 瓦的灯泡进行明暗对比，更有助于年纪小的读者理解"太阳黑子为什么是黑的"这一疑问。

银河系的形状是什么样？《我们去观星》不单单以文字告诉大家银河系侧看如汉堡，俯瞰似漩涡，书中还给出了仙女星系M31 和 NCG4565 星系的照片作为参照类比物，让银河系的外观形状更为直观。

基础天文知识的部分还有一些动手环节，引导小读者和爸爸妈妈一起，通过家庭小实验，生动形象地了解发生在太空中的天象原理和天上的星座，甚至随心所欲地编撰写给外星人的信。这些有趣的环节，让《我们去观星》不仅是一本可以看的书，更是一本可以动手的书。

第三章"赏星初体验"构成了全书最为实用的观星指南部分。对于天文爱好者而言，望远镜、星图、手电筒等都是必不可少的工具。在这个部分，"星星小飞侠"陈培堃为大家简明地介绍了这些工具的作用以及应该如何选择，尤其是关于选择入门天文望远镜的小经验。而这也是许多想给孩子选购望远镜的家长朋友经常会遇到的问题。

工具备齐，就可以去观星了吗？当然不是。提前查看天气预报、准备必要的衣物和食物等也是必不可少的工作。"星星小飞侠"在书中给大家准备了"观星检查表"，帮助做观星前的准备，是不是非常贴心和实用？

在所有的准备物品中，"星星小飞侠"还特别地让读者们准备星空下的音乐清单。正如他在书中所写："看星星月亮的时候，别忘了也可同时用耳机听你喜爱的音乐。无论是流行乐或古典乐、歌剧或戏曲，还是抒情歌曲或电子舞曲，就让音符旋律带你去天际，一起飞翔在神秘的宇宙。"

看得出来，"星星小飞侠"是想让读者们去享受星空，随着音乐沉浸在找星星的乐趣之中。

但如果想要充分地享受到这些乐趣，初学者可能还需要一份星图。"星星小飞侠"在书中为读者们准备了一份精美的四季星图，与一般绘制的星图不同，书中彩页上的星图取自真实的星空照片，都是"星星小飞侠"亲自拍摄的。

尽管现在手机上的认星类 App 已经非常方便，但传统星图对于熟悉星空和星座依然必不可少，有时甚至更为直观。毕竟在手机的小屏幕里，我们只能看到天空的局部，但传统星图呈现的是全天星空，可以比较全面地了解各个星座或恒星之间的相对位置，对于天文观测初学者非常有用。

作为一本天文观测的入门书，其实写到"赏星初体验"这一章已经可以结束了。不过，"星星小飞侠"在最后的第四章"观星心体验"中继续给大家分享了不少诸如日全食、流星雨、极光等特殊天象的观测心得。而如果你不满足于在阳台、城市进行观星，"星星小飞侠"也推荐了国内外的一些观星胜地。在这些远离光污染的地方，可以观赏到更为壮美的星空。

著名哲学家康德曾说过，这个世界上唯有两样东西能让我们的心灵感到深深的震撼：一是我们头上灿烂的星空，一是我们内心崇高的道德法则。你是否已经准备好跟随"星星小飞侠"的《我们去观星》，去感受头顶上的那份震撼呢？

作者简介

刘允：青蜜科技联合创始人，中国科普作家协会会员，资深天文爱好者。

5. 《思维魔方》的魔力如何释放?
——解析《思维魔方:让哲学家和数学家纠结的悖论》

□ 张　昊

　　"悖论"一词,是英语词 paradox 的中译,指的是与公认的信念相左的"道理",或是让人陷入两难、无所适从的命题。它虽然看似荒谬,违反常理,但却似乎论证缜密、无从反驳。悖论是逻辑学中最有趣的分支,也是众多哲学家、逻辑学家孜孜不倦进行探索的领域。从这个角度上考虑,悖论是有趣的,也是恼人的,它的难与美都是它永不褪色的魔力。

　　《思维魔方:让哲学家和数学家纠结的悖论》(以下简称《思维魔方》)是国内第一本关于悖论的逻辑科普图书,2014 年由北京大学出版社出版。作者陈波是中国人民大学哲学博士,北京大学哲学系教授、外国哲学研究所教授,专业领域为逻辑学和分析哲学,其作品《逻辑学十五讲》和《逻辑学是什么》都是畅销的逻辑通俗著作。《思维魔方》运用通俗流畅的语言,介绍了 150多个经典的悖论,让人们了解这些悖论的来龙去脉,探讨解决办法。在书中,作者主要通过以下三个维度向读者详述悖论的思维魔力。

一、精心设计的章节安排

要理解悖论，其首要条件是具备一定的逻辑思考能力。所以作者在介绍悖论之前，先介绍了一些逻辑学的预备知识，这些知识比较浅显，只要学过高中数学，理解起来便不会费劲。为了进一步降低理解的困难，作者还特意引入了生活中很多常识性的例子。所以对于读者来说，一方面可以通过这些逻辑预备知识获得初步的逻辑思考能力，另一方面也会由此对生活中的很多问题有更深刻的认识。

在读者具备了初步的逻辑思考能力之后，作者便开始第一章——对形形色色的悖论的讲述。这一章主要介绍了以下几部分：第一，悖论是什么和悖论不是什么，通过这一部分的论述，读者可以对悖论的定义和内涵有足够清晰的认识；第二，悖论有哪些类型，在这一部分，作者将各种悖论分为 12 组，同时也是为了让读者对接下来的第二章到第十四章中的每一组悖论有一个初步印象，不至于在后面的论述中显得太过突兀；第三，如何合理地解决悖论，当然仅仅认识到悖论是不够的，还必须要学会怎样解决它，对于我们普通读者来说，想要解决悖论是很难的，因为悖论之所以存在，是因为我们思维中最底层的一部分出了问题，如果要解决，则必须要有一套比较全面的、系统的方法，显然我们普通人还达不到这一水平。可是这样，研究悖论还有什么价值呢？作者在这一章的第四部分，详细论证了研究悖论的意义，这就可以让读者认识到，研究悖论并不是一件无足轻重的小事，而是能在研究过程中不断进行认知升级，是对人的发展有积极意义的。

第二章到第十四章，分别对十二个类型的悖论中的一个进行深度剖析。先对这一类型中最典型的悖论进行多角度解析，比如分析该悖论的起源和产生的时代背景，追问该悖论的终极矛盾点在何处，当然在这其中可能会穿插一些有趣的历史故事，以使读者不会丧失阅读兴趣。然后从该典型悖论出发，阐述各个历史时期内这一类型悖论的各种变体，并用统一方式回答这类变体悖论的一致矛盾点。

与此同时，作者还会提出一些有趣的思考题，便于读者理解这类悖论背后的本质。例如，在讨论二难推理时，作者先用"上帝能不能创造一块他自己举不起来的石头"的例子来分析该悖论背后隐藏了什么，以及为什么会引出矛盾的结论，紧接着又抛出了一个与之本源一致的问题，即"一个全能的存在能够创造出他不能控制的事物吗"，来让读者自己分析背后的逻辑线索。在这个过程中，读者不仅可以锻炼一下逻辑思考能力，也能使自己在生活中遇到类似境遇时，一眼发现这种境遇的本质漏洞在哪里。

总的来说，作者对该书的章节安排，实在是煞费苦心。因为既要保证所论述的内容具有科学层次上的严密准确，又不能让读者望而生畏，产生不敢阅读的念头，因此才从浅入深，层层递进地为读者提供恰到好处的阅读满足感。

二、科学有趣的叙述语言

整体而言，这本书语言风格偏向于朴实平淡，并没有太多华而不实的比喻，叙述过程是有一说一、有二说二的平铺直叙，这便在一定程度上更加令人信服。在对悖论的分析过程中，作者多采用设问的修辞手法，其作用也是保证所述内容具有更强的说服力，同时降低读者的认知负担，不必使读者处处怀疑悖论的真实性。

毫无疑问，如果科学性太强，读者便会读不下去，很容易丧失阅读兴趣。那作者是如何平衡这两者之间关系的呢？我认为作者主要运用了三个手法来解决。

第一个手法是运用短句。无论是叙述悖论，还是分析悖论，作者都绝少使用长句子，用得最多的是降低认知负担的短句子，专业术语更是十分少见。显然，我们都知道，句子越长，理解起来就越困难，句子越短，我们也就越容易提取句子本身的意思。

当然，想让读者产生浓厚的阅读兴趣，仅仅依靠降低认知难度还远远不够。于是，作者又用到第二个手法，将读者的情绪和思考调动起来，从而产生一些趣味性。比如，作者在描述秃头悖论时是这样说的：掉一根头发算不算秃头？不算！再掉一根呢？也不算！再掉一根呢？还不算。再掉一根呢……如果按照这样的推理，无论掉多少根头发，也不会造成秃头，但是，事实并非如此。通过这一段描述，我们可以很容易明白什么是秃头悖论，同时又会觉得这个悖论距离我们很近，很亲切，因为这种描述调动了我们对秃头的想象。书中类似这样的描述还有很多，比如鳄鱼悖论、国王与大公鸡悖论、守桥人悖论等，都是能带来趣味性思考的描述。

除此之外，作者的第三个手法，是真正做到了将有趣的悖论蕴含的价值传递给读者，即分段描述。这一手段看似平淡无奇，却是作者将价值传递给读者的关键。如果是将悖论的描述写成一大段一大段的形式，那即使语言充满趣味性，恐怕看不了几段就容易疲惫，一旦疲惫自然也就没有更多兴趣继续阅读了。而作者采用了分段描述，每一个段落也就几行、十几行，哪怕是最长的段落也不会超过一页，而且每一段落所表达的意思是完整的。所以当一段读完之后，读者可能发现一些有意思的词句，便会留出一些空隙来回味，因此印象也会更深刻。当读者对书中某些词句印象深刻，那作者的观念就深入读者的心了。

三、引人思考的插画插图

书中的插画和插图总是能给读者一些非同一般的感受。每一章在开始都有一幅插画，每一幅插画都不是默默无名，而是由杰出的大师所画，各自有其独特的名字，背后也有十分丰富的哲学内涵。每一幅插画的内涵都刚好与本章所讲的内容有对应关系。读者如果细心观看插画，或许能感受插画所表现出的矛盾，这种矛盾也恰恰反映出悖论背后的深刻内涵。如果读者不能主动从插画中提取出深刻含义，也没关系，因为作者还对插画做了一些精炼的解释，这些解释也会引导读者发掘插画中的哲学内涵。比如下面这一幅插画——《这不是只烟斗》。

Ceci n'est pas une pipe.

初看你可能不知道这画想表达什么意思，不过作者在下面给出了精练解释，引导着你往哲学上思考。作者是这样解释的：

图里明明是只烟斗，但是画家却在下面用文字说明"这不是只烟斗"，那它是什么？

一个对象是什么，由什么来决定？英语国家有句谚语是："如果一个东西看起来像鸭子，走起来像鸭子，叫起来也像鸭子，那么它就是只鸭子。"但是实际情况要比这复杂得多，譬如这样的"鸭子"，如果基因是兔子，那么它还算是鸭子吗？任何一组确定物理对象的条件，都能找到例外。与之相对，虚构对象由其定义而决定。

物理对象没有什么定义可言，只有被观察到的性质，而观察不能穷尽所有性质。在这个意义上，逻辑、数学等演绎科学其实是最简单的。其中有哪些对象，它们有什么性质，一开始就给定了。这些定义能带来什么推论，也都是确定的，不会暧昧。

除了每一章开头有一幅插画，每一章文字的边框位置会随机出现一些有意思的插图。倘若看文字看累了，对着插图盯一会儿，就可能发现插图会带来一些不一样的东西。因为这些小插图背后都隐藏一个或几个不合常理的地方。初一看，好像都是习以为常的东西，然而仔细一看，却会发现里面暗含"玄机"。这些小小的插图可以算作这本书中的小小"彩蛋"，给这本书增添了一些另类的趣味性。

四、结语

总的来说，《思维魔方》这本书就各种各样的悖论做出分类整理，作者将从古至今五花八门的悖论分成十二类，详细介绍每一类悖论的历史原型、各种变体、逻辑学家的解决方案、与日常生活的关系等，这也是中文出版物里对悖论所做的比较全面、比较系统、比较深刻的探讨。就算放到英文出版物里，将悖论分成这十二组，也不算错，因此这也可以算作作者的一大开创之举。

更难能可贵的是，作为国内著名的逻辑学家，作者大匠运斤，对各种悖论研究得十分透彻，悖论讲述过程也就显得游刃有余，对每一类悖论的历史原型、各种变体以及引发的哲学思考都做了比较全面的分析。其分析过程并不枯燥，反而运用恰当的结构安排、得体的语言表达和另类的插画插图，将本来枯燥无味的逻辑分析表现得妙趣横生。同时，对各种理论的讲解以及对先辈观点的评说能做到深入浅出、别开生面。

对于普通读者来说，理解悖论不是一件容易事。要想发现悖论的那种令人着迷的魅力，就需要具备相应科学素养的人去专门研究。但是这本书打破了这一局面，使得普通读者通过阅读此书就可以较容易地理解悖论，从而体会到悖论那种令人欲罢不能的魔力。这主要归因于作者本身对逻辑学的深刻见解，同时又能用通俗流畅的语言将这种见解传达给广大读者，使其能够欣赏到悖论那种令人欲罢不能的魔力。

作者简介

张昊：北京服装学院在读研究生，曾获"起点杯"征文大赛二等奖。

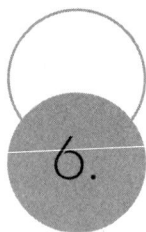

6. 小小的绘本　大大的世界

——评《好奇宝宝科学绘本》

□ 邓　文

　　"3岁的孩子，看得懂科普书吗？"很多妈妈有这样的疑问。小宝宝的确听不懂引力波、电磁、DNA、分子生物学这些专业科学名词，可这并不意味着他们对科学没有兴趣。

　　科学究竟是什么？有人说，科学是数学、物理、化学、生物等自然学科的综合；有人说，科学是对万事万物的合理解释；也有人说，科学是世界上一切物质变化的客观规律。这些说法都是正确的，然而，却都忽略了一个最本质的事实——科学不仅仅体现为复杂、机械、冰冷的知识，它饱含着人类对于万事万物的好奇心和持之以恒的探究热情。

　　你看，科学的本质和充满好奇心的小宝宝，是多么相似啊！

　　儿童科学启蒙的重点并不在于灌输多少科学知识，而是从小培养孩子对科学的好奇心，呵护他们与生俱来的探索欲。对于懵懵懂懂的小宝宝来说，科学不应该是冷冰冰的、形而上学的教条，而应该是具有触感的、富有生活气息的寻常之物。火箭卫星中有科学，屎尿屁中也有科学。引导孩子探索日常生活中的科学，才能激发他们与生俱来的探索未知世界的好奇心。

江苏凤凰少年儿童出版社出版的《好奇宝宝科学绘本》（全5册）原创科普绘本系列，正是根植于孩子的日常生活，从儿童视角出发，以儿童最能接受的方式，回答他们最想了解的科学问题，既是一套科普启蒙绘本，又蕴含着丰富的生命与爱的教育思想。这套原创绘本用无厘头的提问、时尚活泼的插画、日常生活中最普通不过的切入点，深深吸引孩子的兴趣。

一、从孩子的视角讲故事

人身上怎么有这么多"洞洞"？看不见摸不着的风是什么东西？花花草草也会睡觉吗？很多孩子经常"十万个为什么"，甚至"打破砂锅问到底"，让爸爸妈妈回答得口干舌燥、应接不暇。

实际上，这些充满童言童语的搞怪问题，反映了孩子从自身视角看待世界的方式。孩子的思维与成人截然不同，孩子还没有建立起严密的逻辑关系，对待万事万物更加宽容、发散，富有联想和创造力。

比如《头发的秘密》一书中，站在孩子的立场上直击灵魂三连问："头发会一直长长吗？""头发会不会全都掉光？""要是不长头发会怎么样呢？"这正是孩子在日常生活中很有可能提出也最可能让父母抓狂的问题。绘本围绕着这几个脑洞大开的问题，展开有趣的知识解答。最有意思的当属最后一个问题，绘本用四幅幽默的图画做出了解释：一个头上光秃秃的孩子，没有好看的发型，夏天热，冬天冷，小鸟丢下一块石头还砸得头上长出一个大包！小宝宝一边看着有趣的图画，一边咯咯地发笑，心中种下了科学的种子。

《好奇宝宝科学绘本》系列用孩子的眼睛观察世界，从孩子的角度提出问题，用孩子的语言做出解答，用幽默的画面讲解生活中熟悉又好奇的知识，将科学的问题变成奇妙又有趣的小故事，为孩子开启一扇探索科学的神奇之门。

二、国际范儿的扁平化插画风格

现在"扁平化"风格插画越来越热门，经常使用在 App 图标、海报设计、图书插画等方面，以时尚、简洁、纯净、鲜明的气质受到大家的喜爱。这套绘本的画风正是时下大热的"扁平化"风格，线条造型简约，去掉了烦琐的装饰效果，展现出小孩、动物、物品等造型的核心元素。在设计上强调抽象和极简，构图和色彩等方面都充满了丰富的设计感，怪不得很多读者妈妈纷纷感慨："还以为拿到手的是一本外版书呢！"

绘本中的色块大胆运用纯黄、宝蓝、橙红、大红等高纯度的颜色，但色彩搭配运用得十分协调，不会给人一种"辣眼睛"的感觉，反而显得大胆奔放，非常"洋气"。遵循着简约风格的同时，又不失个性，很有创意。

角色造型是呆萌可爱的卡通风格，各种角色的表情非常丰富传神，夸张有趣，很适合低龄幼儿理解。比如《了不起的风》里那一个个的水分子，每一个的表情都不相同：有的热得直吐舌头，有的冷得浑身发抖，有的开心地咧嘴大笑，有的露出调皮的坏笑。这些细致的动作和表情，活脱脱就是一个个最真实、最可爱的孩子。

三、亲子共读，互动游戏

《好奇宝宝科学绘本》系列适合 6 岁以下的小宝宝阅读，尤其适合小宝宝与父母一起阅读。每册绘本还贴心地附上了由幼教专家撰写的亲子阅读指南，为父母和孩子设计了易于操作的阅读活动，帮助宝宝在游戏中感悟科学原理，培养孩子对未知事物的好奇心与求知欲。

亲子阅读可以说是绘本阅读的私家订制版。每个宝宝的理解能力和认知能力不同，每个家庭的具体情况也不同，亲子阅读不仅能解决孩子不识字这个最简单最直白的问题，还能因材施教，让父母根据自己孩子的实际情况，将绘本内容有所增减地表述。

比如在《有趣的洞洞》一书中，每一幅画里都藏着很多秘密，音箱、电话机、小花盆、裤子、衣服……很多插画里的物品中都藏着各种洞洞。家长可以引导孩子去观察、寻找，一起研究这些洞洞都有什么用。在自由翻阅的基础上，父母引导孩子一起看图，说一说洞洞们的强大功能，既可帮助孩子了解自己身体各个器官的主要功能，也能通过看图说话锻炼孩子的口头表达能力，还可以把这场寻"洞"之旅从书本延续到生活里，让孩子观察日常生活中随处可见的物品里隐藏的洞洞，培养孩子爱观察、爱研究的好习惯。

亲子共读和互动游戏，让父母和孩子通过绘本这个纽带，更紧密地联结在一起。温馨美好的亲子阅读时光，也许重要的不仅仅是阅读本身，父母的陪伴才是家庭教育的最长情的告白。

诚然，这套优秀的原创科普绘本也有美中不足之处，在有些知识点方面有待商榷。比如《头发的秘密》中介绍头发颜色不同的成因时，说道"微量元素的多少不一样，头发的颜色就不一样"。配图是欧美人的金黄色头发与赤褐色头发、棕红色头发做对比。实际上，头发颜色的不同主要是由黑色素的种类不同导致的。黑色素分为真黑素和褐色素，这两种色素的不同比例造就了不同颜色的头发和皮肤，尤其是造就了不同人种之间的不同发色和肤色。而头发中微量元素的多少决定头发颜色的不同这一结论，需要有更严谨的科学研究来佐证。如果对知识点的审订能够更严谨，就锦上添花了。

绘本的故事很小很小，科学的世界很大很大。小小的绘本却能引领孩子走进科学的花园，带着满肚子的疑问探寻伟大的科学。《好奇宝宝科学绘本》系列能让孩子学会观察和思考，爱上阅读，爱上科学。

作者简介

邓文：科普童话创作者，绘本创作者，中国科普作家协会会员。出版有科普绘本和短篇童话故事集，发表百余篇短篇科普童话。

7. 让地理动起来　让历史活起来

——评《刘兴诗爷爷讲述母亲河长江》系列

□ 邢海伶

　　由长江少年儿童出版社推出的《刘兴诗爷爷讲述》系列图书已多达四十余种，从内容种类上看，该系列既有地理（中国地理、世界地理）、历史（中国上下五千年、世界上下五千年）知识的讲述，也有大自然（中国大自然、世界大自然）题材的介绍。在这个科普精品系列中，《刘兴诗爷爷讲述母亲河长江》（以下简称《母亲河长江》）和《刘兴诗爷爷讲述母亲河黄河》既详细介绍了两条母亲河的前世今生，又让读者了解到一位高龄而又多产的科幻科普作家的赤子之心尤其是作为一位出生于长江岸边饱经历史沧桑的地质学家，刘兴诗对于母亲河长江的讲述倾注了更加丰富的个人情感体验和人生感悟，这样一本充满科学和人文精神的青少年读本令人耳目一新。

　　刘兴诗1931年出生于湖北武汉，1岁时就经历了"一·二八"事变，举家辗转上海；6岁时又在南京大屠杀前夕从南京城仓皇出逃，而后又经历过重庆大轰炸……在目睹了祖国的满目疮痍后，毅然放弃留学机会，放弃了当作家的梦想，选择在中华人民共和国成立之时报考北京大学地质专业，励志报效祖国。多年后，他成为国内著名地质学家。在工作过程中，他发掘过许多有名的遗址，考察过无数洞穴，为国家积累了大量一手研究资料，实现了当初的理想。与此同时，他仍然继续着自己的文学梦想，一直坚持从事科幻科普创作，60多年来，一共出版232本书，获奖144次。他还被评为"孩子们最喜欢的科普作家"。这样一位传奇的老者，能够利用自己的人生经历与深厚学识在科幻、科普与科研之间自由切换，更是令人望尘莫及。

《母亲河长江》是一部在内容与形式上充满天真童趣又不失严谨厚重的地理科普读物。作者虽已是80多岁高龄，但仍能轻松敏锐地捕捉到孩童世界的好奇所在，用口语化的语言、注重儿童本位的讲述方法，将母亲河长江上中下游的每一个故事娓娓道来。本系列主要按照长江河道特征和流域色彩分为上游（从长江源头到湖北宜昌南津关）、中游（南津关到江西湖口）、下游（湖口以下到入海口）三册。上游册着重介绍沱沱河、通天河、金沙江、乌江等支流的故事；中游册讲解峡江、荆江、汉水、湘江等流域的有关情况；下游册带读者领略浔阳江、皖江、扬子江和长江下游支流的起起落落。作者凭借自己对长江流域地理知识的了解，为读者清晰明了地展现出了万里长江的地理画卷。除此以外，他还对各种中华历史地理典故、诗词熟稔于心，各种最新数据都能掌握，让整本书具有十足的立体感：各种地理知识可以动起来，历史文化可以活起来。这套书系主要呈现出如下特点。

一、取材丰富，编排巧妙，切入点独具匠心

以《母亲河长江·上游》"通天河"一章为例，作者从"长江源之谜"讲起，帮助读者了解到长江不是两个源头，也不是三

个源头，而是五个源头，用考证和辨析的方法做到了"端本清源"；接着又讲到"慢悠悠的通天河"，不但配上了《西游记》三藏师徒过通天河的图片，还考证了通天河的名称真的是从这本古典名著里来的，把河流名称与文学经典结合起来，叫人觉得十分有趣；而接下来的"玉树，我们记住了你的名字"，则是从 2010 年 4 月 14 日的地震写起，回忆起全国人民一起战胜天灾的故事，让人倍感激动；其后的"犬中之王藏獒"则是以俏皮的笔墨介绍了产于玉树的藏獒的生存哲学。"通天河"一章不算长，但是作为本书第一章，作者凭借自己对通天河支流地理、历史、风物的了解，从人们熟知或者感兴趣的点着手，一次次抓住广大读者的好奇所在，可谓匠心独具。同样的笔法贯穿全系列，如"金沙江"一章里，既有描述景色的金沙江画像，又有展现历史的格萨尔王故乡，既介绍巴塘山歌，也有对于攀枝花的赞颂。多种多样的展现形式避免了单一讲述的枯燥和乏味，大大提升了阅读体验。

二、语言生动活泼，充满童趣

如果不看作者的背景介绍，读者很难想象这是一位年近九旬的老者的书。刘兴诗非常擅长使用儿童易于接受的话语表述体系，这使得全书充满了活泼而又朴实的阅读氛围。他擅长用设问句，先引起孩子们的好奇心，如："长江真有万里长吗？""有呀！"再如："采石矶为什么叫这个名字？""因为从前在这发现过五彩石子。"这样的设问随处可见。除此以外，作者还倾向于使用多种语气词，如："啊，九华山，有名的莲花佛国呀！""喂，你知道吗，京剧是怎么来的？哈哈，那还不清楚么？当然就来自北京嘛！"这样的句式，语气轻松活泼，接近口语，更符合儿童的理解习惯。最后，作者还善于深入浅出地阐述各种地理现象，"人体都有两个肺，长江也有两个水肺——一个是洞庭湖，一个是鄱阳湖"，把溺谷称作"长江有一条尾巴"，这些比喻形象生动地帮助青少年理解各种概念，便于他们使用形象思维记忆各种专业术语。

三、主旋律题材较多，展现了自己的赤子之心

作者不但对于母亲河长江具有深厚的情感，对中华文明、中国历史乃至祖国大好河山也充满深沉的热爱，这种爱滋润着每一篇文章、每一个字符，每每读罢都会勾起对于爱国主义情怀的深思。作者用自己的实际行动践行了要让"读者不知不觉有河山之爱，不用高喊口号，便有'吾土吾民'之大爱"的写作理念。

四、背景补充资料十分用心，具有创新性

在作者、编辑、出版社的共同努力下，全系列穿插了"小知识""故事会""文物宝库""你知道吗""人物志""地名资料名库""小卡片""城市名片""科学知识""讨论会"等知识板块，这些小板块适当地拓展了阅读空间，丰富了知识积累，具有创新性。如若在补充这些背景知识的同时，能够将此类板块的语言风格与全书作者风格加以统一，读者读来会更觉亲切有趣。

最后，本套丛书共分上游、中游、下游三册，笔者建议每册书都在开篇对"母亲河长江"的概貌稍做说明；抑或在配图方面，对本册将要讲述的那部分流域在长江中所处位置进行图片展示，以便读者在拿到单册图书的时候能对长江有个整体概念。简言之，《刘兴诗爷爷讲述母亲河长江》系列是一本具有大视野和多

重功能的课外拓展阅读资料，可以让读者增长知识、提升文学素养、增强民族自豪感，因而值得向广大读者推荐。

作者简介

邢海伶：就职于北京交通大学国际教育学院，从事汉语国际教育工作。

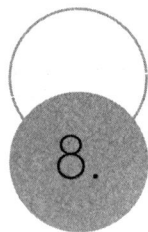

8. 精致"吃货"养成指南

——读《嗑：做一只会吃的松鼠》与《嗜：戒不掉的甜蜜》

□ 黄荣丽

"民以食为天。""开门七件事，柴、米、油、盐、酱、醋、茶。"在基本生理需求与历史环境因素综合作用下，中国人向来重视吃，讲究吃。

满汉全席、地方小吃，鸟兽鱼虫、根茎芽叶，蒸煮煎炸炒炖烤、酸甜苦辣加个咸……幅员辽阔的地理环境因素和食材短缺的历史综合因素促生了中国餐桌上的多样性，再加上一股对食材敬畏的琢磨劲儿，色香味必得俱全了才能入口。这是传统模式，讲究的是口腹之欲。

随着现代交通运输业的发展，"好吃"的中华儿女可不再满足于神州大地土生土长的食材种类，洋玩意儿也得上场丰富饮食文化的多样性。中餐开始有了自己的堂表兄妹——日餐、法餐、意餐……餐桌上的多样性丰富了，零食圈自然也不能落下，提拉米苏、卡布奇诺、马希马洛、碧根果、夏威夷果……各种"洋气"的零食饮料出现在街头巷尾的小店铺里。中华饮食文化向来"肚大能容"，以其开放包容的态度迎接远道而来的朋友，积极加入了美食全球化队伍，探索文化多样性融合的中国实践之路。加上现代营养学科的发展和营销学的实践（各类养生类节目也是功不可没），"吃货"们的评价系统里多了一项指标。随着现代生物技术和化学技术的发展，原生态式的安全也被引入评价系统，色、香、味、营养、安全五个维度都达标才符合现代"吃货"们的"讲究"。

说到"讲究"，中国人崇尚知其然，更要知其所以然，做不到追根溯源、刨根问底哪能对得起这"讲究"二字。陈莹婷用《嗑：做一只会吃的松鼠》，郭亦城用《嗜：戒不掉的甜蜜》，很好地践行了如何做一个精致的"吃货"。一位是植物达人，一位是博物学家，作为科学界"吃货"，二人从各自的专业领域带领"吃货"们追根溯源，从"口腹之欲"走向"口腹之学"。

陈莹婷的目标是让读者们能够奢侈地慢慢嗑坚果，她在书里将16种常嗑坚果扒拉得透透彻彻、明明白白，"花容神物毒心昧，苦甜皆是仁生味"，"同根姐妹籽惑人，善学明辨伪与真"，"高举炮弹常添足，稳居雨林恋壮汉"……从文化象征、历史渊源到门类区分、物种价值，从生长环境、繁衍机制到结构形态、采摘过程，从营养结构、食用方法到口味禁忌、谣言破除，等等，在优美而朴实、风趣而严谨的语言贯穿下，一个全面翔实的坚果世界在人脑这颗"大核桃"上抢了一个褶。

郭亦城的目标则是让我们好好尝尝甜头。他深挖甜蜜背后的秘密，"吃要吃得明白，贵要知道贵的道理"。29种甜蜜方式通过其历史角色、甜蜜来源、酿造机制、成分构成、呈现形态、味道区分、等级分类、食用方法和注意事项等逐一呈现给读者，塑造了一个蜜罐里的世界。珍贵的是它甜而不齁，文字里处处渗透着理性的科学知识，挖掘人类嗜甜的生物学道理，分析热点甜品的糖分组成。读者从罐里跳脱出来，不仅能去做个甜甜的美食博主，还会成为一个理性的消费主义者。

两位作者都有一个共同的诉求：关注美食的知识革命，培养明明白白的精致"吃货"。那么，何为"吃货"？爱吃、能吃、会吃是三大必备条件。何为精致"吃货"？必然得吃出门道，吃出学问，吃得明白，还得能够传播"吃货"学问。在美食的世界里，人类总会有很多的好奇、困惑和想象。化学进入厨房后，精致的厨师研究起了分子料理，精致的"吃货"则必然得掌握解答美食相关疑问的技能，将有关吃的学问以最通俗的形式传播给最广大的好吃者。陈与郭二人的著作可算得上是"吃货"进阶宝典，读者通过学习、延伸与发展他们对待食材的态度和他们传播饮食中的科学知识的策略与方法，自然会走向精致。

这套书的精致除了内容的边角俱到与文字描述的通俗，作为中国国家地理系列图书的一部分，在"色"的呈现上自然也是可圈可点。从封面开始便可让读者口齿生津，每一章节里高饱和度实物摄影图片，让视觉在冲击下也能够品尝美味，配上清新文艺的小插画，清雅脱俗，可浓可淡。

"即便我身处果壳之中，仍自以为是无限宇宙之王。"通往精致的路上，必然得把食材吃净了，吃透了，吃出谈资了，方才对得起通过辛辛苦苦咀嚼堆积起来的脂肪们。饱口腹之欲，挖掘出饮食背后的学问，站在造物主的角度览每一种食材的生存与演化法则，品口腹之学，让舌尖与大脑同享盛宴，方为精致。

作者简介

黄荣丽：中国科普研究所研究实习员，安徽省科普作家协会会员。曾获全国高校科普H5制作大赛一等奖。

9. 播下一粒热爱科学的火种，越早越好
——评《物种起源（少儿彩绘版）》

□ 曲佩慧

  1859 年，英国生物学家达尔文出版了著作《物种起源》。在书中，作者系统地阐释了生物进化论学说。生物进化论犹如普罗米斯修斯为人类盗取火种，照亮了以宗教统治为主的西方黑暗世界，它的产生是对"神创论"的有力抨击，是自文艺复兴以后，西方世界尊重人、崇尚科学的又一次进步。

  《物种起源》是 19 世纪最重要的科学巨著，也是重要的思想巨著，发表后不久，就被中国近代史上著名启蒙思想家严复介绍到中国。1903 年，教育家马君武先生也用文言文翻译了《物种起源》的两个章节。《物种起源》的理论很快被严复、梁启超、孙中山等主张变革强国的人物作为社会改革的武器，它的政治学和社会学意义被凸显强调，生物学意义却被忽略了。从某种意义上说，这本书在相当长的时间内被人们片面解读了。等到白话文《物种起源》在中国问世，已经是 20 世纪 50 年代，也就是原著出版一百年后。

  诚如著名科普作家叶永烈先生所说："科学兴，中国兴；少年强，中国强。"中国科学的振兴，人才的培养需要从娃娃抓起。致力于向少年儿童进行科普推广的旅美地质学家苗德岁先生一直强调少年儿童应该尽早阅读科学经典。他所撰写的《物种起源（少儿彩绘版）》一书，也是难得的推广科普经典的书籍。

《物种起源》是达尔文阐述其自然选择理论的论著。该书涵盖了博物学、地质学、生态学等多个学科的知识，也因此，如同该书最早的读者、忠实支持者赫胥黎所说，想要读懂并不轻松。那么如何让少年儿童读明白这本书呢？

苗德岁先生充分考虑了少儿读者的阅读习惯，努力做了两件事。一方面，注重这些故事叙述以及故事背后满满的智慧和正能量，这正是每个热爱科学的孩子需要汲取的。《物种起源（少儿彩绘版）》在写作思路上与韩毓海先生写的《少年读马克思》有些相似，它不仅介绍大师的理论，还讲述大师的人生经历，于是我们看到了少年达尔文是如何把对大自然的热爱逐步发展成一门科学学说的；我们看到了当达尔文的兴趣爱好不被家人支持时，他是如何想办法沟通的；我们还看到了在面对各种反对的声音时，达尔文是如何保持一颗赤子之心，义无反顾地坚持科学研究的。

另一方面，作者强调在不破坏该书原有逻辑的同时，化繁为简，抓住达尔文书中最鲜活典型的例证。苗德岁先生是地质学家和古生物学家，又是宣传和翻译达尔文学说的重要推进者，因此他能够深入浅出地讲清楚达尔文理论中最核心的概念，如鸠占鹊巢、蚂蚁蓄奴、蜜蜂营造蜂房的本能等。

最难能可贵的是，苗德岁先生有着非常强的中西语言功底，他在用"亨斯娄教授身后的跟屁虫""大学城倒成了'快活林'""本是同根生、相煎何太急"等活泼生动的语言叙述时，俨然就是在和青少年朋友们面对面亲切地聊天。鲜活有趣的语言再配上郭警先生生动的漫画，孩子们自然会迷恋得爱不释手。

阅读完《物种起源（少儿彩绘版）》，最深的感触是什么呢？作为一个缺少科普知识熏陶的成年人，笔者感到自己读了一本科学界的《百年孤独》。就像苗德岁先生所说，我们小的时候更多的是阅读诗书经典，这些作品中所描写的自然更多的是自然给人的感动，是人们情感投射下的自然，而阅读《物种起源（少儿彩绘版）》是发现自然界，探寻人类、万物从何而来。在书里，达尔文对今天的世界提出了一个完全基于理性和科学的阐释。基于科学的观察和考证，达尔文解释了演化，比如从脊椎动物的胚胎中都有过腮裂这一事实推断它们的祖先都来自鱼类，因为新的动物不会凭空出现，而是来自原有动物的慢慢改变。演化本身更加精妙，优胜劣汰的生存斗争使得鸟飞得更快更高，长颈鹿脖子越来越长，万物各显神通。自然选择让人们看到了一个动态平衡的世界：任何一种动物都不是一成不变的古董，也不是完美隽永的神，都是随着环境不断改变、努力生存的地球住民。

《物种起源（少儿彩绘版）》在 2014 年出版以后，获得了包括 2014 年度中国影响力图书在内的八项大奖。阅读这部科学经典，如同和科学家前辈对话，探讨有意思的问题，锻炼科学思维。孩子们的好奇心由此被激发，并进行有目标的尝试。这本书也让人憧憬一个更加科学、人性和美好的未来。这也是我们推荐《物种起源（少儿彩绘版）》等相关科学经典读物的初衷。

作者简介

曲佩慧：2008 年毕业于南开大学中文系，后获吉林大学博士学位，从事文学创作与文学理论研究。

10. 兴趣引导有多重要？

——从童年观鸟经历评
《Hi，我的鸟儿朋友》

□ 刘河清

　　我在乡村长大，脑海中有许多有关鸟的记忆，其中印象最深刻的有两个。第一个是一场鸟狗大战。那时我家屋前有一棵很大的泡桐树，有十几米高，树上有一个鸟窝。邻居伯父家有一只狗。不知道什么原因，狗身上的毛掉了很多，裸露出一块块泛红的皮肤，看起来非常丑陋。在一个夏日的午后，我惊奇地发现树上的鸟竟然和趴在树底下乘凉的"癞皮狗"打起来了。只见鸟从半空朝狗俯冲，快接近狗的时候往前一跃，顺势飞起，整个飞行路线大概像个大写的英文字母"U"。鸟会瞄准狗的头部和眼睛攻击，但并不是每次都能得手，狗也会反抗，跳起来想咬住鸟，但总是差一点点。这个情景让我很震惊，我当时的认知完全不能理解这两种一个在天上飞，一个在地上跑的动物为什么会产生交集和摩擦？于是在一次课堂上，我满怀希望地问了老师，结果却被泼了一瓢冷水。那位老师不但没有回答我的问题，反而训斥我应该把精力多用在功课上，而不是胡思乱想一些没有用的东西。

　　第二个是有关抓鸟的。有一次在山上摘桑葚，在桑树丛中发现一个小鸟窝，鸟窝中有四颗小小的鸟蛋，使我深深地着迷。于是，我经常放学后悄悄地去看这窝鸟蛋。终于有一天，我兴奋地发现四颗蛋有三颗已经孵出小鸟，还剩一颗蛋。等到第二天我又去看，那颗蛋还是没什么动静，于是我忍不住敲开了那颗蛋，原来是个"坏蛋"！我当时很想养鸟，于是我连窝把三只还未睁眼的鸟都端走，偷偷藏在屋檐下的柴堆里。之后一两个星期，我每天放学的第一件事就是找东西喂鸟。我会把挂面弄成一小截一小截的给鸟吃，也会给鸟抓一些虫子……这个过程是非常有趣的，每次接近鸟巢的时候，本来趴着的幼鸟们都会立起脖子昂着头，张开与它们体型不太相称的大嘴，争先恐后地等着我喂食。我能明显地看到鸟儿一些细微的变化，光秃秃的身子上开始长出稀疏的羽毛……一想到它们长大后和我形影不离玩耍的情景，我都特别高兴。然而不幸的是，这件事很快就被我父亲发现了，大概是怕我玩物丧志，他并不支持我做这些事情，之后我就再也没见过这些鸟儿，为此我还悲伤了好长一段时间。

这些记忆中有震惊、惊喜和悲伤……但最多的可能是疑惑。这些疑惑似乎从来没有得到过解答，我甚至不知道该向谁去获得答案！那时候乡村没有互联网，也没有鸟类图鉴，靠自己查阅资料基本上是不可能，去问父母或老师也行不通。一方面，大多数家长和教师根本不支持学生去探索这方面的问题，他们喜欢那些一门心思把精力放在学习课本知识上的学生，更希望学生提出作业难题相关的疑问。另一方面，即使他们乐意回答，由于老师本身知识水平有限，他们也回答不了这些稀奇古怪的问题。久而久之，我也慢慢忘记了这些疑惑。

转眼二十多年过去了，某天我偶然读到《Hi，我的鸟儿朋友——观鸟小达人养成记》一书，使我一下子又想起了当年的经历和疑惑。这本书以编著的形式呈现，作者主要是一些十来岁的青少年学生。书的主体内容是作者们对 60 种鸟的观鸟手记，配合有大量精美的实拍照片。从作者质朴的语言中可以发现，作者们在观鸟的过程中有很多收获：鸟类百科知识、鉴别鸟的技能、拍摄鸟的技巧、保护鸟的理念、鸟类生活对人的启示意义、观鸟过程中人与大自然亲密接触的快乐……

这得益于他们有一位好的引路人——这本书的主编（也是作者之一）——洪琳老师。作为一名母亲，她十分重视对女儿兴趣爱好的培养。与很多家长对孩子仅仅针对钢琴、绘画等才艺的培养不同的是，她更加注重培养孩子对大自然的热爱。观鸟就是一种很好的接触大自然的途径。作为一名教师，她和女儿一起成立了观鸟社，组织和指导青少年学生一起观鸟。对于这些常年生长在钢筋混凝土里的城市孩子来说，乡间田野无不充斥着新奇、欢乐。孩子们在观鸟的过程中学习了知识，锻炼了身体，结交了朋友，更重要的是在大自然活动的过程中陶冶了情操——这是课堂上永远也学不到的！

这些观鸟活动一定会对他们今后的人生产生积极的影响。就近看，观鸟活动会占据他们大量的业余时间，使他们规避了沉溺电子游戏和电视机的潜在危害——这是令很多现代家长头疼的问题。往远了说，养成观鸟这一兴趣，一定会对他们未来的工作和生活产生一些影响。可以预见的是，他们中间一定会有人在未来主动从事和鸟有关的工作。即使不选择鸟类相关的职业，他们在观鸟过程中养成的科学方法和思维也会对他们今后的工作提供帮助。观鸟经历树立的积极向上、热爱生活、热爱大自然、尊重大自然的理念也必然会对他们今后的生活大有裨益。

与我曾经的"观鸟"经历相比，这些城市小孩无疑是幸运的。无论生活在农村还是城市，孩子天生都对大自然具有好奇心，对大自然充满兴趣。对于观鸟这种自然活动，按理说乡村小孩更具有得天独厚的优势，因为他们不用花很多功夫去寻鸟，能够轻松地观察到鸟的生活习性和一些寻常难以发现的有趣现象。然而，真正让好奇心和兴趣得以延续的大多是城市小孩。他们的条件较好，比如城市家庭更可能有经济条件去买望远镜、单反相机这些观鸟装备。但无论在乡村还是城市，最重要的是，家长和老师对他们这些兴趣进行引导，引导他们用科学和系统的方法去观察、记录和思考，鼓励他们去写作和总结，最终形成一种探索自然的能力。

可以看出，兴趣的引导对青少年有多么重要的影响！如果当年父母和老师鼓励我去探索问题的答案，鼓励我多接触鸟儿，那我现在会不会从事与鸟儿有关的工作呢？

作者简介

刘河清：理学博士，中国科普研究所博士后。

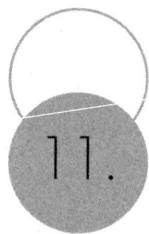

11. 摄影大师镜头下的海洋精灵

——评孟庆然《海洋精灵视界》

□ 白梓含

　　《海洋精灵视界》是一本人文性与科学性并重的海洋科普图书，由电子工业出版社出版。全书以海洋的深蓝色为底色，收录了作者多年海洋潜水所拍摄的精美作品、对海洋生物的科学介绍及感悟，内容丰富，排版简洁，设计精美，故事性强，适合10岁以上的儿童和成人阅读。

　　《海洋精灵视界》的作者孟庆然从事潜水和水下摄影活动10年有余，足迹遍及世界各大洋，多次在国际水下摄影比赛中获奖，他还是中国摄影家协会会员、中国艺术摄影学会会员、中国国际海洋摄影协会会员、北京摄影艺术协会理事。他的水下摄影作品被收录于《中国摄影艺术年鉴2012卷》《中国国家地理：极致之美》等大型画册。他曾经多次为《大众摄影》《中国摄影》《摄影世界》《中国国家地理》等媒体撰稿，介绍潜水和水下摄影。他高超的摄影水平及多年接触海洋及海洋生物所积累的知识与经验，使其在本书编写工作中显得游刃有余。

　　科普图书既需要具有科学性的内容，又需要具有与读者的接近性，能够让大众理解接受。本书中，作者不仅用简单易懂的叙述性语言介绍海洋生物，还加入了自己的见闻感受，特别是亲身经历。在兼具科学性与人文性的叙述中，他带领读者进入神秘的海洋世界，追踪生命的起源和进化，了解千奇百怪的生物种类，发现它们令人叹服的生存智慧，揭示海洋生物间的另类"情结"。《海洋精灵视界》一书共有五章，分别为"海底世界——海洋生物的家园""进化——自然界永不停歇的脚步""生命摇篮——一切从此开始""成长——幼年的美好时代"和"生存——八仙过海各显其能"。每章初始页都有概述性的话语对整章内容进行提要。这位摄影大师把摄影镜头深入海底世界，在"海底世界——海洋生物的家园"一章用精美的摄影作品和叙述性的语言展示了"人类与海洋""海洋概貌"这两节内容。在"海洋概貌"一节中，他介绍了海洋地貌："一般来讲，海洋所涉及的地貌大致可以分为水线之上的海岸和海岛（岛和屿），介于水陆之间的红树林湿地，以及水线之下的海底。如果海底地貌再细分的话，可分为珊瑚礁、海底沙地、海底草场、近岸巨藻森林、深海孤礁和深蓝大海。"在后四章中，作者同样娴熟老练地运用相机，展示了海中"巨无霸"蓝鲸，聪明的海豚，爬行海陆的蜥蜴，"改邪归正"的水母，"育儿劳模"螳螂虾，"保家卫国"的小丑鱼，海中毒物蓝环章鱼等近 40 种海洋精灵。在"海兔趣事"一节中，他先邀请读者观察自己拍摄的图片，然后从自己在 BBC 新闻上发现的见闻娓娓道来，告诉读者"海兔的生殖器官是'一次性使用的快速消费品'"，令人印象深刻。

同时，书中每页都以作者亲身拍摄的震撼、生动的摄影作品为主，海洋精灵的生动形态铺满了页面，文字分布于图片之上或图片周围。现代著名新闻学家戈公振在《中国报学史》中说过，"文义有深浅，而图画则尽人可阅……且无老幼，均能一目了然"。图画作为非语言符号，具有直观醒目的特点，且阅读门槛低，对读者年龄、学历限制性小。曾有人做过实验，人们从文字上获得的信息量为 13%，从影视上获得的信息量为 23%，从图片上获得的信息量为 52%。可见，图画因其形象直观，能够展现更多内容细节，能够帮助读者获得比单纯文字更多的知识量。海洋科普图书面向的读者，年龄层次跨度比较大，可以说初具基础识字能力的读者都可以阅读品鉴。如果图书单纯采用文字介绍的形式，虽然能将海洋生物介绍清楚，但还是缺少生动性和形象性，而且对读者的知识背景、阅读理解能力方面的限制条件就会变多，阅读门槛也随之提高。这并不利于科普图书为大众普及知识，也不利于实现提高大众科学素养的初衷。《海洋精灵视界》深谙"一图胜千言"的妙处，以震撼生动的摄影作品为主，从而实现读者几乎无障碍地阅读理解科普内容的目的，而这也是很多海洋科普图书应该学习借鉴的。

除了所摄海洋生物种类丰富外，书中每张摄影作品质量非常高。摄影角度多样，色彩饱和度高，画面清晰，构图技艺精湛，而且把握了所摄海洋生物最传神、最富动感的细节特征。比如，在"海洋概貌"一节中，介绍了红树林湿地是生长在陆地与海洋交界带的滩涂浅滩，是陆地向海洋过渡的特殊生态系统。作者先从陆地和海洋的过渡地带取景，一幅苍翠的红树林映在碧蓝色的海水中的摄影作品应运而生。同时，作者潜入海底，将镜头对准红树林深深扎根海底的盘根错节的呼吸根，与文中对呼吸根的叙述呼应。不同的摄影角度满足了读者的求知欲和审美需求。在"改邪归正的水母"一节中，摄影镜头从下向上延伸，巨大的呈乳白色的水母位于画面的偏右三分之一处，画面右侧是呈灰黑色的暗处海底礁石，左侧大面积的湛蓝色天空配有纯白色的小团云朵，水母呈透明状，有微黄澄亮的阳光从天空透射到水母圆滚滚的肚子中，像是一盏天微明后还有余亮的小笼灯，整体图片阴影和光亮处理非常娴熟，摄影价值和审美价值很高。

　　本书是国家新闻出版广电总局 2017 年向全国青少年推荐百种优秀出版物和第四届中国科普作家协会优秀科普作品奖金奖得主。两家权威部门的推荐认可也是对本书最好的推介和宣传。

　　当然，本书也存在不足之处。《海洋精灵视界》追求摄影作品的保真度，采用彩印方式，所以整本书不可避免地过于厚重且售价较高，不利于读者出门携带阅读。目前，新技术的发展可以帮助我们解决图书呈现图画与价格、材质之间的矛盾，比如可以运用 AR 技术，通过手机端的"扫一扫"功能将图书的图画更直观动态地呈现，从而不必在图书材质和印刷方面花太多钱，也能使更多读者有能力购买，从而真正做到科普图书为大众科普的初心。

作者简介

　　白梓含：华南师范大学在读传播学硕士研究生。

12. 从历史到未来

——评《未来新科技少儿
新知系列》

□ 吕占民

未来什么样？似乎不能完全确定，但未来总是让人领受新奇。11岁的侄子在影院观看《流浪地球》，惊呼过瘾，但《流浪地球》影片中的画面更多的是想象，不是生活中常见的现实场景。寻找一部适合青少年阅读、基于历史和现实、面向未来的优秀科普作品并不容易。作品既要有较强的科学性，又要有无限的想象力，还需要大量生动有趣的细节吸引渴求知识的童真目光，对作品的出版提出了很高的要求。

小多（北京）文化传媒有限公司编著的《未来新科技少儿新知系列》，做到了这一点。《未来新科技少儿新知系列》由接力出版社自2015年12月推出以来，已经出版《用"基因"培育的汽车》《能读懂心情的房子》《可以活1000岁的人》三本。该丛书的编写团队阵容非常强大，包括来自美国、加拿大的多位知名资深教授，他们涉及医学、生物学、工程、无线电、水处理、天体物理学、植物学等众多专业领域，为图书的科学性做了强有力的保障；编写团队中还有多位少儿科普作家，他们多数具有20年以上的撰稿经验，能确保书中语言的准确性和生动性。图书版面设计简洁明快，文中丰富、精美的配图多是优秀的未来产品设计图，也有尚未普及的领先产品照片，先进感十足，使用组图多角度展示产品的外观和细节也是该丛书的一大特点，增加了读者的现场感，让读者身临其境遇见未来。在此基础上，编写团队采访了世界未来协会原主席、未来学家蒂姆·迈克（Tim Mack），英国剑桥大学生物医学和老年专家奥布里·德·格雷（Aubrey De Grey），宝马公司原设计总监克里斯·班格尔（Chris Bangle），城市规划师和建筑设计师杰夫·斯佩克（Jeff Speck）等顶级专家，进一步提高了内容的权威性、专业性。

这套丛书最大的特点是，基于历史和现实，面向未来合理推想，想象充分兼顾了推论基础。内容从科学技术的历史出发，展示当前科技最新成果，描绘出未来时空的奇妙景象和惊人变化，是一套从历史到未来的丛书。这样一部作品，能帮助小读者丰富想象力，形成运用科学眼光观察世界的能力，培养独立思考的习惯。让小读者收获见识，期许未来。

一、带来梦幻的汽车

疾驰的汽车在电影中带来速度与激情，在《用"基因"培育的汽车》中更是具有无限可能。这本书既能让读者了解有趣的汽车故事，还能让读者仿佛置身 4D 场景，在全新的交通工具中畅游世界，沉浸到神奇景观。全书从 1926 年通用汽车雇佣哈雷·俄尔设计世界第一台概念车——别克 Y–Job 讲起，接连介绍了奔驰、宝马、马自达、丰田等众多汽车生产商的概念车型，精美的配图为车迷带来不可多得的视觉盛筵，可变形、可变色、可储存太阳能、可生长、具有智能显示功能的挡风玻璃等奇思妙想被融入其中，即便是不懂车的外行也能看得不亦乐乎。

时下的热门话题"无人自动驾驶"自然是书中不可缺少的部分，本书介绍了正在谷歌领导开发无人驾驶汽车的塞巴斯蒂安·斯隆博士的成长故事。因为好友在车祸中遭遇不幸丧生，他便在年轻时立志用先进的科技消弭车祸，目前他领导开发的无人驾驶汽车已经在高速公路、盘旋山路、拥挤市区行驶超过110万千米。当然，读者不会满足于无人驾驶这点期待，让汽车飞起来才是读者的更高级追求，这好像关乎每个人的想法。书中介绍了这样的产品尝试，而且正有两款产品在市场争雄，它们是美国的 Transition 和荷兰的 PAL-V 两款折叠式飞行汽车，如果你需要驾驶这些产品，那就需要特殊的飞行执照。

全书以汽车为主体，将未来的新能源、极速轨道也做了介绍，或许在将来用六小时环游地球会成为现实。本书也介绍了我们在生活中常见的设计，拉近了读者与先进设计理念的距离，为读者带来熟悉感，比如宝马5系类似猛禽眼睛的前车灯、第四代宝马7系后备厢突出的上沿、宝马Z4的"火焰表面"风格，这些设计出自知名设计师邦戈之手，推出之初备受争议，甚至"后备厢突出的上沿"设计被戏称为"邦戈臀部"，但是全新的风格最终取得了畅销辉煌，也成为汽车厂商争相模仿的对象，让读者了解到身边设计的"绯闻"传奇，妙趣横生。

二、充满新奇的城市

城市居所是未来智能元素较为集中的空间，人们对居住空间的遐想从未停止过。在《能读懂心情的房子》中，介绍了大量关于城市居所的前沿探索，让读者更好地理解现在和未来的城市建筑。在提升城市智能水平方面，已有国家尝鲜建造面向未来的设计，书中介绍了韩国首尔以南的垂直绿色公园——光桥能量中心、阿联酋具有可持续发展性的零碳排放环保城市——马斯达城，充满新奇，对于未来城市的构想图科幻感十足。尽管有的试探尚未完全实现预期，但探索总是带来经验。书中对我们生活中的建筑设计进行了解读，以拒绝"四平八稳"设计的迪拜前卫博物馆、流线感十足的芝加哥千禧年公园伯纳德亭、充满新奇和异想天开设计的伦敦水上运动中心、具有强烈后现代感的广州大剧院、带着空灵和诱惑的北京望京 SOHO、富有生命力曲线的哈尔滨文化中心等为例进行了介绍，把建筑设计师的风格进行了分析，让我们更进一步了解了身边地标建筑的艺术与科技内涵。

从公共空间进入居所，才真正打开了属于你的梦想空间。书中介绍了居所里的无限可能性，全屏幕显示的冰箱、墙壁等会成为实时交互的界面，随时听候你的指令，或许，你都不用讲话，居所会读懂你的心情，看透你的状态，为你开启合适亮度和色彩的灯光，打开你喜欢的电视节目，调整空调温度。你也不必再为手机购物成为低头族，你只需要躺在床上观看天花板展示的最新商品，随时通过手势把商品拉入购物车。当你感到肚子饿了，打开电冰箱，里面的食物或许不同于今天，肉类可能是在实验室的培养液里生长的，昆虫或许会替代肉类成为蛋白质的主要来源，你是否能接受未来吃一只昆虫呢？

三、获得长寿的秘诀

"活得更久"是人们永恒追求的话题，但是如何才能真的活得更久？《可以活 1000 岁的人》带领读者解密人类进化和活得更久的诀窍，领略未来干预衰老的方法。本书从达尔文的自然进化论出发，讲述人类进化过程中，随着脑容量逐渐变大，用火烹制食物满足人脑对葡萄糖的需求，对人类进化产生了重要影响。但是，达尔文的自然进化论在后人类时代会遇到挑战，因为要推翻达尔文提出的标准，只要证明"有某种不需要经过长期的、持续的微小修改而形成的复杂器官存在"就可以了。书中介绍了重设DNA、半机械人、让机器进入细胞等挑战达尔文自然进化论的技术，正在改变人类和世界。对于DNA的相关知识，本书做了细致的介绍，即使对于一个学习过高中生物基因工程理论的学生来说，读完此书依然可以获得更加具体详细的见识，比如一个人身上的DNA总长度就达2000万千米，相当于地球到月球距离的好几个来回。以上这些介绍是了解人类自身的基础，基于此的探索才是真正实现"活得更久"这一终极目的的步骤。

本书从诗圣杜甫的名句"酒债寻常行处有，人生七十古来稀"入手，将"古代中国人平均寿命只有30多岁"和"2001年达到71.8岁"进行了鲜明对比，介绍了可能与抗衰老有关的自由基学说、端粒酶、寿命基因等尚有争议的内容。3D打印等技术的出现，为人造器官提供了可能。本书对仿生人的技术进行了介绍，引用了美国未来学家雷蒙德·库兹韦尔著作《奇点迫近》中的一些观点，"2040年人体3.0诞生，人体器官将由性能优秀的人工器官接管"，2045年奇点到来之后，"人工智能将越来越多的地球上的物质转换成具有计算能力的物质，直到地球变成一个巨型电脑"。本书还对热门话题"人类优选与复制"进行了探讨，增加了内容的丰富度和前瞻性。

《未来新科技少儿新知系列》介绍的前沿科技多是对已经或正在探索的新奇事物和认识，内容准确、丰富、系统，是一套很好的少儿科普读物。但是，也存在一些缺点。书中语言有明显的翻译味道，长句子很多，对青少年有一定的阅读能力要求；书中多数图片的说明不够详细，如果能够进一步增加描述，会让读者加深印象；有的书名与内容联系不够紧密，比如《用"基因"培育的汽车》，书中与书名相关的描述仅仅几句话，也并非直接描述，如果能够以其中最吸引人的一个章节作为书名会更好。

诚如科学史理论家刘兵教授在序言中所说，要预想未来，毕竟还需要有相当的想象力，但是由于种种原因，青少年的想象力开发并不理想。这套丛书基于历史和现实，对引领青少年读者思考一个无限可能的未来世界将大有裨益。

作者简介

吕占民：中国科普作家协会会员、中国人工智能学会会员，现任农业农村部农机试验鉴定总站工程师。参与编著农业技术领域出版物十余种。